あごら

雑誌でつないだフェミニズム　第一巻

斎藤千代の呼びかけと主張　I

あごら九州 編

石風社

装画　真田ふさえ

序

雑誌『あごら』は一九七二年二月に創刊され、二〇一二年九月の三三五号を以て休刊となりました。創刊に至るまでの胎動の時期ともいえる、ＢＯＣ（バンク・オブ・クリエティビティ＝創造力の銀行）創設期を含めると五十年、半世紀にわたり全国の女たちの声を集めて女性の情報誌を創り続けてきました。休刊を惜しむに感慨一入ではありますが、播かれた種子は風に乗り、いつの日か必ず花を咲かせると信じています。

『あごら』を主宰する斎藤千代さんは、日本の近代における第三世代とも言うべきフェミニズムの意義を様々の角度から考察し、女性の価値と性の平等、そしてそれが拠って立つ平和の重さを、自らの言葉で語り続けました。その論考に光をあてることにより、『あごら』が何を呼びかけ、何を主張してきたのかを読み取りたいと思います。第一巻、第二巻には、斎藤さんの文章を再掲しました。なお、一編集者として黒子に徹したいとの本人の強い意志を尊重して、あえて表題に斎藤千代の名を冠しておりません。更に第三巻には、雑誌『あごら』から広がったネットワーク、女のひろば〈あごら〉の活動を記載内容から引き出し、その取り組みと四十年間の紆余曲折を残したいと考えました。

半世紀前と比べると女性の解放は確かに進みました。しかし今日もなお厳しい状況にあります。『あごら』を未来に手渡したい、そう願って私たちは、本書を編むことにいたしました。

言うまでもなく、一九七〇年代は、女性の地位向上を進めようとする地球規模の大きなプロジェクトが、国連主導で始められた時代です。この原点は、第二次世界大戦の直後、アメリカの女性たちの中から、戦争に対する深い反省と問題提起がなされたことにあります。「人類は二度にわたる世界を巻き込む大きな戦争を起こしてしまった。これは、女性の声が政治に届かず、意思決定の場から女性が排除された結果である」と、戦争の要因の一つに女性差別を指摘したのです。この深い無念の思いが、女性の地位委員会の設置を促したと言われています。一九四六年に設置されたこの委員会を軸に、一九六七年には女子差別撤廃宣言が国連総会で採択されました。一九七五年の国際婦人年、続く国連婦人の十年を準備期間として、女子差別撤廃条約批准に至った大きな波のうねりは、今も記憶に新しいことです。

斎藤千代さんは、一九六〇年代よりこの内外のうねりをキャッチして、女性の視点で真実を手渡しあう情報誌の必要性を感知していました。その背中を、女性運動の先輩である山川菊栄さんに押されて、雑誌『あごら』の発刊に至ったのです。議員会館で山川さんと会って帰る途上の斎藤さんに、偶然、出会いました。いつになく興奮した面持ちで、女性情報誌の将来像を私に語ったことを想い出します。

戦後四半世紀、敗戦から立ち上がり高度経済成長を経て、女性が置かれた立場は、主婦と働く女性に二極化されていました。女性の可能性を阻む固定的な性別役割分担に疑問を感じ始めた女性たちの意識の水脈に、雑誌『あごら』の一石が投じられたのです。その呼びかけに応じた読者の声はこだまとなって全国に広がり、各地に拠点が誕生しました。東京一局を中心とする情報発信ではなく、地方からの声も集めて双方向発信し、人と人をつなぐ新しい運動のスタイルを立ち上げたのです。会員組織が大きく広がったわけではありませんが、この雑誌に触発された人は少なくありません。目立たないところで呼びかけは浸透していったと思われます。

編集にあたり、全号をあらためて読み返してみると、高らかに訴えるよりも、華々しく飾る言葉よりも、多くは政治にそして時代の風潮に警鐘を打ち鳴らす余韻をひくものでした。同時に、一九七〇年代以降の政治・経済・社会に対する女性の視点からの歴史的証言でもあります。この本が後の研究に役立つことを願っています。

二〇一六年初夏

あごら九州　福田光子

あごら　雑誌でつないだフェミニズム　第一巻
——斎藤千代の呼びかけと主張　Ⅰ

◉目次

I　【1972年〜1980年・創刊号〜23号】

Ⅲ　【１９８６年〜１９９０年・105号〜158号】

第二巻・斎藤千代の呼びかけと主張Ⅱの目次より

凡　例

・『あごら』は雑誌、〈あごら〉は『あごら』を媒体として活動するグループを表す。
・第一巻・第二巻には、『あごら』に掲載した斎藤千代の文章、全六〇〇有余編より八四編を再録した。
なお、次の記名のものを斎藤千代の文章と判定した。
　斎藤千代、斎藤、斎、さ、S、千代、千、ち、斎藤涼、R
・初期の巻頭言にはタイトルと署名が付されていない。6・7合併号までは斎藤の文章と判断し、タイトルも編者の方でつけた。次の四編である。
　「小さなあごら」「走る力」「女の壁」「運動のありかた」
・基本的に掲載当時の文章のままであるが、明らかな誤字・脱字ほか、表記方法を編者で改めた箇所がある。
・目次の一部に、〔　〕で註釈を加えた。
・文章のタイトルの下に、掲載号とその発行年月を付した。
・『あごら』全巻は、インターネット上の「国立女性教育会館リポジトリ」に公開されている。
アドレスは次のとおり。
https://nwec.repo.nii.ac.jp/

第一巻　斎藤千代の呼びかけと主張　Ⅰ

I

1972年〜1980年・創刊号〜23号

小さなあごら

小さなあごらが生まれました
あごらは　あなたを待っています
ＡＧＯＲＡは　ぎりしあのひろば
ぎろん・ざわめき・かいもの・ゆうべん
そこからぽりすのぽりしーが生まれました
この小さなあごらには
学者もなく、市場もなく、
ただ　あなたを待つ心だけがあります
全国ちりぢりにはたらき
全国ちりぢりに考えている皆さん
あごらに声をお寄せください
小さな点が線となり面となって
働く女性のしあわせにひびいてくる日まで
あごらは　あなたを待ちつづけます

（創刊号 1972/02）

走る力

（創刊号 1972/02）


婦人解放の声を聞いて久しく、なおリブの動きが絶えないのはなぜでしょうか。

女性上位という表現の中に、上位ではないアイロニーがこめられていることを、働く女性は現実の問題として肌に刺す思いで知っています。

怨念ということばを好まない人も、ひとりひとり心の底のかなしみから目をそらすわけにはいかないのではないかと思います。

子を生み育てる母性に徹したいと思っても、職業の第一線に立つためには、切り捨てなければならない部分が多いのが現実です。働く女性は多くの荷を負い、その荷の重みのためにおのずと走り、走ることによって、自分の最も愛する周辺の者まで走らせ続けます。

走る力は、本来は前進の巨大なエネルギーでなければなりません。それぞれに力走する個人が連帯を持つとき、エネルギーは幾何級数的な力となって新しい社会を可能にするでしょう。

多発する草の根の運動が自然消滅に終らず、より強く広い根を張る力となるように、この誌上で、できるだけ多くの運動、できるだけはば広い考え方を紹介し、多様な現実をみつめることの中から前進をはかりたいと思います。

あごらは、BOCという小さな婦人の組織から出発しましたが、私ども自身の垣をここに取りはらい、より広い友を迎えて新しい勇気を得たいと思います。

一九七二年一月

女の壁

働くこと、
生きることの壁は、
女性固有のものではないかもしれません。
けれども、いまの社会では、
女の側に、より大きな壁があることは事実です。
揺れ動く70年代、
女の壁の厚みも、高さも、その打ちこわし方も、
さまざまに問われています。
〈小異を残して大同につこう〉と。
しかし、たくさんの運動は語りかけています。
いまほど、女の連帯が必要なときは
ないためでしょう。
あなたの、そして私の、
壁を破るために、

（4/5号 1973 初夏）

まず、壁を見つめ直すことから
始めたいと思います。

(6/7号 1974/03)

運動のありかた

運動の方法論に、「正解」は、はたしてあるでしょうか
それぞれの人びとが、それぞれの「最適解」を求めて力をつくしている…
というよりも、自分たちは、いま、この方法しかとれない
という思いにかられて行動している——
それが運動ではないかと思います
方法とか、方法論とか、理論だけで切れば合点のいかない運動が
女性の場合とくに多いようですが
その合点のいかない部分にこそ
エネルギーが秘められているのも事実のようです
人それぞれの運動のありかたを非難することなく
立場を認めあって、現状改革のために、連帯の環をひろげることができたら…
と祈りながら、この号をお届けします　　一九七四年　春

〝四人目も女の子〟事件を追って
――子殺し事件現地ルポ

（8号 1974/08）

「産後のノイローゼ」というおきまりの新聞記事をみるたびに、私はいつもギクリとする。ひとごとではない、鳥肌立つような思いが、遠い記憶の向こうから、にわかにあざやかによみがえって、いまも私をおびやかすのだ。

いつのまにか、窓べに立っている。三階の団地の窓から身をおどらせようとしている。むすめが泣く。ハッとする。あ、何をしようとしていたのかしら。私はどうしてここにいたのかしら……。もしも赤ん坊が泣かなかったら、ハッと、われに返らなかったら、私はきっと……。

＊

実をいうと、出産時以外に、私は何度か自殺を計ったことがあるが、それはいつも完全犯罪的で、だれにも自殺とは気づかれないよう、周到な準備を重ねたものである。身辺の整理も、もちろんした。これに比べると、産後のそれは、全然形態がちがっていた。ハッとわれに返った瞬間、何の準備もせず、取り乱した状態のままで死のうとしていることがふしぎだった。私の側からいえば、それは自殺ではなくて他殺だった。見えない力に足を引っぱられて窓べに連れて行かれたとしか思えない、魔力的な、暴力的な死だった。親しい知人の夫が神経衰弱になって、「ね、こわいの。私が留守してると、いつのまにかタンスの中からヒモが出てるのよ。隠しても、隠しても、どっかからみつけてしまうの」——そんなふうに知人をおびえさせた魔力が、私のうえにも幾度も幾度も、襲っていた。

そのときほんとうに死にたかったのか、と聞かれれば、「死にたかったのです。心の底では、いつも死ぬことばかり考えていたのです。何かにひっぱられていたのだとしか思えません」と答えるほかはない。

私はわが身をほろぼそうとし、子供の声に救われたが、わが身を生かして子を殺した人も、わが身も子も、共に殺した（殺そうとした）人も、同じ魔力にひき入れられた人ではないだろうか。

＊

子殺しは、はたしてマスコミが伝えているような状況なのか、とにかく一度現地に行ってみよう。そこにどんなすまいがあり、人がいるのか、子を殺す女にだけ問題があるのか、自分の目でたしかめてみたかった。

都内版の新聞切抜きで、あらためて調べてみると、子殺しは、意外に全国的な規模でおこっており、忙しい仕事の合間に行けそうな地点は少なかった。やっとたずねたところは、新聞に出ていた管轄署とちがっていたり、わざと名を変えたのか、該当するアパートがなかったりした。何か月か前のできごとは、参院選であわただしい都会の中では早くも忘れられていた。子殺しはもはや日常的なことになっており、駆けぬける連呼の声と同じように風が連れ去っていた。

そんなある日、七月十日の新聞記事がショッキングだと、仲間が知らせてくれた。四歳、二歳、一歳の子に引き続き産んだ四人めの子であったこと。四人めもまた「女の子」であることを悲観した結果であること。当夜、家人が不在で、たった一人で産んだこと……。

もう一つ、私の関心をひいたのは、場所が芦屋に近い住宅地であることだった。子殺しの記事のほとんどは、東京なら、江東、台東、葛飾などに限られており、××荘という、アパート住まいである点も共通しているが、芦屋と御影の中間にあたるその地域は、親類が住んでいた関係でたびたび訪れたことがあるが、江東とか台東というイメージとは、かなりかけ離れていたからである。

何にしても、まだ事件のほとぼりのさめないところに行くのは、心重い仕事であったが、段ボールの箱いっぱいに白い花を飾って、その花の中に子供を眠らせていたというあわれさが、私の心の中のためらいを、ふっきらせてくれた。

証言1　いっさい話したくありません（助産婦・Tさん）

Aさんの自首につきそったTさんは、誰よりも事情にくわしいはずである。話を聞くのは酷でもあり、むずかしいこととは思ったが、いちばん客観的な状況が聞けるのでは、と、思いきってたずねてみた。

Aさんの家からは、徒歩十五、六分、清潔な二階建てのこじんまりした産院は、アットホームなふんいきで、こんな産院で熟練した助産婦さんの介助のもとに出産するのは快いことであろうと思われた。

しかし、T先生は、断固として取材を拒否、一言も話をうかがえなかった。七十一歳のこの先生からは、事件の話は無理としても、この地方で出産の時、「女の子」は喜ばれないものか、それだけでもおたずねしたかったのだが、姿をかいまみることさえ、ゆるされなかった。T先生にとっても、どんなに傷が深いか、その態度が、如実に物語っていた。

証言2　くわしい捜査は本人の回復を待って（東灘署刑事課長警部・大谷　孝一氏）

Aさんが自首したという東灘署は、名門、灘校の近くにあった。

昨日、女性週刊誌の記者が殺到したということで、刑事課の職員は、かなり警戒的だったが、童顔の大谷課長は、歯切れよく事件の経過を語ってくださった。

*

「いろいろくわしいことといわれても、私たちとしては今後捜査をすすめなきゃならんわけです。新聞記者の方に発表した程度のことしか言うてないし、いまのところわからんわけです。たいへんからだが弱っていて、まだ治療に行っておられますし、くわしいことはわかりません。

新聞は、なんとかおもしろおかしゅうに書こうと思って、こうなってるけど、四時半に自首してこられて、発表は六時半ですよ。だから、そう調査する間がなかった…。その後、申しあげられることは、解剖した結果、やはりまちがいない。——ということは、本人さんは生産《しょうさん》だと思っておっても、死産ということがありますからね。解剖では、正常分娩で、鼻とか口を抑えたあとがある——これだけがその後わかったことで、それ以外、調べは進んでいません。また本人を調べてもいません。

お母さんは、私、全然知りません。一緒に住んでおられるかどうか。私、呼んだのは、奥さんとご主人と呼んだだけですから、お母さんの調書もとっていません。おられるということは聞いております。

ご主人に関しては、店員であるということだけ申しあげます。本人は勤めておられません。子供三人ありますからね。勤めるのはとても無理な状態です。

生活は楽でなかったでしょうね。収入がどうだ、家計簿がどうだというところまでは知りませんが、家なんかみても、年齢から言っても、裕福な生活じゃありません。所得はご主人の給与所得だけです。

ご本人はいなかの方？　ええ、そんなこと言うてはりましたね。もういなかに帰られたかもしれませんね。いなかがどこか知りません。

昭和四十二年に結婚して女の子が三人生まれた、次は男の子だと思っておったところがね、産んだところがたまたま…。だれもおらなかったいうのも、偶然性があったんですね。だれかがおればちがったかもしれません。ご主人に聞いても、「私は女の子であっても別にかまわなかった」と言っておられますけどね、まあしかし、女ごころとしてはどうですかね。主人が外泊して、その夜もおられなかった。できた子供が女の子だった。そのために相当悩まれたんじゃないですか。で、してしまってから、しまったと、ねえ。つぎの日の朝、帰ってこられたご主人にいろいろきいてみたら、すんでしまったことは仕方がない。罪の清算をしなさいと言われたんだけど、主人と一緒には、よう来なかったんですね。で、前に二人産むときにとりあげてもらった助産婦さんを頼って相談にこられて、「そういうことならやはり届けなくちゃいけない」と、一緒に来られたわけです。主人も一緒に出頭されたわけではないのです。ご主人さんは、あとから、警察の呼び出しでこられたわけです。主人も一緒に出頭されたわけではないのです。子供三人いますから、一緒に来ようと思っても、なかなか来られなかったいうこともあるでしょう。おばあさんおられたかおられんか、私、知らんかったので……。あとでお母さんがいやはるって聞きましたけれどね。

助産婦さんの名前は、隠してくれ言うたのに、新聞に名前書かれて、その人も迷惑ですよ。せっかく警察に連れてきて、公にしないでもらいたいってことで来られたのですからね。警察にいわば協力してもらったわけですから、私はそれに関して憤慨してるんです。名前は絶対に言ってくれるなと言ったんです。本人のところにも行くな、と。自殺のおそれもありますしね。

ええ、本人は消耗してましたね。第一、正常分娩だといっても、普通の病院に入院して出産したのじゃないでしょう。それと精神的な悩みがあるでしょう。おまけに小さい子が三人いるでしょう。ふつうのからだでおれったって、むりですよ。だから、私どもでも本人の回復を待つということにしたのです。

執行猶予の可能性？　それは検察庁なり裁判所でないとわかりません。しかし自首ですからね。人を殺した場合でも、自首すると必ず減刑されるんですよ。だからそういう可能性もなきにしもあらずでしょう。それについては、なぜそこまで思いつめるに至ったかということが、これからの過程において考慮されるんじゃないですか。単に通りすがりの子供を殺したというのではないのですから。

本人の印象ですか？　別にそんなに……。ごくふつうの方のタイプですね。とくに気が強いとか、気が弱いとか、そういうことじゃなしに、ふつうの方ですね。告白されたときには泣き続けておられましたけどね。むしろ私は、罪は罪としても、人の介助を受けてでも自首してこられたということは尊敬しています。それに、何でもない近所の子を殺したというのではないのですから。殺すにはそれだけの動機、原因があったろうと思います。それは、これから本人さんにじっくりからだがよくなられてから聞きたいと思っています。

いなかから出産の手伝いにくるような親類がいなかったかどうかですか。それはまだ聞いておらんのです。お母さんが同居しておって、嫁と姑の関係が何かあったとか、それ以外に何か原因があるのか、女の子だけということだけが原因なのか……。主人が外泊しがちであったということ、これは事実ですよね。しかしそれだから必ずしも殺さなければならないということと結びつきがあるかどうか、それ以外に、そこまで追いつめられるには、いろんな原因があったと思うのですよ。すべては公判の席で明らかにされると思いますが、警察の態度としては、公正な取り調べをして、原因を明らかにしたいと思っています。

ご主人の外泊先ですか？　特定の人があったのか、新聞社の記者などにもだいぶ聞かれましたが、まだわかりません。友だちの家で麻雀しとったのかもしれません。今の段階ではまだね。そういうことを言うこと自体、人権問題になりますからね。

弁護士はまだついてません。本人がいなかにでも帰って相談されるかどうか、わかりません。殺すということについては、どんな事情があったにしても、警察の取り調べは厳正でなければならない、調べは厳正だけれども、原因とか動機については、よく本人にたしかめなければならない、またそれがご主人の供述と一致するかどうか、総合的に調べなければなりません。そこまで追いつめられた気持ちをめぐる環境については、よく捜査してあげようと思っています。

これは私の個人的な考えですが、たまたま不在でなかったら、こんなことにはならなかったのではないかという気がします。

ご主人ですか？　それは反省しておられます。いろいろ話しましたから。産み落としたときに主人でもおったら、そんな気持ちにならないし、また、なったと仮定してもおそらく止めたでしょう」

証言3　知らん、知りまへんなあ（近所の人たち）

東灘署で状況をきくと、Aさんの周辺を訪ねる気持ちはますます重くなっていた。そして軽くことばを切り出せないこの東京弁のよそ者に、人々の口は固かった。

「知らん。うちら、近所のことは知りまへん」

「知りまへんなあ」

それは、知らないのではなく、明らかに知っていて言わないのだった。

ようやくさがしあてた切れ切れの「うわさ話」を、ともかくも総合すると、おおよそ、つぎのような事情がうかがわれた。

「夫のBさんは、いつもきちんとした身なりで、一流会社に勤めているようにみえた。あいさつもまめな人だったが、いつのころからか口をきかなくなり、私が何か気を悪くするようなことでもしたのかと心配していた。事件後、近所の人の話では、だれとも口をきかなくなっていたらしい。Bさんにも、何か、心を暗くする事情があったのではないか」

「事件後はじめて知ったことだが、Bさんは中学出だそうだ。以前、会社から帰ってから近所の店を手伝っていたことがあったので、感心な人だと思っていたが、経済的にも苦しかったのだろう」
「Aさんは、いなかから嫁いできた人で、それは、しんぼうがよかった」
「お姑さんのCさんと同居しておられるが、お姑さんも外出がちだった」
「Aさんがお嫁にくるについて、いなかの反対があったと聞いたが、よくわからない」

証言4　私自身が見たこと

折からの雨のように、それは心のしめる話ばかりであった。土地の人々が一致して、よそ者には口を開くまいとする態度のきびしさもこたえた。

私はAさんの家の前を、二度、三度、通ってみたがその家を、まともに見つめることはできなかった。

神戸の町は、山から浜に下りるにつれて、家並みもたてこみ、生活のレベルが低くなると聞いていたが、ほんの二筋、三筋、下るほどに家のたたずまいが変わっていくのは、たしかであった。

二、三か月前、富豪の奥さんが誘かいされてさわぎになったのは、この近くであるが、Aさんの周辺は商店としもたやが雑居する小さな通りで、一軒家とみえたその家も、よくみれば二軒続きの長屋、間口一間半であってみれば、××荘と変わらない狭さであろう。親子五人の暮らしに、風が吹きとおる余地はなかったように思われる。

近くに宏壮な邸宅が並んでいるだけに、住む人にはいっそう苛酷な環境に思われた。

私は、Aさんがいつも通っていたという銭湯にはいってみた。

三十平方メートルほどの小さな女湯は富士山の壁画も半ばはげていたが、町の人々の唯一の社交場らしいにぎわいであった。双の手のおさな子を引きずるように湯ぶねに向かう若い母、背を流しあいながら話がはずむ老女たちが、湯気の中に、生き生きと動いていた。「三年も続けてお子を持って、またおなかが大きゅうなって、どないしなはるんかな思うてました」ということばが思い出された。身重の身で、四、二、一歳の子をゆあみさせるAさんは、どんなにしんどい日々であったろう。

やりきれぬ思いのまま風呂を出て、宵闇の町を歩くと、二すじ三すじ浜寄りは、さらに家並みが細かくなり、家の前にさびた機械類を野積みした家も目につく。寄せ屋（くず屋）だという。

はだか電球がともる細い市場がある。港町らしいしゃれた店々とも、灘生協の大きなかまえともほど遠い市場は、露天をすこし大きくしたような八百屋や魚屋が、一間ほどの道をへだてて、両側に細くならんでいる。私は一皿五十円の煮物を包んでもらった。

事件に関して固く口をとざす人々の表情がふたたび目の中に浮かんだ。流れ者同士の口軽な団地族に比べれば、それは一種こころよい拒絶反応でもあったが、なぜか「地縁社会」ということばが浮かんだ。地縁社会のえにしがあるのなら、なぜ、一人の女がこれほどまで思いつめる間に、いたわりの手がさし出されなかったのだろう。推測だが、いなかから嫁いできたというAさんは、地縁社会の中で、息をひそめて暮らしていたのではあるまいか。

といって、私は、この小さな町に住む人々を責めようとは思わない。「女の子ばかり四人も産んだら…」というのが、かりにAさんの思いすごしであったとしても、「女腹」という伝承があり、「三年男《こ》なきは去る」という歴史があり、「女の子は役立たず」という日本全土の社会通念がある限り、声にならない声が、Aさんをむちうち続けていたのであろう。この町に住もうと住むまいと、それはかかわりのないことだ。

夫の足が妻のもとから遠のいたとき、世間は夫の身勝手さを責めずに、妻の魅力のとぼしさをわらう。これも、この町に限ったことではない。そんな風土の中で、妻は、だれに帰らぬ夫のことを相談すればよいのだろう。

しらしらと朝が明ける長い夜のはてに、自立の思いを深める妻は、はたして幾人あり得るだろう。子をかかえた女が自立するにたる職業が、日本の女にゆるされているだろうか。

生まれ出た子は、その日から容赦なく時間と空間とお金を奪う。三人もの子である。はじき出された空間の外へ、夫も姑も走る。残された妻を、だれが支えられるのであろう。

もしも、貧しさにともなう教育の不足、知識の不足がなかったら、産制の手立てもあっただろう。妊娠しても、中絶の方法もあったろう。日々に大きくなっていく子への不安に、若い母は、どれほど眠れぬ夜を重ねただろう。

Aさんの家に、たった一つ、たよりなげにともっていたあかりが思い出された。

口をとざして語らない四囲の人々は、問題の家にも、おそらくはもう立ち寄らないのだろう。かかわることは冒とくにちがいないから。

「あの人たちは、ここに住めなくなるのとちがいますか」と、話してくれたのは、だれであったか。

あかりの下にいたのは、Aさんか、Bさんか、Cさんか。

部屋部屋のあかりを消して、たった一つともしたあかりの心もとなさ。そして、それを見ている自分のあざとさは、女性週刊誌の記者、そして女性週刊誌をむさぼり読む読者と変わりないのではあるまいか。

しょせん、人は人の追体験など、できるはずもなく、かりそめにそれを願うことさえ、おごりだったのではあるまいか。

私は神戸の町を、一分でも早く離れ去りたい気持ちだけでいっぱいだった。

情報化社会の中の専業主婦と兼業主婦
――働く女と主婦の接点を求めて

（9号 1974/12）

1 井戸端会議の声から

日常の生活の中で、専ら家事に従事している主婦たちから、外に仕事を持つ主婦についての不満を聞くのは、それほど珍しいことではない。

「ＰＴＡの仕事は、みんな、お勤めをしていない人に押しつける」「ゴミ掃除や草取に協力しない」といった被害者意識に始まって、「子供の世話が十分でない。爪がいつも黒く伸びている。髪がよごれている」「家の中がきたない」など、多少内政干渉めいた話題に及び、「要するに子供に対する愛情や女らしさがないから外へ働きに出られるのだわ」といった結論が出されることさえ少なくないようである。

日常、働く女性に接し、自分も外働きをする主婦の一人として、共働きの生活がどんなに非情なものか、身につまされている私は、そうした会話を聞くたびに、「遊びや蓄財のために女が外に出て働くわけでもないのに」と、同性に寄せられる非難を悲しく思う。

しかし、外働きをしている主婦の側からは、特別主婦とかかわりの深い職業についている人でもない限り、専業主婦（以下、混乱を避けるために、就労している主婦を「兼業主婦」、就労していない主婦を「専業主婦」と呼ぶことにする。「兼業主婦」ということばは「兼業農家」を思わせ、農家が主体であるように、主婦が主体であるという印象を与える点で、好ましいものではないが、便宜的に使うことを許していただきたい）に対する批判を聞くことはほとんどない。一日の余暇時間をほとんど持たない兼業主婦たちは、他の主婦群をあげつらうほどの余暇がないためであろうが、一面では、自らも、まぎれもない「主婦」として、主婦のさまざまの問題に直面しているためであろう。

2　兼業主婦をおびやかす専業主婦

とはいえ、兼業主婦をふくめた就労婦人層（以下、「働く女」とよぶ。これも就労婦人を「働く女」と称すると、専業主婦は「働かない女」のような印象を与えるので、好ましい分類ではないが、便宜的な使用をゆるしていただきたい）が、専業主婦をはじめとする不就労女性たちから多くの脅威を受けていることは、労働問題に多少かかわりをもった人たちなら、誰しも知っていることである。

就労して数年を経ないうちに「結婚」に逃避する女が多い限り、働く女たちは、就労期間の短い、あてにならない労働力としてしか認めてもらえず、わりの悪い職種、わりの悪い賃金を与えられる。その結果、定着率が低くなって、女子労働者全体の地位を、いっそう引き下げるという悪循環を繰り返している。

しかも、兼業主婦の総数にほぼ匹敵する専業主婦たちは、常に産業予備軍的な立場を占めて、「必要ならいつでも代わりはいますよ」と、婦人労働の根底をおびやかし続けているのである。

しかし、女の、その不就労期こそ、出産・育児という、女ならではの創造力が発揮される時期であることを、兼業主婦たちは知っており、その時期に家事に専念している専業主婦を、一概に非難する気持にはなれないでいる。

とはいえ、専業主婦が兼業主婦をおびやかすのは労働の場ばかりではない。生活の場でも、問題は大きい。

たっぷりの時間を家事に費やすことのできる専業主婦の家庭が、行き届いた掃除、心のこもった料理などを誇っていられるのに対し、否応なしに家事を省力化しなければならない兼業主婦たちは、常に肩身の狭い思いをしている。しかも、家事を専業とする主婦層がいる限り、「家事は女の分担」という社会通念は、容易には変わらない。その結果、兼業主婦の多くは、職場では仕事、家庭では家事という二つの職業を、文字どおり兼業しつつ、その両方の場で悪戦苦闘しているのが現状である。(同じ兼業といっても、兼業農家の場合は、一家の中に就労者がいるという意味での兼業が多いが、兼業主婦の場合は、字義通りの兼業であることに注意したい)。

そのうえ、「家事は女の分担」という社会通念の定着は、そのまま、職場の中の職種差別にも直結する。お茶くみ、掃除、コピーとり等の、もろもろの雑用は、頭から「女の仕事」と決められているのが通例である。執務時間中に、上役や来客のタバコ買いに走らされた経験を持つものさえ、決して少なくはない。

こう考えてみると、専業主婦の問題を解決しない限り、兼業主婦の問題、ひいては女子労働の諸問題は、永遠に解決しないとさえ言える。しかし現実には、両者はほとんどすれちがいに近い日常を送っており、共通の問題についての対話の機会は、めったにない。

3　専業主婦を理解しない兼業主婦たち

極端に兼業主婦の側にたって専業主婦を見れば、前述のように、専業主婦は常に兼業主婦をおびやかす存在となるのだが、それでは兼業主婦が専業主婦をおびやかすことはないだろうか。冒頭に述べたような不満が専業主婦の口から往々にして洩れるということは、兼業主婦が専業主婦にとって、必ずしも好もしい存在でないことを物語っていると言える。たしかに、専業主婦は、家事だけに専念しているわけではない。地域の清掃、ゴミ処理などに始まって、公害、日照権など、多くの公的な仕事は、日常を地域社会の中で暮らす主婦たちの肩にかかっている。兼業主婦の目から見ればうらやましい豊富な家事時間も、「職業」として果たさなければならない限りは、労働時間が長いのと等しい重さを持つ。手を加えれば加えるほど無限の労働時間を必要とする家事、土曜日曜も休むことを許されない家庭責任は、家事そのものは、本来、創造的で楽しい作業であるにもかかわらず、一種の重圧となって主婦たちにやすらぎを与えていない場合も少なくない。そのほか、外出の自由度が少ないことや、たとえ外出しても食事時間という時間帯に拘束されなければならない専業主婦の状況は、一応、経済的な自立と外出の自由の糸口を得ている兼業主婦が、十分に理解し得るところではない。

家庭もよし、職業もよし、と、多様な選択を許されていることが、現段階ではたして女性の解放となるのか、国際婦人年に向けて、ふたたび論議がかまびすしくなった現状は、両者の、それぞれの立場をもう一度考え直す必要を迫っている。しかし、両者の共闘は、はたして容易なことだろうか。私どもBOCでは、両者の接点を求めて、実践の中に解決をはかりたいと考え続けてきたが、現実には、たくさんの問題が山積していることを痛感したのに止まった。

同じ〝産む性〟として、本来、最も提携し合わなければならない女たちが、就労を機会に、なぜ対立的な関係に陥りがちなのか、両者は、なぜ異なった存在になっていくのか、それを解決するのは何なのか、これらの問題に対して、明快な答えが得られたわけでは決してないが、私たちが実際に体験した事例を通じて考えた幾つかのヒントを述べて、読者の考える資料として供したいと思う。

4　ふしぎな話Ａ「約束を守らない主婦たち」

子供が就学して、育児に手がかからなくなった三十代後半ごろから再就職の希望は急激にふえる。何かのかたちで働くつてを求めて、私どもを訪れる人も多いのだが、いざ仕事をお願いしてみると、予想もしていなかった事態が起きることが少なくない。

その代表的なケースを紹介すると——

〔時間に遅れる〕

主婦の集合時間は九時では無理と考えて、十時と指定し、十時には遅れないよう、繰返しお願いしても、一人二人は遅刻者が出るのが通例である。

〔納期を守らない〕

何月何日まで、という約束が破られることが多く、それに対する謝罪も比較的少ない。遅延理由は、家族の病気、不意の来客、家事雑用の処理など。

〔依存心〕

ある仕事、例えば録音テープを原稿に書き起こす仕事が有利だという情報が伝わると、たちまち希望者が訪れるが、「テープレコーダーを持っていないので貸してほしい」といった予測しない要望に驚くことがある。また、録音テープを家に持ち帰ってから、「空リールがないので買って届けてほしい」という要求が出されたことも、再度ならずあった。

そのほか、自分の未熟を理由に、予備費としてフィルム代を普通の倍額請求した写真家、デッサンの手本としての画集を買うための資料代を請求するデザイナーなど、ふつうのプロの世界では考えられない要求に遭遇したこともあった。

5　ふしぎな話B「見えないボールペン」

これは、三部式のノンカーボンの複写伝票記載の仕事を頼んだときの話である。

終業後に伝票をチェックしたところ、出来上がった伝票の一枚目の文字が途中から見えなくなっている。調べてみると、担当のAさんが、インクの出なくなったボールペンをそのまま使っていることがわかった。

「見えないボールペンを使い続けるとは、少しおかしいのではないか」と不審の声があがり、「こんな行為をするのは欠陥人間ではないか」という意見まで出た。

翌日、ボールペンを替えるよう指示したところ、「なぜ一枚目が見えないといけないのですか」とけげんな表情。「なぜ……」と問い返されたことに、一瞬、呆然としたが、だんだん事情を聞いてみると、Aさんは事務員時代、鉄筆でカーボンを切っていたことがわかった。昭和二ケタ生まれのAさんだけに、「鉄筆」とは考えてもみなかった理由だった。しかし、「よかった原因がわかって」と、喜ぶ私たちに返ってきた答えには、また驚いた。「どうして、見えないボールペンを使うのが、ふしぎなのですか」

6 なぜ、ふしぎな現象が起きるのか

以上のような例は、極端な事例と受けとられるかもしれないが、象徴的ではあっても、ごく一般的な、多数の例の一つであることをお断りしたい。ここで、この話を持ち出したのは、当事者を責めるという気持ちでは、もとよりない。主婦の問題を考える基本的な要素をふくんでいる例のように思われるからである。

では、なぜ、学生時代は、九時集合といえば九時五分前に集まることのできた女たちが、主婦生活十年ともなると、十時の約束も守れなくなるのだろうか。しかも、わが行いを恥じるという、フィードバック機構を失ってしまうのだろうか。これは主婦という以上に、「女」の問題なのだろうか。

一つ、また一つと、事例が積み重ねられるたびに、私たちは苦しみ、悩んだ。長い間、疑問がどうしてもとけなかった。しかし、最近になって、やっと、次のような仮説を考えてみるに至った。

簡単に言うなら、主婦と働く女とでは、その属する情報社会がちがうということではないだろうか。つまり、生活圏がちがい、日常受けとめている情報がちがう。したがって努力目標もちがうということではないだろうか。

専業主婦という家事管理職にとっての目標は、家事をとどこおりなく遂行し、家族の生命を守ることである。

とすれば、家計補助的な収入のための外出時間を多少遅らせても、一さおでも多くの洗たくものを干しあげ、一枚でも多くのアイロンをかけて出かける主婦のほうが、専業主婦としては望ましい主婦ということになる。家事に時間をさいて遅れることは、美徳にはなっても、悪徳にはならない。むしろ、家事を中断したまま職場に急ぐ兼業主婦が非難の的となるわけである。「ふしぎな話A」の中で、私は、「専業主婦の中には約束を守らない人が往々みられる」と述べたが、専業主婦にとっては、約束を守らないわけではない。正確に言えば職場の約束を守らないだけの話であって、家事管理者としての約束は守っていると言える。自分の住んでいる情報社会のおきてや価値観には忠実なのである。

ところで、ある情報社会の中で過ごした者は、別の情報社会にスムースに同調できるだろうか。

異なる情報社会に住むことは、分割国家の国民の関係に似ている。例えば東ドイツと西ドイツは、三十年前までは、同じ国であった。しかし、たがいに体制の異なる国家に分割され、異なった情報の中に置かれている現在では、異民族以上のギャップが生じている。同様に、同じ女性であっても、家庭という情報社会に専ら住む者と、職場という情報社会に主として住む者とでは、価値観も行動の習慣も異なってくるのは、むしろ当然のことであろう。

7　なぜ、ふしぎなことに気がつかないのか

問題の第二は、「ふしぎな話B」で述べた、「なぜ私がおかしいのですか」というAさんの疑問である。

これは、二つの点で、大きな意味がある。

一つは、「見えないボールペンで書くことはおかしい」という固定観念をもっている私たち就労層への痛烈な反論を含んでいるということであり、もう一つは、「自分の行動にあやまりがあるはずがない」という確信の強さである。

かつて有能な学生であり、職業人であった人は、主婦生活の中でも、過去の経験や技能を忘れ去ってしまうわけではない。Aさんの場合も、「鉄筆による起票」という、過去の経験、過去の情報を見事に記憶していた。しかし、働く場としての情報社会が、Aさんが所属していた当時とは異なっていることに気がつかなかった。Aさんが、出産・育児に追われていた時期は、ちょうど、日本経済の高度成長の時期——そして、高度工業化社会から情報化社会へと移行する時期と重なり合っている。職場という情報社会に所属し続けた者にとっても、変化への適応は容易ではなかった。まして、職場を離れ、家庭という異なる情報社会に所属した者には、変化の状況を想像することさえ困難だったろう。Aさんが異なる情報社会にスムースに移行できなかったのは、むりもないといえる。

もう一つは、Aさんが、学生としても、職業人としても、抜群の成績の持主だったということである。輝かしい過去の情報を持つ人ほど、自らの過去にとらわれがちである。有能で自信に満ちていればいるほど、職場という新しい情報社会の状況を虚心にみつめ、それに適応して行く力は弱くなるといえるかもしれない。

8　なぜ、主婦は自信をもつのか

ここでもう一つ注目したいのは、「あなたの行動はまちがっているのではないでしょうか」と注意されたときに、「なぜおかしいのですか」と、とっさに切り返す自信の強さである。これは、Aさん個人の特性ではない。多くの主婦に共通してみられることであって、主婦と接触する機会の多い職業を持つ人たちの間ではしばしば話題になることである。そして、「要するに女の本性ですよ」と、女全体の問題にまで拡大解釈されることが多いのだが、私は、以下のような二つの理由が大きな要素になっているのではないかと考える。

一つは、家庭――特に最近の核家族は、構成人員が少ないため、その中にだけひたっていると、自分の行動を批判し修正するフィードバック機構が、しだいに弱くなってくるのではないかと考える。

家庭という社会の中では特に子供が幼いうちは、主婦の行動に批判の目が向けられることは、ほとんどない。主婦は、文字どおり一家の中の「主たる婦」であって、どのような献立を作るか、どのようなインテリアにするか、どのような育児計画を立てるか、どのように家計を運営するかなど、ほとんど主婦の思いのままという場合が少なくない。とくに核家族化した今日では、若い主婦も、責任・権限ともに大幅に拡大しており、主婦は一家の管理職兼専門職となっている。しかも、夫に家事や育児を分担させない場合、専門職としての主婦の地位は、いっそう高い。専門外のことに口を出さない非専門家たちに囲まれて、主婦は誰に批判されることもなく、日常生活の大半を過ごしているといっても過言ではあるまい。

しかも、主婦の基盤である「家庭」は、今日、どのように変容しているだろうか。農耕社会では、生産の最も基本的な単位であった家庭、工業化社会では労働力の再生産の場であった家庭は、いま、生産という軸から離れて浮遊している。そして浮遊した家庭と家庭の間には、連絡も、提携も、共同作業も、ほとんどない。

この不安定で不安な家庭の中で、主婦は何をよりどころに、過大な自信を持ち続けているのだろう。その一つの要素は、膨大な量の情報ではないかと思う。中でも、TVによる情報である。別掲のNHK生活時間調査でも、男女、あらゆる層を通じて最も多くのTV視聴時間を持っているのは専業主婦であり、平均一日四時間半の多きに達していることが示されている。とくにカラーTVの普及は、社会のすべての情報をいながらにして把握できるような幻想を与える。家事についても、家庭についても、教育や社会についても、最も精選された（と信じこまずにはいられない）情報を常に受け取っているという自信が、自らのフィードバック機構を鈍化させている面があるのではないだろうか。

つくり手の主体が男であるマス・メディアによって伝えられる、一見、過多な情報は、女にとっての情報という意味では、きわめて過少な半面を持つ。情報の量が多いことは、その質の良さを意味するものではない。それにもかかわらず、必要にして十分な情報を与えられているような錯覚を持っていることが落とし穴になっている。

もしも、自分が日常受け取っている情報が不完全であり、偏っているかもしれないというおそれがあれば、職場で与えられる指示に対しても、もう少し敏感に反応することができるだろう。また、職場という別の情報社会で働く就労婦人に対しても、別のアプローチで接することができるだろう。

専業主婦の側から働く女へ近づくためには、自分が得ている情報、それに基づく判断を修正するフィードバックを怠らないことと共に、受動的に与えられる情報だけでなく、自らの選択で経験的につかみとる直接情報の量と幅を増大させることが必要であると思われる。

例えば、職場という異なる情報社会は、いわば「情報化された情報」だけではうかがい知ることのできない側面を持っている。過去に経験した職場とは異なる時々刻々に変化しつつある現在の職場を、直接情報に接して自ら確かめることがなければ、働く女との距離は、いつまでも縮まらないであろう。

9　働く女は、専業主婦を理解できるか

一方、働く女は、専業主婦をほんとうに理解しているだろうか。また、理解できるだろうか。

前述5のように、「見えないボールペンを使い続ける人は欠陥人間だ」といったことばが不意に出たということは、やはり一つの危険を秘めている。発想の根底には、「見えないボールペンを使い続けるのはおかしい」という前提情報がある。Aさんがいみじくも反論したように、「見えないペンを使うことが、どうしておかしいのですか」という考え方も、当然、あってよい。もう一つの立場＝反対情報があるかもしれないと考えるときに、フィードバック機構が訓練され、強化されていき、私たちは、はじめて異なる情報社会の状況を想像することが可能になるのではないだろうか。

就労層、いわゆる「働く女」たちは、専業主婦とはまた違った意味での自信を、しらずしらず深めている面も多いのではないだろうか。

専業主婦が働く女になろうとするときには、〝非可逆的〟というほどではないにしても、かなり大きな抵抗があるのに対し、働く女から専業主婦への転向は比較的容易である。転向が容易だということは、容易に理解できるということにはならないのだが、その自信に裏打ちされて、「主婦は働く女を理解しにくいが、働く女は主婦を理解できる」と思いがちな傾向がないとはいえまい。

多くの女は、幼時に過ごした家庭生活の経験を通して、誰しもが容易に妻になり、母になれるという錯覚を持っているが、変化が激しいのは職場ばかりではない。家庭も同様である。戦前の母――妻は、ほとんどが嫁として姑に従属し、多子、短命のうちに生涯を終わった。明治の母は、平均六・八人の子を産み、末子出産は三十六歳、平均寿命は四十三歳であった。敗戦後、昭和二十二年は、平均二・七人の出産で、平均寿命五十三・九歳である。これに対し昭和四十八年には、平均二・一人、末子出産三十

一歳、平均寿命七十六・二歳となっている。子を産み終わったのち、七年の余命しかなかった明治の母に対し、昭和の母は、五十年近い第二の人生を過ごすことができるのである。そのうえ平均家族数が三・九人ということは、姑と同居しない核家族がほとんどであることを物語る。自分たちの母に比べれば、信じられないほどの多くの自由と余暇を持ち、したいことが自由にできる可能性をもつ専業主婦のプライドを、管理社会の歯車の一つに組み込まれている働く女が、ほんとうに理解できるだろうか。

しかもその自由と余暇は、反面では多くの拘束に裏づけされている。経済的な自立はない。生産に直接かかわっているわけでもない。一方では、はなやかな女性進出の状況がマスコミによって伝えられてくる。その中の不安や焦燥を、何らかの意味で生産とかかわりあい、社会の直接情報にふれていると思っている働く女たちがほんとうの意味で理解できるだろうか。

家庭責任を果たしながら就労している、いわゆる兼業主婦にしても、主婦という名は同じであっても、専業主婦の家事や家庭とは微妙にちがっている。省力化された家事、離脱しようと思えば離脱も比較的可能な家庭を、同質の家事・家庭と考えたのでは、専業主婦の立場を理解することは困難であろう。なまじ、家事と家庭責任を日常事としているだけに、その自信が別の立場の情報を受けとる目を暗くしている面も多いと思う。

10　男に主夫はいない

望む者は就労し、望まない者は家事見習から主婦へという二つのコースの選択の自由がもてはやされた一時期が過ぎて、両者の協調や共闘が問い直されようとしているのは、前述したような、労働の場での産業予備軍的な専業主婦の存在が問われているからだけではない。専業主婦が存在することによって、「家事と育児は女の役割」という社会通念が定着していることの弊害や、とざされた家庭の中で、子育てを終わったあとの生きがいの喪失に悩む専業主婦の問題などがクローズアップされているためである。巨視的に考えれば、就労することも自由、しないことも自由、という女の立場は、男以上に恵まれたものと言える。

生まれながらにして、職場で働くことを位置づけられ、どれほど家事や育児の才能を持とうとも、「主夫」であることを許されず、職場と、形骸化した家庭との間を往きつ戻りつしながら、家事や育児の、あの胸ときめくような喜びにもひたれないでいる男たちに比べ、女が少なくとも選択の自由をもっている意味は大きい。

職場と家庭の双方に対し、いわば両棲動物のような機能を備えている女は、情報化社会がさらに進展し、各家庭に情報処理の端末が配置されるようになり、家庭と職場の意味が大きく変化する時期には、男以上に適性を持つ、貴重な生物となるかもしれない。

元来、生活者のための生産であるべきはずの生産が、生産のための生産と化した弊害は、今日の公害問題として、大きな社会問題になっている。これは、家庭人、日常人としての側面を失った、生産要具化した男社会が生み出した公害だとも考えられる。「男は生産者、女は消費者」といった分断された情報の中で、生活者の情報を知ることは少ない（あるいは無視する）生産者によって生産される公害のあと始末に、より生活者である女たちが多くの力をさいて苦闘しているのは、一種のカリカチュアだといっても過言ではあるまい。

前述9で、働く女に、専業主婦の、ほんとうの誇りや、ほんとうの悲しみがわかるだろうかという疑問を提示したが、これはそのまま、男対女の立場にもあてはまる。生産の第一線に立ち、われこそは社会を支えていると自負している男たちが、その生産物を受けとめている側の、ほんとうの悲しみや苦しみを、十分に理解できるだろうか。生産者と生活者は、分断されたままであっていいのだろうか。

11　男女ともに生活人としての場を持とう

女が働くことはよくないと言い、あるいは家庭にこもりきりでいるのはよくないと言って、相互に、女同士の狭い立場から論じ合うだけでは、両者の接点は生まれない。男をふくめた人間全体の問題として考えない限り、女の解放もなく、人間の解放もないだろう。

ＰＴＡに参加しない兼業主婦を怒る代わりに、ＰＴＡに参加できない父母の悲しみを考えよう。なぜ、子にとってのすべての親――ペアレンツや地域の住民代表が参加するＰＴＡでなく、マザーのみが参加するＭＴＡになっているのか。母親たちだけが献身的に活動しているのに、会長だけは男性なのは、なぜなのか。また、ゴミ処理や公害、日照権などの運動が、主婦の活動、主婦の仕事、主婦の義務とされているのは、家事・育児を女のみの役割とする差別の延長ではないだろうか。

こうしたことを、一つ一つ問いつめていくとき、全体としての労働者の労働時間の問題や、利潤追求に走る企業のありかたなどが、鮮明に浮かびあがってくるだろう。そのとき、職業を持つ女も、男も、生活者としての側面を取り戻し、生産要具から人間に復帰する手がかりが得られるのではないだろうか。

情報化社会の進展は、労働量と労働時間を、現実に減少させようとしている。この減少が、失業者の発生につながってはなるまい。富の配分が問われるように、情報化社会の課題の一つとして、「労働量の配分」を取り上げるべきではないだろうか。

家事労働を、経済的価値というよりは、人間としての必要労働としてとらえなおし、職場の労働と通算した労働時間の再配分を考え直すことはできないだろうか。

男女ともに、少ない労働時間と多くの生活時間を享受し、共に「両棲生活」を楽しみ、共に育児に心かたむけるための方法が考えられるときこそ、女の解放も、男の解放も可能になり、子供の未来もひらけてくるのではないだろうか。

12　危機に目を向けよう

未来はしかし、楽観をゆるさない。

社会構造の変革期は、本来なら、下積みの層にとって、絶好のチャンスとなるはずなのだが、職場や家庭の変化、それが女に及ぼす影響について、はたして問題提起や予測がすすめられているだろうか。

情報化社会は、いま想像以上の急ピッチで進展している。かつて人手に頼っていた多くの作業は、コンピューターを軸とする機械によって処理されようとしており、労働者を、コンピューターに対して指令を下す少数のエリート・スタッフと、機械の監視をする多数のラインに分かとうとしている。

先日、私は、ある電機工場を見学したが、オンラインでみごとな部品展開が行われる工場内で立働くのは、ほとんど若い女子だけだった。指令と指令のつなぎ目の人手作業の部分を守って働く少数の女子に課されていたのは、間断ない重労働であった。しかも、高価な機械を導入した代償として、機械は昼夜二部稼働を強いられており、女子工員の就労時間は、朝七時十五分から夕方四時まで、昼食時間は三十五分、十時に十分間の休憩があるのみ、ということであった。

「ただ食べるだけの昼休みです」と、女子工員は暗然として語ったが、管理者側は、「中・高卒男女の初任給格差がほとんどなくなった現在、女も男なみに働いてもらわなくてはペイしない」という意見であった。

このような、ゆとりのない単純繰り返し作業が、若い女——というよりは人間、にとって、快いものであるはずがない。女たちは、職場よりはましな環境として主婦の座にあこがれ、一、二年でそこに逃れ込み、子育てにひと息つける時期が来たときに、逃れ込んだ家庭のむなしさに脱主婦をはかる。そこで待っているのは、パートタイマーという名の、またしても単純繰り返し作業である。

――この〝女の路線〟は、いま、着々と定着化しようとしている。しかも、パートタイマーは、なまじ、〝両棲生活〟を可能にするだけに、両棲生活のよろこびを知った女たちに歓迎されている。増大するパートタイマーは、就労者の中で、別の層を形づくろうとしており、それでなくても、就労層と非就労層に二分されている女を、さらに細分化し、その力をいっそう弱めようとしている。

大事に至ろうとしているのは、女ばかりではない。管理社会に組み込まれ、息つく余裕を失い、「主夫」であることも、「パートタイマー」であることも、ほとんどゆるされていない男たちの未来に、明るい展望はあるだろうか。「仕事が生きがい」と、もしもほんとうに信じている男たちが少なくないとしても、週休三日時代のその三日を、どのように過ごし得るであろう。週休二日でさえも、主婦たちは、ゴロ寝をする亭主族にとまどい、居住空間の狭さをかこっているのに、〝両棲性〟の訓練を受けていない男が、家庭に安住できるだろうか。

それを見越したように、第三次産業の振興が叫ばれている。しかも、その第三次産業は、余剰労働力の吸収の場として、国策的に振興策が考えられようとしている。しかし、人工的な第三次産業が、はたして人の心にやすらぎを与え得るだろうか。余剰労働力の処理を考えるとき、女をふくめた、人間としてのトータルの労働量や労働時間が、なぜ再検討されようとしていないのだろう。振興された第三次産業は、人間や、家族に、はたして何をもたらすのだろう。――狭い国土の中で、わがもの顔に広いスペースを占めているゴルフ場や、夜ごとのネオンの輝きは、今でさえも、生命の生産と再生産の場としての家庭の危機を暗示しているように思われるのだが。

13　先手の側に立って

すべて、社会の激動期は、価値観の転換をはかる好機であるはずなのに、微視的な問題にとらわれて、ほんとうに必要なことを見失ってはいないだろうか。

進歩的な考え方をする女性の中には、例えば「情報化社会」ということばを耳にするだけでも、にがにがしい表情を示す人が少なくないが、時代の変化に、表面的な抵抗を示すことだけが、進歩的なのだろうか。

産業革命の時期に生活していた人々は、自分たちが後に「産業革命」とよばれるような社会構造の大きな変化に直面していたことに、恐らく気がつかなかったのにちがいない。私たちがいま当面している変化は、その規模の大きさでも、後世への影響の大きさでも、恐らくは産業革命を上まわるものであろう。変化を恐れ、あるいは機械に抵抗を示すことだけが、はたして有意かどうか。機械にしりごみする男たちに代わって新しい機械と取り組んだマンチェスターの女たちが、男女同一賃金をかちとった事実、それがまたいつしか不同一賃金となったプロセスなど、歴史の上に学ばなければならないことは多いように思われる。

コンピューターに象徴される情報処理機器への、企業側のすさまじい研究に対し、働く側は、どれほど積極的な研究を行っているだろう。まして、婦人労働や家族、家庭、その中の婦人の地位に対する影響については、どれだけ研究がすすめられているだろう。

コンピューター産業は、政府の強力なバックアップのもとに、着々とその根を張っているが、いずれ、コンピューター公害が問われることになるというのも、関係者には周知の事実である。しかし、その危険性だけを恐れて、駆使することも放棄したのでは、公害の処理策、防止策さえ考え出すことはできまい。

人間が駆使することができ、そのゆえに他の動物たちの優位に立つことのできた道具の中でも、最も価値ある道具「火」も、本来、非常に危険なものであった。主婦が日常使っているガスでも、庖丁でも。

本来は、危険なものである。危険性の高いものであればあるほど、研究は急務だといわなければなるまい。

生産の受け手の消費者として位置づけられた主婦たちは、物価対策や公害防止などの市民運動に、はなばなしい活躍を示している。「これこそは主婦の仕事」と、自己肯定する人も少なくない。しかし、ひとたび燃えあがり狂乱した物価に、小さなホースを向けても、注ぎ込むエネルギーの割に、効果は低い。公害が多くの人命を奪ったあとで、その防止を叫んでも、失われた命は返っては来ないことを忘れてはなるまい。自ら市民運動のにない手を誇る主婦たちに、十分な自己満足を与えている蔭で、次の公害が発生しようとしている危険を感じるのは、思いすぎであろうか。

14　可能な限りの断面で考えよう

生命を産み、守り、育てる生活は、女にとっても、男にとっても、大切なものである。しかし、その大切な生活は、受け身のかたちだけでは守りにくくなってきている。理想論をいえば、すべての男女が働き、生産の場に直接介入して、情報の創造と伝送に参加してこそ、公害を未然に防ぐことができよう。そして、その働く男女のすべてに週休二日が与えられるようになれば、土曜も日曜もない主婦の現状も当然改善されるだろう。産休、生理休暇など、母性保護の問題、ひいては女の人権の問題も、すべての女の共通の問題、さらには男女の共通の問題として、考えられるようになるだろう。

とはいえ、やみくもに働くことだけがよいというわけでは決してない。単純未熟練労働に、しかも低賃金で唯々諾々としてつくことは、結果として女の地位をいっそう低く定着させる。それは働く女だけの問題にとどまらず、男の女性蔑視を助長し、家庭の中の男女関係にも当然はね返ることとなる。この転換期に処すために、女は、どのような選択を行えばよいのか、現実として、どんな選択が許されているのか、今日ほど相互の情報交換が必要な時期はないだろう。

情勢の判断資料として、仮にも願望をインプットしてはなるまい。あくまでも、クールで正確な情報を精選し、衆知を集めて検討し、可能な限りの未来を予測して、すべての女の共通目標に対し、悔いのない選択を行おう。

＊　＊

職業を持つ女と主婦の問題を、ここでは故意に、情報という一つの断面だけで考えてみたが、アプローチの方法は、ほかにも幾つも考えられる。婦人問題に対する既成の概念にとらわれず、人間解放の基本的な課題の一つとして、柔軟な立場で一つ一つ考え直してみることは、いまこそ急務であろう。

最後に、情報化社会を担う情報処理技術者の問題にふれてみたい。

コンピューターの導入に際して新たに開かれた職種である「情報処理技術職」は、当初、これこそ女性向きの職種として華々しく喧伝され、大学の数学科卒などの優秀な女子が開拓期の仕事についた。しかし、日本の電算機の普及率がアメリカに次ぐ世界第二位となった今日では、キーパンチャー・プログラマーなどの、単純で、労働の量だけを必要とする職種のみが「女性向き」とされ、情報処理の中枢をつかさどるシステムエンジニアは、全国で数えるほどの少数の女性しかいない。「指令するのは男、働きバチは女」の姿が、これほど明瞭に定着化しようとしている現実に、どう対処すればよいのだろう。この状況を考えることは、明日ではもう遅すぎるように思われるのだが。

メキシコ・キューバ＝私たちの旅

（12号 1975/10）

お金もない、時間もない、雑誌『あごら』を作り出すだけで精一杯の〈あごら〉が、メキシコ集会にツアーを送り出すについては、運営委員会でも、かなり異論があった。ベトナム戦争、中近東紛争で国連が何をなし得たか、国連本会議には期待できまいというのが大方の予想であったし、並行して行われる民間集会についても、ほとんど情報がなく、取り組みの計画がたてにくかった。

しかし、どのような集会であるにせよ、世界百三十国余の女性が一堂に会して十年にわたる行動計画を討議するのは、歴史始まって以来の出来事にちがいない。その瞬間に立会うことは、〈あごら〉の運動にとって貴重な意味を持つだけでなく、雑誌『あごら』を通じて情報を伝えることもできるのではないだろうか。ともかく『あごら』の読者によびかけてみよう。

「あごら旅の会」は、こうして発足した。参加者全員が主体的にかかわりあい、旅することそのものを一つの運動にすることが、発足の条件とされた。

多角的な目的を掲げて

旅の目的の第一は、いうまでもなくメキシコ集会の傍聴であった。私たちの不十分な語学力では、実質的な討議に加わることは不可能だが、会議を通じて世界の活動家たちと直接情報をかわしあうことは得がたいチャンスに思われた。とりわけ私たちが連帯したいと強く願っているいわゆる第三世界の人々と、この機会に語りあいたいと思った。

第二は、キューバ訪問である。女性解放が解放運動の一環である以上、劇的な解放を果たしたキューバには、つきぬ関心があったし、その解放が女性運動に果たした役割も知りたかった。画期的な新家族法が討議されようとしていると聞くその内容も興味をそそった。

第三は、マヤ遺跡の探訪である。これは婦人問題とは直接の関係はないが、それぞれが乏しい経済をやりくりしてメキシコまで行く以上、シティだけではなくユカタン半島まで足を伸ばしたいと考えた。

以上を通じて、私たちは何よりも、おのれ自身を揺り動かしたいと願った。

〈あごら〉は、「人間解放としての女性解放」を目指すグループであるが、活動の主体は、分断された女性の情報の収集と伝達に置いており、世にいうリブ・グループのような世間の耳目をゆるがす活動は行っていない。会員の多くは、他人を動かそうとする以上に、まず自身の生きざまを問おうとしている人々であり、旅を通じて、それぞれの内包する問題に一つの転機が与えられることを願った。一見多目的すぎるテーマを掲げたのはそのためであり、目的に沿ってAB二コースを設けた。Aは終始メキシコ・シティに滞在して会議に専念するコース、Bは会議に三日参加した後、マヤ遺跡とキューバを訪れるコースであったが、参加予定の高齢者から、二度と旅に出ることもあるまいからとの強い要望があり、Bコースにさらにインカ遺跡探訪・タヒチ見学を加えたCコースも設定した。

キーセン観光業者を排す

旅の準備は、しかし順調にはすすまなかった。旅の安全と快適を期して依頼しようとした旅行業者が、キーセン観光に年間五千人以上の日本人を送りこんだことにより朴政権から表彰されていることがわかった。筋を重んじる〈あごら〉の趣旨としてはこの業者を利用するわけにはいかない。しかし参加希望者はどちらを選択するか。私たちは一人一人に電話で確認を求めたが、全員が、不便をしのんでも、また旅費がふえても、キーセン業者は利用したくないという回答であった。

清潔な業者を求める作業が始まったが遅々として進まなかった。旅行業者のほとんどが、大なり小なりキーセン観光に関係していた。たまに清潔な業者があると、企画力その他で疑問を感じた。甚だしく割高で、私たちの資力では応じきれない場合もあった。旅行準備の専門的な部分は業者にまかせる予定であったが、このためやむなく私たちが自力で在日外国公館との折衝その他に走り回ることとなり、メキシコ集会に向けるべきエネルギーの多くが消費される結果となった。

メキシコ大学留学の経験を持つYさんを通じてT社に決定したのは五月も末、これ以上一日も待てないというぎりぎりの日だった。

行けなかった人々

この間に、旅の希望者は続々と脱落していった。女が現実に家をあけようとすると何とむずかしいことか。ここにも婦人問題をまざまざと感じた。

最終的にはAコースゼロ、B十四名、C四名、北海道から沖縄に及ぶ合計十八名(うち会員十名)となったが、そのうち最初からの希望者はわずか二名にすぎず、Cコース提唱者のAさんも姿を消していた。

ともかく五月二十七日、全員がそろっての第一回の会合を持ち、コースの若干の変更を確認、記録、食料、親善等、それぞれの分担を決定、各人が主体的にかかわることを再確認した。

第二回は六月五日、当初設ける予定ではなかった団長が必要ではないかという話し合いになり、〈あごら〉事務局の斉藤が代表となり、隊員は一貫して〈あごら〉として行動することなどが決められた。

第三回は六月十日。トリビューンでリポートを発表できるかもしれないという情報が入ったため、急拠原案をつくり討論した結果、日本の女の情況をややさかのぼった時期から考察した“Japanese

Women-Past and Present" をまとめた。この中で特に強調したのは、日本はアジアの一国であること、アジアの一国としては特殊な高度成長の中で、現在多くのひずみを生じていること、その中で女性解放運動も従来の先進国型の運動を反省し、その批判としての草の根運動がひろがりつつあることなどであって、草の根運動の幾つかを紹介し、終わりに六つの提案を掲げた。同時にトリビューンの会場で配布する情報交換を求めるリーフを急ぎ用意した。

こうした私たちの動きは、一部の新聞に「政府代表にまかせちゃおけぬ、女性差別訴えますわヨ」と写真入りで大きく報道された。あとになって考えれば、民間は民間なりの役割があったことがわかるが、当時の私たちは政府代表を上回る活躍ができるなどとは夢想していなかった。各国の活動家と経験交流し、私たちなりの提案をするとともに今後の運動を考える資料を得たいというのが主旨であった。

難航した準備

この間、旅の準備は遅々として進まなかった。十分な準備期間を持たず、費用は極力安くという旅に、商業ベースの旅行会社は、最初から無愛想だった。第二回会合で、飛行機の関係上、旅程を大幅に変更しなければならないと申し渡されたまま事後報告がない。不安に耐えぬ私たちに、六月も七日を過ぎてやっと返ってきたのは、飛行機便の関係でキューバには入国できないという返事だった。

入国がむずかしいというキューバ入りを目指して、何度かキューバ大使館に足を運び、フィデル・カストロ首相と、ビルマ・エスピン婦人連盟会長に手紙を書き、雑誌『あごら』によって〈あごらグループ〉の日常活動とまじめな性格を証明してビザを手に入れた私たちにとって、それはショッキングな回答だった。

理由が釈然としない。なぜ切符が手に入らないのか、せめて理由を明らかにしたい。国際電話で情況をただしてほしいと要求する一方、自分たちでも直接現地に電話をかけ、ようやく入国の切符を確保できた。

と思ったのは、またしてもぬか喜びに終わった。出発前日、旅行社から突然通告を受けた。「帰便がとれない、旅行を中止したい」という。深夜、現地に再度電話をかける。「確保はできないが、見通しとしては大丈夫」――現地日航野崎氏の力強い声にはげまされ、私たちはともかく旅立つことにした。キューバ入りは困難な可能性もあるという条件を全員に再度確認した上で……。

今回の旅に費やしたエネルギーを十とすれば、その九までが事前準備、それも会議参加以外の雑事に費やされた感であった。しかしキーセン業者を排した以上それは覚悟しなければならないことであった。女が旅することの過酷さを身をもって知ることにより、婦人問題への思いをいっそう深めた一か月半でもあった。

ハプニング続出ではあったが

以上のような不備な条件のもとに出発した私たちの旅は、決して快適とは言いがたかった。ハプニングが相次ぎ、スケジュールの変更が少なくなかった。現地関係者の談話や、隊員相互の経験交流を志していたミーティングも、所期とは異なった結果になった。会議への参加も、全く中途半端であった。しかし三日半とはいえ会議に参加できたこと、情報交換のリーフを配布して諸国の活動家と交流したこと、貴重な機会を活用できなかったものの一応分科会を持てたことなど、予想外の収穫もあったと思う。またユカタン半島(マヤ遺跡)、キューバなど、メキシコ・シティとは異なった土地の風物に接した感銘は、それぞれ深かったように見受けられた。旅中の詳細と感想は、旅日記と感想文にゆずるが、ともかく夢想に近かった旅を実現でき、全員無事故で全旅程を終えることができたのは、メキシコ・キューバ・ペルーの各大使館、日本航空など、直接関係者はもとより、十一年にわたり〈BOC〉、〈あごら〉を支えて下さった会員の方々のお蔭と、心から感謝をささげたい。行き届かぬ旅を耐えて下さった隊員の方々におわびとお礼を申し上げるとともに、旅への参加を中途で断念しながらも、準備のために奔走して下さった会員諸姉に、特に厚いお礼を申し上げげたいと思う。

(12号 1975/10)

鳴り響いた鐘
——メキシコ・キューバの旅を終えて

メキシコ集会を終えて二か月が過ぎた。

予想をはるかに超えた強烈な衝撃の興奮は次第に静かなものになっては来たが、衝撃の強さは決して小さなものにはなっていない。それどころか、日々にたしかに、心の中に根を張ろうとしている。その衝撃とは何だったのか、旅の心象を振返りながら考えてみたい。

旅の果ての旅

旅に向かう心はいつもあからむものであるのに、旅立つ朝、心はすでに砂色に疲れていた。月余にわたる準備、キューバ入国をめぐる逆転また逆転は、一つの「旅」でさえあった。その「旅」のさなかに、早くも多くの仲間が落伍していた。妻の外出をゆるさない夫、妻の旅には多くを割けない家計……。〈あごら〉につどう人々は、家庭緊縛状態の日本の主婦一般に比べれば、多少の自由度を持つ人々ではあったが、時間的・経済的・心理的束縛は、まだ十重二十重に女を取りかこんでいる。行くことが最終的に可能になった人々にとっても、情況は容易なものではなかった。老人と子どもを置いて二週間家をあける状況整備に、みるみるやつれていく仲間たち。

そのつらさを耐え得たのは、世界会議への情熱というよりも、これほどまでに私たちをさえぎる壁、不可能という限界に挑んでみなければ、新しい世界は開けまいという想いであったように思う。

会議都市メヒコ

メヒコ市街は、その奇怪な壁模様、高低むぞうさに立ち並ぶ建物群のアンバランスなど、デモーニッシュな魅力で私たちを迎えた。

町かどのあちこちから、ふいに音もなくさし出される黒い乾いた手。その片方の手には、ふろしき包みのようにショールに包まれた赤児。例外もなく物乞いは女であるという現実にもまして、深夜のマリアッチ広場は、心に深い釘を打込んだ。男のポンチョに包まれて闇に消えるか細い足の娘。チョコレート売りの五歳ほどの女の子の、頭に手をあて、「こんばんは」と片言のスペイン語でよびかけてもまばたき一つしない。その幼児のチョコレートを買う男がおり、女を買う男がいる。

このメキシコで、いま女の差別が語られようとしている。――語ってはいけないのかと思い、だからこそ語らなければいけないと強く思い直す。貧困・無知・貧富の格差、それらこそ女性差別と根を一にするもの。紙の上の知識はいま激しい現実の迫力となって心を揺り動かす。

はじめての世界会議

金色の母子像がメキシカン・ピンクの国際婦人年マークに映えるトリビューンの会場セントロ・メディコ。

とりどりの民族衣装の人々が、喜々として急ぐ。うす青色の〈あごら〉のリーフレットをその一人一人に手渡しながら、心がようやくあからむのを感じていた。「サンキュー」「グラーシアス」と受け取る手の表情のあたたかさ。女から女へ伝えようとするメッセージが、ここでは待たれているのだ。世界ではじめての、世界の女たちの民間集会。新しい歴史のとびらが開かれようとしていることを、輝やく目の一つ一つが語りかけている。

エチェベリア大統領夫人の開会の辞が終わる。ふたたび会場前のテラスに吐き出された人々は、短い時間を惜しむように質問を投げかけあう。「あなたの国の女性の情況は？」

＊

二日目。アメリカ人司会者が牛耳る中で、明治中期の日本の情況を想起させた「第三世界の手工業分科会」。そして、先進国型解放論を色濃く打ち出した「平等・発展・平和分科会」。白髪をふり乱し、ピンクのドレスに包まれた身を乗り出して「女性の敵は女性自身の中にある。目覚めよ。力《マイト》を持ち権利《ライト》を得よう」と絶叫したパワフル・フリーダン。それは内容の是非はともかく、彼女が、確固たる自身の哲学に立って行動してきた運動家であることを物語っていた。比較して日本の井上繁子さんやユーゴ代表の数字の羅列は国際会議ではクールに過ぎたのではあるまいか。もしここで市川房枝さんが壇上に立ったとする。その髪の白さ、そのシワの深さは、語らずして日本の婦人運動の歴史を訴えるであろう。それはフリーダンをしのぐ迫力であったかもしれない。井上さんが初日にパネラーとして登場することさえ知らなかった私たちの情報不足。そしてそのパネラーを支えることができなかった日本の婦人運動の力量不足。

その弱さ甘さを鋭くついたNOW所属在米邦人、米岡美さんの爆弾質問。「井上発表は日本の真実を伝えているのか。日本から訪れた二百人の女性よ、黙して帰るのか」

＊

すさまじい迫力であったという米岡質問の瞬間、残念ながら私はキューバ入国折衝のため別室にいた。会場に戻ったときは自由討論に入り、発言を待つ人々の長い列が壇の下に長く伸びていた。残り時間はわずか……と、時計を見ながら席につこうとした私を、興奮した声がさえぎった。「なぜ二百人も日本人が来たのかと問われて、誰一人答える人がいないのです」

長い列を見渡した。日本人は一人もいない。瞬間、はじかれたようにからだが列に向かって歩き出していた。

なぜ二百人も来たのか。地球の裏側から押し寄せた二百人は、韓国人でもベトナム人でもない、日本人だ。それをGNP二位の象徴と片づけることは簡単だが、単にそれだけだろうか。旅を志しながら次々と落伍した仲間たち。二百人も来たと同時に、二百人しか来られなかったのも事実である。女が家をあけるむずかしさ、その中をあえて来た人々の胸にあふれる思い。——男子の五〇％にすぎない女子労働の報酬、就職差別、昇進、昇給差別、働く人々の前を次々にさえぎる女の道標。そして一方に閉ざされた主婦たち。女を縛る目に見えぬ慣習の鎖。——自由を得、経済力を得、法の前に平等になり、なおかつ多くの問題をかかえている日本の女たち。

「なぜ〝あごら〟をつくるのか」と問われるのとそれは同じ質問であった。「なぜ旅に出たのか」という問でもあった。列に並びながら、私はペンを走らせた。思いがあふれる。それを伝えることのできない貧しい語学力。

井上さんの隣に坐る顔見知りの高木佐和子さんにメモを渡し通訳を依頼する。そのときマイクの前に躍り出た田中美津さん。「井上発言は真実を伝えていない。私たちは優生保護法改悪阻止の運動を……」きたえられた、よくとおる声が場内にひびく。その声の大きさを押しつぶすように、司会者の顔がみるみる怒りに赤らむ。「日本語はダメッ！」

二百人の日本人は国際会議でしょせん孤児であった。それを知らなかった私たちの甘さ。無意識の大国意識。

「日本語はダメッ！　英語で、二分だけ！」

私に加えられた先手攻撃。日本語で話し、高木さんに訳してもらう計画は、一瞬のうちに崩れた。どんなにたどたどしくとも、ここは英語で話さなければなるまい。続いて二度のルール破りは日本人を誤解させるだろう。「なぜ二百人も来たのか。第一の理由は、新憲法で法的に地位が平等になり、力を持つようになったからです。第二は、それにもかかわらず実生活では不平等だからです……」

声がふるえ、からだがふるえた。「斎藤さァん、がんばってェ！」長沢さんの声が聞こえる。「田中さんの次にすぐしゃべらなきゃダメッ」と私を列から引きずり出し、マイクの前に立たせようとした川上さん。会場の〈あごら〉の人々の熱援とともに、日本で働く、生きる仲間たち、そして志しながら旅することのできなかった人々の姿が、目の前いっぱいにひろがっていた。

壇上の高木さんが私の不完全な英語を補ない、拍手が遠くから近くに寄せてきた。

＊

いきなり抱きつかれ、頬から頬へ伝わった熱い涙。

「あなたの運動にカンパしたい」いつのまにか手の中に押し込められていた八千円近いお金。それは、無謀にも、たどたどしい英語で何かを訴えずにはいられなかった日本人へのあわれみであったろう。同じく訴えたい思いを秘めたメキシコの、カナダの、アメリカの女たちのシンパシーであったろう。どんなにみっともなく、どんなに非難されようとも、だまって帰るわけにはいかなかったという思いとともに、おのれ自身の甘さがこたえた。日本語で話すことがゆるされるかもしれないと思った認識の甘さ。瞬間、英語で二分だけと迫られて、選ぶべき言葉を持たなかった判断力のなさ。英語の原稿を書き、それを訂正してもらおうとせずに、通訳に頼ろうとした自立心のなさ。

二分間しか話せなくて残念、と添え書きして、"Japanese Women-Past and Present"を事務局に提出したのは、そのおのれの甘さを恥じたためでもあった。

マヤの遺跡で

ジリジリと肌を灼く熱帯の太陽の下を登りつめたウシュマルのピラミッド。青くかすむ地平はグァテマラ。地平に至る濃緑の樹海の中に、遺跡の頭が小さく幾つも見える。広大なマヤ文化圏。それを築いた人々は、どこに没したのか。昨日見たメリダ博物館のマヤ神聖文字が頭をよぎる。これほど精緻をきわめた絵文字があったのかと息をのんだその文字は、解読のすべがないこと。ぼう大なマヤ文書を収めたマニ文書館のすべての文書は、スペインの宣教師の手で焼きつくされたのだ。

異なる価値観への不寛容。神という権力の名のもとに行われた暴行。民族の誇り高い文化が、かくも完全な形で抹殺されたということ。

メヒコの市街で初めて出会ったメキシコ人の風貌にハッとしたこと。よくも日本人に似ている。そしてわずかにちがう。そのわずかな悲しいちがいはモンゴロイドに加えられたスペインの血なのだ。侵略とは、こういうことであったのか。百人といい、三百人、五百人ともいう、わずかなスペイン人の侵略が、民族の相貌をこれほど変えてしまった事実。恐らくは夫の、父の、面前で犯されたこともあったであろう無数の女たち……。

侵略とはこういうことであったのか。歴史上の数々の事件を、自分は今まで何とうかつに読み流していたのだろう。しかもそれは過去の歴史の問題だけではあるまい。ベトナムで行われたこと、いまメキシコで行われていること。それはまた日本が、第三世界で現に行っていることでもあるのだ。侵すことを知り、侵されることを知らなかった単一民族、日本人の、おごりと甘えの構造。

ふたたび会議場へ

メリダからメヒコ空港へ。セントロ・メディコに直行。

分科会の会場をたしかめようと掲示を見て、アッと驚く。"Japanese Women-Past and Present : Conference Room 6"

——私たちのための分科会が設けられたのだ。時計は五分前。二階にかけあがる。五人、六人、英語圏の人々が集まってくる。そして早耳のマスコミの人たち。〈あごら〉の仲間も他の会場から駈けあがってくる。提出したリポートを取り戻しに事務局に急ぐ人、会場に通訳を探しに走る人。

ことばの壁の前にむなしく三十分がすぎる。これ以上待たせてはおけまい。壇に立ち、おぼつかない英語で語り始めたとき、高木佐和子さん、田中さん（ハワイ大学生）らが駈けつけて下さる。質疑応答に切りかえ、会場のなるべく多くの方々に発言して頂くことにする。青木さんの華麗な日本語が響く。しかしその華麗さのゆえに、英語の訳は少しずつちがっている。私はふと、江戸時代の「通辞」ということばを思い浮かべていた。そして学ぶこと、知ることをゆるされなかったころの女たちが冒された多くの権利のことを。

国際会議を「傍聴しよう」と思い、参加することを考えなかった私たちの甘さ、準備不足。それを情報不足と言ってしまえば簡単だが、もっと本質的なものが潜在していたことに、やっと気がついた。たとえばリポートを提出する。それがきっかけで分科会が開かれるとは夢想もしない。なぜか。せいぜい事務局の人が読み、あわよくば会議の資料として残されることしか期待しないからだ。なぜ期待しないのか。常に無視されること、却下されることに慣れ続けてきたからだ。

民主主義という。しかし私たちはほんとうに自分の頭で考え、自分の足で立ち、あらゆる疑問に果敢に立ち向かったことがあるだろうか。抑圧に対する自由、神という名で行われたイントレランスに対するトレランス、それらの一つ一つを、血を噴き流し噴き流し、我と我が手でかち得た経験があるだろうか。もしもほんとうの自由の概念、権利の観念があったなら、税金を支払う者として、出発前の国内連絡会でも官僚をもっと突き上げていたはずだ。世界行動計画案は、なぜ事前に明示されなかったのか、国連本会議で日本代表は何を発言するのか、基本的に南北問題にどういう姿勢をとるのか、その中で女性解放をどのように位置づけるのか、等々。あのとき私たちに知らされたのは首席代表が藤田たき氏、ほかは未決定という一事だけではなかったか。

二百人の日本人が会議を傍聴しながら、同時通訳の交渉ができなかった。地下一階、各国の活動を示す展示場にも日本のパネルは一枚もなかった。それは他を責めてよいことだろうか。日本の婦人運動の力量を示したのではあるまいか。その運動の力の弱さは、侵さず侵されぬ、人間関係の欠落に由来しているのではあるまいか。

ハバナで

閉幕のベルとともにカーテンが降りるように、銀ねず色の闇は天の上から一挙に押し寄せ、くれないに染まった空をみるみる太い筋に狭め、余光も残さず太陽は消えた。ハバナ空港、一瞬の日没。——ついに来たこの遠い国。

＊

トランペットが、ドラムが、キューバン・リズムを空に噴きあげる。黒から白へ、グラデーションの見本帳のように多彩な階調の肌色の人々。その肌は、ここでも侵略をまざまざと物語る。いまここでキューバ人と呼ばれる人々、そこには本来キューバ人を称すべき人＝インディオは一人もいない。ジェノサイドのあとに、スペイン人が、アメリカ人が、移り住み、アフリカから奴隷を輸入した。その暗い歴史を負って、なおかつこの明るさ。

町を歩く。空気のように町にとけこむ自分を感じる。肌の色、背丈、性別、すべてを忘れる。ここには同じ立場の人間がいる。そのだれもが等しく光っている。肌色の差は、メキシコのような〝階級〟を意味しはしない。

タバコ工場の前、解放前と解放後のパネルは、十五年の実績をえがく。むかし——売春婦、物乞い、スリ……。そしていま——学ぶ、働く人々。社会が変化し得ることをパネルは事実として突きつける。メキシコからのキューバ入りがあのように難航した理由にハタと思い至る。社会が変わり得ること、そしてそのための手段を知られてはならなかったのだ。

予断にとらわれまいと思い、事実だけを見つめたいと思い、きびしい目つきで歩いてみた私も、この町の人々の目の輝きだけは信じないわけにはいかなかった。

その町で日本人が果たしているのは企業進出と買春、とまたしても知ったショック。

高度成長十五年という。しかし高度成長志向百年ではなかったのか。日本が近代国家になろうとして百年、学ぼうとした西欧の近代。それは自由と解放の歴史ではなく、侵略と帝国主義であった。敗戦はその痛烈な報酬であったはずなのに、なおも経済侵略を行う、その根底の他人を侵す精神構造。

被侵略者は神経を鈍麻させられ、やがては痛覚を失う。その無自覚は、侵略者の神経を鈍麻する。侵す痛み、侵される痛み、日常的な侵略の中に失っていく痛覚。それを男と語り合わずして、女の解放があり得るだろうか。第三世界との連帯を免罪符のように唱え得るだろうか。

旅を通じて、侵略という意味を、肌に突き刺す思いではじめて知った。それは侵すかなしみ、侵すおそれであり、女という被虐者の立場もまた人を侵すかもしれないという恐怖でもあった。侵されることに慣れる。そこから侵すことが始まる。

何かちがっていたのだ。根本的にちがっていたのだ。「知る権利」という。その裏返しの「知る義務」に気がつかなかった私。求めて知り、知ることによって追求し、一つ一つ門を叩いてこそ、とびらは開かれるのではあるまいか。それに気づくのに、何と遅すぎたこと。たとえば耐えること、無条件に耐えること、それはやさしさではあるまい。知り、求め、おのれを切り開き、人に切り込み、なお残るやさしさこそ、ほんとうのやさしさではないだろうか。

〈あごら〉は、静かにおだやかに、やさしい運動でありたいと願ってきた。それはほんとうの静けさ、おだやかさであったのだろうか。

亭々と空を支える大王椰子の葉かげは大きく伸びて空を覆う。葉に区切られたわずかな夜空に隙間なく星が輝やく。星を仰いで私は声を放って泣いた。それは、おのれの中のあいまいな部分が音立てて崩れる瞬間であり、二十余年、影法師のようにひきずってきた婦人問題が、わが身の問題として、からだの中に躍り込んだ瞬間でもあった。

＊

旅は終わった。

婦人問題が、今や地球レベルで語られる時代に入ったことを知った旅であった。女性一年ともいうべき新しい世紀の到来を感じた旅でもあった。鐘は遠い地の果てから鳴り、次第に響きを増して耳底に消えぬ音色を刻んだ。十八人十八様に受けとめた鐘の音色は、あるいは低く、あるいは弱かったかもしれないが、少なくとも私には、終生消えぬ音色となろう。

旅は心を風化した。ぼろぼろのわらしべほどに切れ切れの心を抱いて、それでも今ほどわがいのちをいとしみたいと願っている季節はない。それはなぜなのか、生きて何をなし得るのか、心をこめて考えてみたい。

(MINI 2号 1977/02)

スタイリストはなぜ死んだ

スタイリストを職業とする女が焼身自殺した。

〝育児と仕事の板ばさみ〟との報道に、同性である主婦の批評はきびしかった。「離婚すりゃよかったのに」

働く女の多くは心をいためた。それと似た非難のまなざしを我が身に感じたことが皆無だと言いきれる人はほとんどいまい。彼女の上に起こったこと、それは明日の我が身に起こりかねないことだ。

真剣に生きようとすればするほど、働く場はきびしい。同じ仕事をしても女の仕事は割引きして考えられやすい。女たちは背伸びし、一二〇%、一五〇%の仕事をして、やっと一人前に評価されたことに苦笑する。そして疲れて帰る我が家には、料理が、洗たくが、掃除が、山のように待ちうけている。それは〝女の仕事〟とされているから。

＊

一九七五年七月、メキシコで開かれた世界婦人会議は、「世界行動計画」で女性差別の根源は、家事育児は女の仕事という〝性的役割分業〟であることを指摘し、参加した各国政府代表は、その解決に向かって実行することを誓った。

一九七七年二月一日、日本の閣議は、「世界行動計画」に基づいて義務づけられた「国内行動計画」を諒承した。が、「世界行動計画」の根幹である〝性的役割分業の固定化の解消〟は、みごとに忘れられていた。

多くの婦人団体が抗議の声をあげ、抗議の行動を開始した。彼女たちがなぜこんなにもいきどおっているのか、残念ながら大多数の女たちには伝わっていない。それは私の問題だ。あなた自身の問題なのだ。ひとりの優秀なスタイリストを死に追いやった同じ基盤が日本中に厳然とあり、しかもそれを取払う姿勢が為政者にまるでないことにいきどおっているのである。

＊

なぜ女だけが家事、育児の全責任を負わなければならないのか。子を産み、家庭をいとなむのは、男女の共同作業ではないのか。

なぜ女が働くことは当たりまえではないのか。働くことは生きることであり、すべての人が〈生きる権利＝生存権〉を持っているのと同様に、すべての人が〈働く権利＝労働権〉を持っていることが認知されないのか。

なぜ女は人間として評価されないのか。

たくさんの〈なぜ〉に向かって、女たちはいま、声をあげている。女の力、女のいのちを、特定の企業、特定の男、特定の力のためにだけ利用されるのはもうたくさんだ。ひとりひとりが生き生きとした人間として生きたいと。

あのスタイリストのような事件を、二度と起こしてはなるまい。いま公布されようとしている「国内行動計画」は、私たちひとりひとりの生とかかわっていることを見つめていこう。

本誌八ページにその原文を掲載した。あだやおろそかでなく読んでほしい。


（MINI12号 1977/12）

落ち葉の季節に

落ち葉を焚く季節になるといつも思うのは、葉を焚くことのむずかしさである。

松葉のような油性の強い葉を選んで点火しても、一瞬赤く燃え上がった火は、たちまちのうちに消える。焚き火ひとつするのでも、なんとむずかしいことだろう。

いくつかの点火口に分けて、四方から火をつけてみても、それぞれが立ち消えになることも多い。それだけに、燃え上がった火が、隣から隣へと、燃えひろがるほどに火勢を増していくときのよろこびは大きい。

落ち葉と言っても、紅葉もあれば病葉《わくらば》もある。湿って土にこびりついたのを掃き立てた葉もある。松葉のようにいきおいよく燃える葉は少ない。葉ひとつ焚くことのむずかしさに直面するたびに、私はなぜかいつも女の運動のことを思う。

燃え立つ思いに駆られて、みずからに火をつけた女の、その思いは、何となしく、ささやかな自己燃焼に終わりやすいことか。湿った葉たちはひとり燃える葉をあざ笑うように首を振る。ほんのひとつ、その隣の葉が燃え、また隣へと燃えうつれば、燃えることはずっと容易であるのに。

幾日か野ざらしにし、天日に乾かす時を待つことが必要かとも思う。が、待つ間に雨が降り、葉はいっそう燃えにくくなることもある。天の時を、人間はどのように見定めればいいのであろう。

燃えないと思い定めていた葉が、ある日燃えはじめることもある。ずっとむかしの火種が生きていたことを知ったときほどうれしいことはない。

全国の〈あごら〉の仲間がめぐりあった初の大会で、私はふと落ち葉の火の色を思い出していた。湿っている、おくれている、と不毛をわらわれがちであった〈あごら〉も、やっと火を噴く時節が近づいたように思われた。

（MINI 24 号 1979/01）

平等と保障の確立される年に

雇用における平等は、婦人問題の最も重要な課題であり、婦人運動の中心に位置づけられてきたテーマである。が、十一月二十日発表された労働基準法研究会の提言は、その原則を認め、「雇用平等法」の必要を掲げたのにもかかわらず、一般的には歓迎よりはむしろ非難の声が強く、特に、深夜勤務や残業を〝男なみ〟にし、生理休暇の撤廃をうたったことは、母性保護の後退として、労働界はじめ各方面から強い反発を受けた。

先進諸国に比べて著しく劣悪な日本の男性の労働条件を基準にし、平等は観念的に、保護撤廃はきわめて具体的に明示したこの提言が、共感よりも反発をより多く受けたのは無理もないが、「雇用平等法」の存在そのものさえも不必要なようなイメージをマスコミがつくり出しつつあることは、考えなければなるまい。

問題の原点は、労基法研究会が、社会通念と同じく保護を平等の矛盾概念としてとらえたことにある。ことばとしては正しく保護は平等と相克する概念であるが、これは、母性に対する配慮を「保護」と言いならわしてきた慣行に問題があるのであって、本来、正しくは「保障」と称されるべきものであり、平等と同じ基盤に立ち、平等を補完するものにほかならない。人類の存続のために、男にはできない出産をいとなむ、「母性」の「保障」は、「平等」を真に意味あるものにこそすれ、決して後退させるものではあるまい。「保護か平等か」という二者択一ではなく、「平等と保障を」のマクロな視点に立って問題を洗い直しつつ、「私たちのための、私たちによる雇用平等法」を模索し、実現したい。

かえりみるに、従来、私たちの運動は、十分な戦略と戦術を持っていただろうか。国内行動計画への対応にしても、政府の計画をくつがえすほどの力にはなり得なかった。まして、よりいっそう賛否の対立している労基法改訂と雇用平等法の問題は、運動のすすめ方に、さらに神経を配らなければなるまい。「平等派」と「保護派」と、一見対立するように見える意見の根底に、共に女の人権の保障を願う人間として当然な願望があることを鮮明にえぐり出し、それを共通項としつつ、日本の婦人運動史上もっとも画期的な、幅も奥行きも深い運動を展開しなければなるまい。研究会の投じた一石は、またとないチャンスではあるまいか。

出口がないということ

（MINI 27号 1979/04）

「出口のない主婦」ということばは、たしか三、四年前から使われはじめたと記憶するが、あっというまに流行語になった。流行語というものは、おおむね、うたかたのように消えてしまうのが通例だが、これは、なぜかしぶとく生き残っている。ちょっとした集会に行くと、必ずと言っていいほど、「出口なし」の状況が誰かによって語られる。するとたちまち、「そう、そうよ、そう、そう、私も……」のリフレインが会場全体にひろがり、お互いほっと慰めあって帰っていく光景をよくみかける。

それをみるたびに、気持ちが重く沈む。一つは、そういう情況をかかえこんでいる女たちの多さであり、もう一つは、「出口がない」ということばに寄りかかっている姿勢の重さである。そして、それに対して何を言い得るのか、という、自分自身の貧しさである。

私は、「出口がない」ということばが、どうも好きになれない。「出口」ということばがゆるされるなら、「入口」もあったはずではないか、という気がしてならない。「出口」が見えないのなら、「入口」に戻ってみたらどうなのだろう。

職業を捨て、輝かしい「主婦」の「入口」に飛び込んだとき、ドアを、壁で塗り込めてしまったのだろうか。見えない壁も、指ではじいて音を比べてみたら、隠れたドアがどの位置だったか、見えてくるかもしれない。そしてそのとき、どんな展望を抱いて「入口」をくぐりぬけたかを思い出すことも……。

ある会社で、長年女子社員の世話をしている年輩の女性が、こう言っていた。「職場に不満ですぐやめる人ほど、何年かたって結婚生活にあきたらなくなり、相談を持ちかけてくるのですよ」と。「入口」

を急いでくぐりぬけた人たちではなかろうか。

人にそんなことを言えたがらではない、と、自分も思う。「職業」の入口にしても、「結婚」の入口にしても、私などは全く不用意に入ってしまった。このごろの若い人たちが、そのどちらも、しっかりと見比べ見きわめて入っていくのを見ると、日本の情況も、少しはよくなるだろうと希望が湧く。

「出口」を模索して苦しみ始めたら、「入口」を考えなおしてみたらどうだろう。もう一度、入り直すのもよし、もはや年ふりて壁でふさがれたと覚悟して、中をつくり変えるのもよし……。

どちらにしても、「出口のない主婦」ということばは、もうそろそろ死語にしたいと思うのだが。


(21号 1979/10)

炎の中に
——〔手記〕私にとって母とは

パラソルを、すんと立てて、おどるように前を歩いていた母は、ふっと立ちどまるとパラソルをすぼめた。くるくると巻くなり右肩にあてた。拍子をとって歩きだした。

よろこんでいる。からだじゅうでよろこんでいる。いとしい娘が帰ってきた。一年半も会えなかった娘が帰ってきた。海の向こうから帰ってきた。

そのよろこびで拍子をとり、槍のようにパラソルかついで、ラララ、ランラン歩いている。

そうとわかっていながら恥ずかしさいっぱい、娘はたもとにむしゃぶりつく。「やめて！　やめて！」

「いいじゃない、うれしいんだから」

ラララと、なおも歩き続けて、ふいに振り返る。

「あたしが死んだら、しめっぽいことは好かんよ。レコードかけて。そう、行進曲がいいねえ」

何を言うのか、と、娘の腹の中は煮えたぎる。また「死」だ。物ごころついて、初めて知った父の年は六十、母は五十、まわりの大人たちの年齢を、ともにはるかに超えていて、言われなくてもどんなにおびやかされてきたことか。夜半、隣室の寝息が聞こえなくなると、たまらず起き出し、そっと鼻に手をあてて息をたしかめていた、幼い娘のことなど、あなたは皆目ご存じないのに！

その一方で、十八歳の娘はまた思うのだ。いつか母が死ぬ日、この光景を思い出すにちがいないと。

「己れの欲するところに従いて行矩《おこないのり》をこえず」という人間の理想像の一つを現し身で具現したかのような父に対して、母は「己れの欲する所に従いて行矩をこえる」ことのある人である。

矩をこえるごとに娘は傷つき、悲しみ、憤った。どんなに母を愛したいことか。その愛をなぜあなたは自ら放棄するのか。――それは、ひりつくほど乾き、水を求めながら、しかも手もとに水がありながら、その水を飲めない、飲まない、苦しさにも似ていた。

なぜあなたはもっと自制しないの。歯に衣着せずものを言うの……。ハラハラしつつ母を見つめる目は年ごとに険しくなっていく。

その憤りは、母に向けられるとともに、自らの内なる母へと向かう。自己否定・自己嫌悪は年々深くなっていった。

舞楽や仕舞いに興じ、謡い、大鼓《かわ》を打ち、笙・篳篥《ひちりき》を奏する父は、雅の人である。花を活け、茶を立てても、母の遠く及ぶところではない。

母は野の人に徹する。

悪童の溜まり場となった我が庭の樹から樹へ、ハンモックを吊す。こおろぎを採るといえば、たちまち十数本の一升びんに水を満たし、日蝕があると聞けば、乾板に墨を塗って子らとともに空を仰ぐ。子どもたちの保母であるというよりは、餓鬼大将の一人に似ている。

あふれてやまぬエネルギーは、裏庭に花を育て、野菜畑を耕やす。一羽飼い始めた鳥は、たちまち数十羽にふくれあがる。卵をかえす楽しみにとりつかれるのである。かえりきらない卵は、自らの肌を保温器とする。襟もとからピヨピヨとひなが鳴くとき、得意は最高頂となる。

幼い娘は母の風圧に圧倒され、風の吹かぬ無風地帯に隠れ棲む。蔵書室の奥は格好の隠れがである。蟻が餌を運ぶようにくわえこんだ本の山の中で、娘は自らの世界に埋没する。

女性解放を志す女は、多く、己れの母の屈従の生涯に端を発するとか。自己形成の軸は、「母のようにあわれな生涯は送るまい」と思うことであるという。

「母のような生き方はすまい」を軸にしたのは同じであったが、その相対する母の生き方は同時代人とはちがっていた。

母は果敢な女権論者だった。

女は、なぜ大学に入れないの、なぜ職業が限られているの、なぜ女は……、なぜ……。

母は語り続ける。その無念を晴らす記事を一つでも見つけると相好をくずす。「とうとう女の理学博士が生まれて！」

その博士が母と同窓であることも母を鼓舞する。

「さあ、文学博士も生まれなくちゃ！」

——娘には、それが立身出世主義と映る。

十数年の教職の経験を、「女は校長にも教頭にもなれないんだからね。男でありさえすれば、どんなに無能でも上に行くのに」と嘆息するとき、娘は心のなかで白い目をむく。〈誰が上に立ったっていいじゃありませんか〉〈あなたはなぜそんなにご自分の学歴にこだわるんです。人間の価値とは何のかかわりもないのに〉

声高な母の女権論は、「女は声高にもの言わぬもの」と、見えないおきてが張りめぐらされた〈世間〉のなかで撥ね返る。至るところで耳にする父への讃辞に対し、母に向かう毀誉褒貶《きよほうへん》の激しさは娘を当惑させる。

〈お願いだから、人目につくようなことはしないで……〉。静かに耐えて！〉屈折して娘に撥ね返る石の痛みを娘は全身で受けとめ、その痛みを決して母には告げない。そのかわり、心の底で母がゆるせない。

「親というのは、大きな木のようなものだよ」と、父は言う。「子どもたちは鳥だ。翔び立ってこそ鳥なのだ。ああ、どこへでも翔び立つがいい。木はますます根を張り、枝をさしのべよう。疲れたら、傷ついたら、いつでも帰っておいで」

ひなの尻から殻が落ちるのを、ぬれた羽が少しずつ乾くのを、父は遠い目で静かに見まもり続ける。母は語らない。語る代わりに実行する。「親は子に餌を与えるものよ」——ひなの口もとに餌をまき、殻をむしりとりたがり、ぬれた羽をなめようとする。鳥は地面を蹴立て、まかれた餌を無情にも投げ返す。女は、なぜ母性なぞを持っているのだ！

すこしずつ、何かが見えてきたのは、ずっとあとのことだ。

父は、〈男〉だからこそ大樹に徹することができたのだと。〈男〉はだまって立っていさえすれば〈世間〉が評価する。もしも、母という〈女〉が樹に徹したなら、〈世間〉は決してゆるすまい。……ほれ落ち葉があんなにも積もって……。まア、ひなの羽も乾かないのに……。

父は、〈男〉だから、静かにおだやかにすごせたのだ。黙していても、前途は坦々と、そして洋々としている。除かなければならぬ障害はない。

具体的にひとつひとつ母の憤りが、わかってきた。不合理だからこそ、理不尽だからこそ叫んでいたことも。そしてそれが、どんな孤立無援のたたかいだったかも。母は自分の学歴にこだわっていたわけではない。〝女の最高学府〟と、当時言われたところを出てさえも〈世間〉が正当に遇さない、その不正を憤っていたのだと。

母のあふれるエネルギーを受けとめる生涯の仕事を持続できれば、あれほどエネルギーを拡散させただろうか。ひとときは育児を天職と思い定めて去った職場に、未練はなかっただろうか。

母を駆り立ててやまなかったものが見えてくるにつれ、母を見る目は少しずつ変化してきた。

とはいえ、もうひとつ胸に落ちぬものがる。壁をへだてて母をまさぐるような、このいら立ちは何だろう。

母の像を、思いきって白日にさらしてみる。その像に重なって、実像をはるかに超えた〈理想像〉が二重映しにみえてきた。

「こうあってほしい」と思う〈理想像〉と〈実像〉の落差に苦しんでいたのだとハッと気がつく。では、その〈理想像〉を構築したものは何か。陽光のなかに〈理想像〉をひっぱり出し、光にすかしてとつおいつながめると、くろぐろと何かが浮かぶ。〈世間〉だ！〈世間〉の求める理想像に母を近づけようとして、どんなに苦しんでいたことか……。

からくりが、やっと心に落ちたとき、〈男〉である父は、母よりもずっと自然に、らくらくと〈矩〉の内側にいることも見えてきた。〈男〉に要求される〈矩〉は人間としての本質の範囲内にある。それにくらべ、母にはなんと多くの過酷な〈矩〉が要求されていたことか。……女は何と言われようと言い返すな。女は大口あけて笑うな。女は耐えよ、忍べ。

父に求められている〈矩〉を母にもあてはめてみると、長い間、信じ込み、思い込んでいたほどには父母の間に落差がないことがわかってくる。母の短所と思い定めていたことも、〈男〉なら長所ともなり得たのに……。

光に透かして、見えなかった母が見えてきたとき、目の棘は、やっとハラリと落ちた。そのとき、母を刺すと同時に自らも刺し続けてきた棘の呪縛から、ようやく自由になる自分を感じた。

母を愛したい、愛したい、と切望しつつ、どこかで母を愛しきれない自分に自ら憤り、しかもその憤りを母へは向けず、ひととおりの親子としてやさしくつきあっている自分をゆるせない、自罰、自己嫌悪から、やっと解き放たれる魂を感じた。

どんなに至らないところがあるにしても、母は母なりに、精一杯生きてるではないか。ダメ人間ならダメでもいい。ダメはダメなりに受けとめていこう。――その想いは、私をやさしく包んだ。それは、私自身の〝ダメ性〟をも受け容れ、受けとめることでもあったから。

心がやわらかになり、ひろがり、のびのびと軽くなるのを感じた。

母と話したかった。

生まれてはじめてほんとうの会話がしたい。

たもとにむしゃぶりつくのではなく、魂にむしゃぶりつきたい。そして思いきり泣き、心のなかをからっぽにし、今度こそ、心から母を支えたい。

が、そのとき、母の老いはすでにすすんでいた。娘の声は耳に届いても心に達するだろうか。むしゃぶりつくのには重さを失った魂を思うと、足が重かった。

きょうこそ、と思いつつ、日が流れた。ほんとうにきょうこそは、と、早朝から目覚めたその朝、母の訃報が届いた。

つかのまの昼寝のように、母は小さく、やすらかに眠っていた。一九七六年七月、家人さえも気づかぬうちの、九十三歳の天寿であった。

ごうごうと油は音立て、炎は真紅に迫る。いま、その火のなかに送り込まれようとするひつぎに声をかけた。「いってらっしゃい」

どんなに激しい火勢であれ、どんなに熱い炎であれ、母なら笑って飛び込むだろう。怒りたいときは怒り、笑いたいときは笑い、風に真向かってまっすぐに歩いた、あの母なら、火もまた涼しと感じるだろう。「行って！　この世から翔び立つ変身の儀式を受け取めて！」

火口にすべりこむひつぎに、母の笑顔が浮かんだ。私は行進曲を口ずさんだ。

八〇年代を我が胸に

（MINI 36号 1980/02）

一九七九年十二月、第一回国際女子マラソンの実況を見ながら、深い感慨にひたった人は少なくなかったと思う。ひた走る女たちの足音は、七〇年代の終わりを、そして八〇年代の到来を告げる足音そのもののようにさえ思われた。

女はできない、女はしてはならない、とされていたことに次々に挑戦し、その壁をひとつひとつ破っていったのが七〇年代だったと思う。その音を、女たちは身近に聞いていたが、男たちの耳には聞こえていただろうか。マラソンの前日、「限界に挑戦」と、やや皮肉っぽくかき立てていた各新聞が、競技の翌日には「マラソンこそ女性のスポーツ」と豹変した態度に、敗戦の日を境にガラリと一転したマスコミの姿をなぜか思い出した。

静かに、目立たず、黙々とひた走っていた女たちの足音は、いま、潮のように満ち満ちようとしている。「婦人に対するあらゆる形態の差別撤廃条約」も、ついに、一九七九年十二月十八日、第三十四回国連総会で採択された。長い人類の歴史のなかで連綿と続けられてきた女性差別に決定的な終止符が打たれる歴史的な年代が八〇年代であろう。

八〇年七月十四日―三十日、「国連婦人の十年」の中間年を締めくくる「世界婦人会議」がコペンハーゲンで開かれる。併行して開かれるフォーラム（世界民間婦人会議）には、メキシコのトリビューン以上の人々が集まり、白熱の論議をたたかわすことになるだろう。性差別の後進国、そして第三世界の性侵略国「日本」の女たちは、そこで何を言い得るだろうか。胸を張って発言し得るだけのたたかいを、まずおのれに課さなければなるまい。

(22号 1980/06)

男女平等・母性保障は女性の生命のとりで
——労基研報告の周辺を考える

一九七八年十一月二十日、労働大臣の私的諮問機関である労働基準法研究会が、「労働基準法の女子に関する基本問題についての報告」を藤井労働大臣(当時)に提出して以来、この、いわゆる「労基研報告」をめぐって、近来にない大論争が展開されている。労相に対する報告としては思いきったものともいえる「平等法」が提言される一方、「女子保護の見直しが必要」と報告されたことは、わが国の女子労働のあり方を根底から揺るがすものであり、賛否両論がわき起こったのは、むしろ当然のことでもあった。しかし、この問題の本質、背景、報告作成の過程等については周知されないままに、「賛成」「反対」の声が高くあがり、〝保護派〟〝平等派〟の通称さえも一般化されようとするなかで、時には感情的な反発さえもみられがちなのは、まことに憂慮に耐えない。婦人運動の炎が燃えあがるべきこの絶好のチャンスが、女性の分断の危機をはらんでいる今、ここに問題の経過を概観し、分裂を回避し、真の共闘をかちとる一助としたい。

一、労基研の経緯

まず、労働基準法研究会（略称労基研）の発足・進展の過程をかえりみることから始めよう。

労基研の発足は、一九六九年九月三十日、急速な経済成長を続けてきた六〇年代が終ろうとするときであった。目ざましい技術革新による労働環境の激変とともに、労働力不足は深刻であり、とりわけ技能工を中心とする若年男子労働力の不足は、新しい労働力として、女子および中高年の労働力の開発を必要としていた。

この前年にあたる六八年に行われた第十六回婦人労働問題研究会議は、「中高年齢婦人の就業分野拡大について」をテーマにしている。また、労基研発足の年である六九年には、経済審議会労働力研究委員会は、『労働力需給の展望と政策の方向』を発表、若年定年制・結婚退職制の改善および職務給・育児休業制の導入をはかるとともに、中高年労働者の職業訓練と労働能力に応じた職務内容の変更を検討し、中高年婦人労働者の労働能力と家庭責任を考慮した作業方法・勤務時間・職場適応を配慮することを提言している。

こうした諸情勢を背景として、労働基準法の見直しが叫ばれるようになり、施行後二十二年を経過した労基法再検討のための研究会として、労基研が発足したのであった。

研究会は、まず総会を開き、労基法上研究すべき問題点を検討し、労働安全衛生問題の具体的検討から出発したが、翌七〇年十月二日の第八回総会で、特に「労働時間・休日・休暇及び女子年少者の問題に関する実情及び問題点を専門的に調査研究するため」第二小委員会を設置することを決定した。問題の「労基研報告」は、この第二小委員会において、同年十月三十日以来、満八年、三十七回の会議を重ねて、ようやく作成されたものである。

第二小委員会発足の翌年、七一年十月に、東京商工会議所は、女子の保護緩和と各分野の専門家による調査を要求した『労基法に関する意見書』を提出したが、これを受けて、七二年十二月五日、第十九回会議で、「女子の特質について、医学・生理学・労働衛生学・心理学等、各分野の専門家による調査・研究を行なう」ことを決定、翌七三年三月、森山豊氏ら二十二名の専門委員を委嘱、七四年九月まで調査・研究を行った。その報告は、『医学的・専門的立場からみた女子の特質』として、同年十月、第二小委員会に提出され、委員会は、以後、この報告書を参考にしつつ、女子保護問題の討論を重ねた。

『医学的・専門的立場からみた女子の特質』は、女子は特有の生理を持つことを明確に指摘し、特に妊娠・出産期における母体保護の重要性を強く訴えている。また、長時間勤務や深夜勤務は男女にかかわらず、人間の生理に反するものであること、とりわけ女子には弊害が大きいことも指摘している。一方、生理時の保護は、生理時の就労に多少苦痛が伴うとしても、母性機能に影響を及ぼす明確な学問的証拠はないとした。

第二小委員会の討議はこの調査・研究を基盤としたが、結果的に最も多く採り入れたのは生理時の保護に対する考え方であり、母性保護の強調よりも、男女平等に重点を置いて、あえて平等法制定の必要までも提言した報告書が作成された。平等法の提言は、労基研の検討範囲を超えるものであったため、報告書は大きな波紋を呼び、これを平等への前進として歓迎するものがある一方、保護緩和とセットにして提言されたことに対する反発と不満も大きく、反対の火の手が一斉にあがる結果となった。

二、不信の背景

最も強く反発を示したのは総評・同盟など労働諸団体である。彼らを怒らせた最も大きな理由は、現業労働者の劣悪な労働環境に対する考慮がほとんどないことであろう。加えるに労働側の長年にわたる労基法改正要求、すなわち労基法第三条に「性別」の二字を加えよ、との要求が「基準法は刑事罰を背景に労働条件の最低基準を確保しようとするものであり、この中にあっせん・勧告などの弾力的措置の根拠となるような規定を設けることは本来的になじまないものである。したがって、男女平等を確保する方法として労働基準法第三条の改正によることは適切ではない」としてしりぞけられ、女子の労働強化につながるおそれのある時間外・深夜勤務等の制限の緩和が提言されたこと、また、戦後の女子労働運動の中軸にあった生理休暇獲得闘争をさかなでするような「生理休暇撤廃」が、「三十年間の実情に鑑み、生理と就業の関係について関係者の十分な理解を得つつ解決すべきものと考える」との付帯条件つきながら提言されたことは、怒りに拍車をかける結果となった。

さらにさかのぼって考えると、反対の根底にあるのは、根強い官僚不信である。労基研発足以来九年、この間に石油ショックをはさんで高度経済成長の夢はかげり、物心両面にわたる荒廃が顕著になるとともに、人間不在の政治への追求は手きびしくなり、国土と国民を荒廃させた政治家・官僚に対する不信が昂っていた。政府側からの発想というだけでも、国民はア・プリオリに疑惑を抱く。「平等法」というアメを与えて、女子労働の基底を支える「母性保護」をなしくずしにするムチが加えられようとしていると、まず受けとめられたのも、当然であったといえるかもしれない。

元来、労基研そのものに対する不信も深かった。「人的資源」としての女子労働力の開発は、六〇年代に入るとまもなく強調され始め、六三年、人的能力開発のための経済審議会は、「……経営秩序の近代化を図り、男女の性別にかかわりなく、個人の能力と適正に応じて人を採用し配置し訓練し昇進させることが望ましい。同時に今後は婦人労働力を職務と技能に応じて個別的に管理することが重要になってくる」と答申している。労基研が発足した六〇年代の終わりごろは、労働力不足はいよいよ深刻で、「人買い車」と呼ばれる主婦パート労働者募集の車が団地などを巡回し、「婦人の能力開発」のかけ声のもとに、男子の労働力不足を女子によって補おうとする動きは、さらに活発になっていた。

この間の事情を最も端的に示すのは、七一年十月、労働省に提出された東京商工会議所の『労働基準法に関する意見』であろう。この意見書は、技術革新と労働力不足から、当初予想もされなかった労働態様や就労形態が生み出されていることを指摘し、制定以来二十年を経た労基法の再検討を要請している。

「……めざましい技術革新、深刻化する労働力不足および著しい経済成長等によって、職場環境や労働態様が大きく変化しつつあるのみならず、就労形態においても、婦人の職場進出に伴い、パートタイマーのような、労基法が当初予定していなかったものが一般化しつつある。このように、現行労基法ではまかないきれないもの、実情に則さなくなった法規定も見られつつある。とくに機械設備の性能の格段の上昇により、安全衛生上の配慮を払うべき分野に変化が起こりつつあり、また、とくに女子については、体位の向上と職場環境の整備に伴い、これに対する労基法を改めて、女子の能力を充分発揮させる必要性も増大しつつある。

ひるがえって労基法の精神は、いうまでもなく勤労者が「人たるに値する生活」を営めるよう労使両当事者が、これ以下に下げてはならない最低の労働基準を設定し、労使協力して、これを実効あらしめることにあるが、従来は使用者側に対する規制のみ厳しく、労働者側の遵守についてはゆるがせにされているきらいがあった。

本会議所は、以上の事情にかんがみ、労働基準法の全面的再検討の必要性を痛感し、昭和四十三年度（一九六八）より検討を重ね、さらに四十五年（一九七〇）にはいって、『労働基準法の再検討に関する意見調査』を実施した……」

と、〝深刻化する労働力不足〟のなかで女子の戦力化をはかり、〝従来は使用者側に対してのみ厳しかった規制を労働者側にも遵守させること〟を強化しようとする本音を堂々と述べて、

①早急に検討すべき諸点
②長期的に研究・検討すべき諸点

に分けて、①には女子の時間外労働の制限緩和、女子の危険有害業務の就業制限緩和、②には女子の深夜労働禁止の緩和と生理休暇規定の削除をあげ、その実現を強く要望している。そして、そのために労基研において、「業種別・職種別に、労働科学・労働社会学・労働心理学等の各面から十分研究され、一定の条件を前提として許可するとか、業種・職種等により適用除外の拡大をはかる等の措置を積極的に検討されたい」と付言している（『あごら』創刊号、72年2月刊所収）。

七三年三月に、第二小委員会は、医学・生理学・労働衛生学・心理学等の専門委員を委嘱、女子の医学的・専門的特質の調査・研究を開始したが、これは正しくこの要請を受けたものであって、労働者側の要望からスタートしたものではなかった。労働各界はいち早く不安と非難を表明していたのであり、労基研報告に対する不安材料は、その発足時点から出そろっていたと言えよう。

この不安を解消すべき第二小委員会の委員は、不安を解消するどころか、助長する顔ぶれであったことも不幸なことであった。

◎有泉　亨（東大名誉教授）氏原正治郎（東大教授）大来佐武郎（日本経済研究センター会長）田辺繁子（弁護士）辻村江太郎（慶大教授）堀秀夫（身障者雇用促進協会会長）松宮克也（東京都地労委委員）山内一夫（学習院大学教授）（◎印委員長）

八名の委員は全員学識経験者、女性は一名のみ。労働側代表は含まれていない。

また、報告の基本となった女子の特質調査委員は、

〔女子労働者保護全般〕　石井威望（東大助教授）太田垣瑞一郎（慶大教授）小野三嗣（東京学芸大教授）◎勝木新次（明治生命厚生事業団体力医学研究所所長）兼子　宙（職業研究所所長）久保田重孝（労働

衛生サービスセンター所長）斉藤　一（労働科学研究所所長）浜口ミホ（建築家）松本清一（自治医大教授）森山　豊（日本母性保護医協会会長）山川　純（日本女子体育大教授）
〔母性保護〕塚田一郎（関東逓信病院産婦人科副部長）古谷　博（順天堂大教授）本多　洋（東大講師）前原澄子（千葉大助教授）松山栄吉（厚生年金病院産婦人科部長）宮原　忍（東大助教授）斉藤　一　松本清一　◎森山　豊　山川　純
〔労働時間・深夜業〕太田垣瑞一郎　◎斉藤　一
〔就業制限〕秋山英司（産業安全研究所所長）◎久保田重孝　斉藤　一　維波桂芳（東大教授）野見山一生（自治医大教授）山賀岑朗（横浜市立大教授）吉川　博（労働衛生研究所職業病部長）（◎印座長）

以上二十二名中、女子は二名のみである。

委員会はしかも、全く非公開のうちに進められた。その議事内容・審議過程がベールに包まれたままであったことは、不信感をますますつのらせる結果となった。さらに、労基研の審議中に、次のような経過があったことにも注目しなければなるまい。

七〇年、労働省は、規模五百人以上の事業所の三三％が旋盤・プレス・溶接など、従来男子の仕事とされていた四百九十職種に女性を採用、就労婦人中の既婚者率は五〇・五％と初めて過半数を占めたと発表。

七一年三月、労相の諮問機関「中央職業訓練審議会」（会長　内田俊一　東工大名誉教授）は、「職業訓練基本五カ年計画」を発表、中高年齢者・家庭婦人・農民を対象とした技能訓練機関をふやし、技術革新に対応すべきと強調。

同年三月、「婦人の就業に関する懇話会」（座長・藤田たき津田塾大学長）が発足、七月、「国民経済と婦人の地位向上のためには婦人が働くことは望ましいが、乳幼児をもつ主婦の就業は本人の自主的選択にまつべきであり、保育施設・勤務時間・育児休職制などの条件整備が必要。主婦の再就職を不利にする終身雇用制度も近代化すべき」と答申。

同年八月、文部省は育児休職制度の法制化検討を開始。

同年十二月、労相は婦人少年問題審議会に「勤労婦人福祉法」の内容検討を諮問。

七二年四月、総評は労基法改正案を発表、母性保障強化を訴える。

同年七月、政府は「育児休業」や「つわり・通院休暇」などを盛り込んだ〝職業生活と家庭生活の調和をはかる〟ための「勤労婦人福祉法」を施行、ライフサイクル論を発表。婦人労働力の有効活用のため、中断型雇用体制を目指す。

七三年十月、労働省は「育児休業に関する研究会議」(西清子座長)「母性の健康管理に関する専門家会議」(古谷博座長)の報告を基に、育児休業制の普及をはかるよう行政指導する旨発表。

七五年、国際婦人年。四月、失業保険法を雇用保険法に改め、女子労働者と季節工の失業保険給付日数を三分の一に減額。六月、平等・平和・発展をテーマに世界婦人会議が開かれ、世界行動計画を可決。またＩＬＯ第六十回総会では「機会と待遇の平等」を討論、母性保障を社会的機能として確認するとともに保護条令を検討。七月、育児休業法成立。「婦人に関する諸問題懇談会」(座長・福武直東大教授)を解消。九月「婦人問題企画推進会議」を新設。

七六年一月、民社党「母性保険法」を提言。

七七年二月、政府、国内行動計画を発表、母性保護の見直しにふれる。

同年六月、労働省、企業内の女性差別解消六年計画を発表。

同年十一月、国内行動計画前期重点目標を「婦人の政策決定参加の促進」「家業・家庭での妻の働きの評価」「新しい学校教育」「雇用の男女平等」と決定。

七八年四月、第八十四国会に社会党「雇用における男女平等取扱いの促進に関する法律」を提案。

これらの動きを見ると、労働側からの労基法の改正＝母性保障の強化要求に対し、政府側には、母性保障は育児休業に肩代わりさせ、女子を労働戦線に組み込んで男女平等を推進しようとする動きが強いことがうかがわれる。その裏には、資本主義社会を前提とした女性の地位向上・女子労働力の質的向上という認識がある。第二分科会の有泉委員長は、「日本は自由経済社会ですから、いいものは高く売れ、良くないものは安くなるという経済法則が貫かれる。しかし経済法則にまかせておくと基本的人権がおかされる。そこで労基法ができたわけだが、今になってみると、女子の労働力は男子に負けないくらい質のいいものになり、保護の経済外的強制は、それほど必要ではなくなった。むしろ、それが女子の就業の幅を狭め、機会を少なくしているのなら、余計な経済外的強制ははずしていかなければ……と考えた」(『労働時報』78年12月号「てい談・婦人労働関係法規はいかにあるべきか」所収)と、提言の動機を語っている。

一方、国際婦人年以降は、世界行動計画で、雇用条件の平等に関する法律を八〇年までの「達成最低限目標」として課され、英・伊・仏はじめ諸外国で、次つぎに、平等法または性差別禁止法を制定、または制定への動きがみられたこと、ＩＬＯで、母性保障は当然とするとともに、平等とのかねあいでの保護の見直しが検討されたことなど、世界的状況が、影響を与えたものと思われる。また「平等法」では社会党に先行されたあせりもあったのではないかと想像される。

三、労基研報告以降の動き

労基研報告に対し、総評・同盟など、労働諸団体がいち早く批判を表明したのは前述のとおりだが、その具体的反論要旨は、次のとおりである。

・低成長下、既定の労働条件も確保できなくなり、差別雇用が拡大しているのに、それに対する基本的視点が欠落しており、労働現場の実態把握が全く欠けている。

・労基法六十五、六十六条のみを母性保護とし、その他は一般女子保護として別扱いにしたが、母性は生涯的なものであり、ＩＬＯの「婦人労働者の機会及び待遇の均等に関する宣言および活動計画」でも確認されたとおり、社会的機能として保障されるべきものである。

・保護解消については明示しているが、平等についての定見がない。また労使の自主的解決を前提とした法的拘束力・強制力のない法制度では差別を撤廃できない。

・女子労働者の職業継続のために必要な保育施設の拡充など、社会的条件整備の考え方が全くない。

以上のような見地に立って、「平等法」そのものにも、当初は強い疑問と不信を示したが、社会党が報告に先立っていち早く「平等法」を提案していたのに引き続き、共産党・民社党も「平等法案」を固めるに及び、労基法改悪反対を軸としつつも、平等法も必要と、「平等法」に対して次第に支持的に変わってきた。八〇年春闘では、労基法第三条に「性」を明記することとともに、「男女平等を確保する法制の確立」と「労基法の改正」（①妊娠中及び産後一年間の解雇・時間外労働・深夜労働の禁止②産前産後各八週間の有給保障③育児時間一日二回、各六十分の有給保障④生理休暇最低二日有給保障⑤妊娠障害休暇を新設、最低二週間有給保障⑥更年期障害休暇を新設、必要日数を有給保障⑦妊婦の通院休暇の有給保障など）を総評は統一要求に掲げている。

一方、婦人諸団体は、平等法の必要性は認めながらも、保護禁止の交換条件としての平等法の提案には一斉に反対し、七九年三月、市川房枝氏ほか八十五名が、労働基準法の女子保護条項廃止反対のアピールを行った。八〇年四月に行われた、全国組織四十八団体による「国連婦人の十年中間年四月会議」は、「労基法改悪反対、労基法に性による差別的取扱いの禁止規定を設けること」「雇用における実質的機会均等と平等待遇をもたらす男女雇用平等法の制定」「すべての労働者の労働時間短縮、週休二日制の実現」を決議文に盛り込んでいる。

これらの動きに対し、比較的小規模の自主グループは、それぞれの立場でこの問題に取り組んでいるが、中でも注目されるのは、「政党案を上回る理想的な平等法を」、と、自ら企画・立案をはかっている「私たちの雇用平等法をつくる会」（以下「つくる会」と略称）であろう。七八年九月の「国際婦人年をきっかけとして行動を起こす女たちの会」例会の、田中寿美子氏らによる世界の男女平等法の動きについての講演を契機として発足したこの会は、同年十月、第一回実行委員会を開いて以来、具体的な平等法案をきめ細かく練り、労・使・公益三者構成による男女平等委員会を軸とする「私たちの男女雇用平等法案」を発表するとともに、「職場の性差別をなくす」八百人集会（七九年一月、東京・山の手教会）を呼びかけ、パンフレット『性差別にくさびを！』を発行するなど、精力的な活動を続けている。これに類似するものとして、七九年九月、名古屋に誕生した「有効な男女平等法を成立させる会」ほか、金沢・松江など各地にも平等法推進の会が誕生している。

一方、こうした動きに鋭い批判と反発を加えているグループもある。侵略差別と闘うアジア婦人会議・社会主義婦人会議など、新左翼系グループである。「男女の不平等は資本主義社会が元凶」とするこれらのグループは、体制変革こそ急務という原則論に立ち、平等法は女性差別の痛みを緩和し、女子労働者を資本主義社会に取り込もうとする謀略的なものであると攻撃する。

「労基研報告は、日本資本主義の再編に向けた中道派への婦人の吸収、平等法制定は、労働官僚による婦人労働者の統制・婦人労働者の企業秩序派への獲得」（『婦人通信』96号、80年2月刊）

「世界的な不況の中、危機に瀕した日本帝国主義・資本主義が真の女性解放運動が日帝打倒にまでつき進むことに危機感を持ち、それを予防反革命的に制御し、戦争と侵略に向けた国力に全面転化することを狙って、女権拡張主義的幻想を徹底してあおろうとしている」(『女性解放』No.7　79年11月刊)と分析する。これらの原則論の背景には、育休法闘争の苦い敗北感、活動家に工場労働者を多く含む切実な日常体験がある。

「今でも女子労働者の大半は、小企業・下請・臨時・パートに集中しており、そのほとんどが未組織で、現行労基法からさえはじき出され、日々「首切りか職業病か」という劣悪な状況にさらされている。朝五時―二時、午後二時―十時という目一杯の二交代制でラインに縛りつけられている繊維・弱電・食品労働者には、生休などとりたくてもとれる条件はなく、縛尿症などの職業病が激増し、コンピューター導入職場や保育労働者は頸肩腕症候群、教師や深夜業許可職種である看護婦のほとんどが、流産・異常出産の経験者である。労基法が改悪されるまでもなく女子労働者の健康はメチャメチャに破壊されている。改悪で法律の枠を取り払えば、これまで以上の労働強化が進むことは明らかである。平等は「雇用平等法」によってではなく、労働現場での闘いによってしか勝ち取れないことを見すえた闘いが必要である」(アジア婦人会議、79・4・11労基法改悪反対集会、基調案)

こうした各派各様の動きの中で、労基研報告を、「女子労働者にかけられた戦後最大の攻勢」と受けとめた婦人民主クラブは、女子労働者の多様な状況を反映するこれらの多彩な動きを一つの方向に結集しようと、「つくる会」から新左翼系諸グループまでくるめた「労基法改悪阻止・保護ぬき平等法反対連絡会」(以下「連絡会」と略称)を呼びかけ、七九年十一月十日、婦民・社会主義婦人会議・アジア婦人会議・つくる会・行動を起こす女たちの会労働分科会・あごら・女エロス編集委員会・千葉地域会議・部落解放同盟中央婦人対策部を実行委として、六百五十人集会(東京・全逓会館)を持った。会場は、現場労働者の切々たる母性破壊の報告が次々に述べられる中、労基法があってさえも女子労働者が守られていない状況で、保護が緩和されたらどうなるのかという怒りが満場にあふれたが、ひとたび

〝平等〟にふれる発言があると、場内は騒然たる野次に包まれ、平等法への共通認識は成立していないことが明らかにされた。

討論をさらに深めようと、八〇年二月二十三日に開かれた討論集会(新宿体育館)では「現在の労基法では新しい形で再編成されつつある性差別を禁止できない。闘う武器として平等法がぜひとも必要」とする、つくる会側と、「平等法は労働者全体の討論から出たものではないブルジョア法。男なみの平等などほしくない」というアジア婦人会議、「資本主義体制建て直しのための策謀。合理化・中小切り捨て・税金の大衆収奪と基は同じ。社公中軸路線、総評の労働戦線統一は、労働運動の右翼的再編、平等法はその婦人労働者版」とする社会主義婦人会議の主張が終始かみ合わず、平等法をめぐる対立はますます深まったまま終わった。このため総括会議で検討の結果、四月六日に予定されていた統一行動は中止、当面の活動は専門家会議の公開要求に対する公式回答後、再検討することになった。その後の展開は、本稿執筆時点では未決定だが、専門家会議の「公開」よりも「粉粋」を掲げるグループも加わっており、今後の統一行動には、まだ多くの曲折があるものと想像される。

一方、これらの動きとは独立して、独自の調査研究を続けてきた日本弁護士連合会「女性の権利に関する特別委員会」(相磯まつ江委員長)は、八〇年二月、『労働基準研究会報告書に対する意見書』を発表、三月一日東商ホールでパネルディスカッションを行った。同委員会は、女性差別は人間の尊厳に対する罪であるという認識に立ち、差別撤廃のための平等法制定を提言、①差別の救済機関として行政委員会を設置②救済手続きの迅速化のため、審査手続きの簡素化などをはかる③救済命令の実効性確保(差別した会社には、国や公共団体は取引停止、差別賃金のバックペイは二倍三倍にするなど)をその内容とすることを明示するとともに「分娩・哺乳」という「社会的機能」を持つ女性の労働時間を男性に比し短くするのは当然。最も必要なのは、週四十八時間制を定めた労基法三十二条と、男子の無制限残業を定めた労基法三十六条を改正して、男女労働者の労働時間を短縮することであり、女性の残業制限等の制限廃止ではない②深夜業は男女共に原則として廃止すべき、女子の深夜業禁止の廃止には反対。ただし特定職種に働く女性の総意が形成されるなら、労基法四十一条の適用除外等による一部解除も考えられる③年次有給休暇の世界水準なみ引き上げ④交替制労働の場合は、交替時休養時間を最低十六時間とし、連続勤務を排除する⑤週休二日制のための法改正⑥生理休暇の現時点廃止は行きすぎ。ただし労働条件が向上し、環境が整備された段階で再検討する。⑦産前産後休暇は各八週間、通算制度・選択制度をとるなど、労基法改正も要望した。

四、官側の対応

こうした民間諸団体の対応の激しさは、労働省の予測をはるかに超えるものであり、官側も慎重な対応を余儀なくされるに至った。七九年二月の婦人少年協会主催「労基研報告をめぐる討論会」で高橋久子婦人労働課長（当時）は、「今後どのように審議をすすめるか」との質問に答えて、「当初はできるだけ早く結論をと考えたが、婦人少年問題審議会と中央労働審議会で十分な討論を重ねて、できるだけ慎重に、期限を切らずに討議したい。保護解消だけを先行することはない」と明言している。

では、報告を討議すべき婦人少年問題審議会ではその後どのように討議がすすめられているだろうか。「連絡会」では七九年十二月十日、審議会委員の一人、総評の山野和子婦人局長にその経過の公開説明を迫ったが、山野氏の回答は次のとおりであった。

――「婦人少年問題審議会」では、時限立法であった勤労婦人福祉法が七九年五月に期限切れとなったため、現在は、同法の基本方針、すなわち、あるべき男女平等と、それをどうすすめるかをめぐる討論が中心になっている。そのためには現場労働者の実態認識が必要と、労働側から一年間、かなり鮮明に問題提起してきた。労基研報告については、七八年十一月二十二日、審議会の席上で、「こういう報告が出た」と労働省から報告があったが、それを受けると報告が審議会の中に持ち込まれることになるため、「労基研は労相の私的諮問機関。労相が行政上の参考意見にするものでしょう」と、問題を切り離した。

だいたい労基研が男女平等の問題を頭にかぶせて報告書を出したのは領域侵犯で、越権行為であると思う。男女平等を確保するための法制度のあり方を審議するのは、あくまでも婦人少年問題審議会であるべきだ。審議会の婦人労働部会でわれわれが主導権を持って、現行法制度にとらわれずフリーに討論する予定である。労基法の女子保護条項の改訂を先行して行わないことは強く申し入れた。

平等法のガイドラインを定める「雇用平等問題研究会（仮称）」は、五十四年度予算にすでに組み込まれており、五十四年度中に必ず発足するものと思われるので、男女平等確保のための法制化の基本的方向はあくまでも審議会が出し、細部については、学識経験者・労働問題専門家を加えた「専門家会議」で検討することを提案し、委員は官側の主導で任命するのではなく、われわれの意見を入れることを要望した。平等法については具体案があるなら提示するよう言ってあるが、平等法だけが先行しないようにしたい。——

この「専門家会議案」は、審議会の全員で確認され、七九年十二月二十六日、「中央労働審議会においては、婦人労働法制のあり方については婦人少年問題審議会の審議をふまえて対処する」という前文を明記した「男女平等問題専門家会議」構想が労働省から下記のとおり発表された。

専門家会議の趣旨は、「婦人労働者の増大、その教育水準の向上、就業分野の拡大、勤続年数の長期化が進む中で、雇用における男女の機会均等と待遇の平等を確保することがますます要請されており、そのための諸方策の検討に資する」ことであり、事務は婦人少年局が担当する。委員は次のとおり。

〔労働者側〕山野和子（総評婦人局長）塩本順子（同盟青婦対策副部長）小島千恵子（電機労連婦対部長）多田とよ子（ゼンセン同盟執行常任委員）田辺照子（明治大学教授）
〔使用者側〕舘脇匡雄（日経連労務管理部長）石原一子（高島屋取締役）入江　稔（富士紡績人事部長）小野　功（東京商工会議所労働部長）笹本六朗（ソニー取締役）
〔公　益　側〕◎三渕嘉子（元判事、婦人問題企画推進会議委員）和田勝美（全国勤労青少年会館館長）鍛冶千鶴子（弁護士）金森トシエ（読売新聞社婦人部長）松田保彦（横浜国立大学教授）

なお、婦人少年問題審議会の委員は、次のとおりである。

〔婦人労働部会〕（公）青柳　武（毎日新聞社論説委員）渡辺道子（弁護士）和田勝美（全国勤労青少年会館館長）
（労）塩本順子（同盟青年婦人対策部）中山律子（全生保労連朝日生命外務職組中執）山野和子（総評婦人局長）
（使）井上光一（静岡県中小企業中央会理事長）
〔年少労働部会〕──略──
〔婦人問題部会〕（公のみ）三枝佐枝子（商品科学研究所所長）東浦めい（日本放送協会解説委員）人見康子（慶応大学教授）◎藤田たき（津田塾大学顧問）松山幸雄（朝日新聞論説委員）青柳　武　渡辺道子　和田勝美

「連絡会」は、八〇年二月十九日、佐藤ギン子婦人労働課長を訪れ、「専門家会議の審議計画・審議内容・審議資料の公開と労基法改悪反対・保護抜き平等法反対に対する専門家会議の見解を要請する」要請書を手渡した。その回答は、四月十五日労働省において行われたが、要旨は次のとおり。

──専門家会議は、一月三十一日、第一回会議を開き、会議の非公開を決定した。場所も狭く、公開は無理である。労基研に対する見解はまちまちで、統一見解は出せない。労基研報告とは全く無関係かどうかはわからないが、まっこうから取り上げているわけではない。まず、男女平等とはどういうことか、ということから討論しているが、それぞれのスタートラインが異なっているため、コンセンサスを得るのには時間を必要とする。合意に達することだけが目的なら、一部の人だけを集めてやればよいわけだが、ちがう見解の人も加えて討論するところに意味があると思う。委員はそれぞれ非常に多忙のため会議は一、三月の二回開かれただけで、審議は進んでいない。現在は、男女平等についての基本的な討論のため、議事録に記録するほどの内容はなく、議事録は作成していない。今後どういう順序で討論するかという計画はなく、最終期限も設定していない。民主主義とは時間がかかるものです――

五、男女平等と母性保障は車の両輪

以上、長々と、労基研報告をめぐる諸情勢を述べたが、この緊迫した状況の根底にあるのは、いうまでもなく、女子労働者の劣悪な労働環境、労働条件、それに対する法と政治の不備であろう。くわしいデータは、他稿にゆずるが、ここに一つだけ図表を掲げたい。七七年の総理府「就業構造基本調査」と労働省「賃金構造基本統計調査」に基づくこの表は、女子労働者が繊維・食品・弱電など、最も低賃金、最も労働条件の悪い部門に集中し、しかも男子の最低賃金は、女子の最高賃金を上回っていることを見事に表明している。すなわち、男子が敬遠する単調・過重労働に集中し、女子であるがゆえに低賃金しか与えられないという二重の差別を受けていることが明らかに示されている。雇用労働者だけではない。すべての就労の場で、女は、女であるがゆえに就労の機会均等がなく、本来人間には望ましくないような仕事にもやむなく就いている。しかもその結果、保護は、妊娠出産時以外にもますます不可欠のものとなっているのである。

「連絡会」の2・23集会で、「私たちに明日はない。一年続けられるか、いや半年からだが続くかさえも確信がない。現場労働者にとって、定年延長などは、全くはるかな出来事にすぎず、何の恩恵でもない」と、切々と訴えた工場労働者の声は深く胸に沁みた。エリート女性に対する新左翼系の糾弾は、平等法、ひいては平等を破壊するものと、とかく批判の対象にされがちだが、エリート・コースを歩み続けたものには、その痛みは想像は可能でも痛覚にはなり得まい。都会のOLには日常的には目にふれにくい多くの劣悪な職場があり、そこにこそ最も多数の女性が働き続けていることを、決して忘れてはなるまい。

業種別に見た男女の比率と賃金

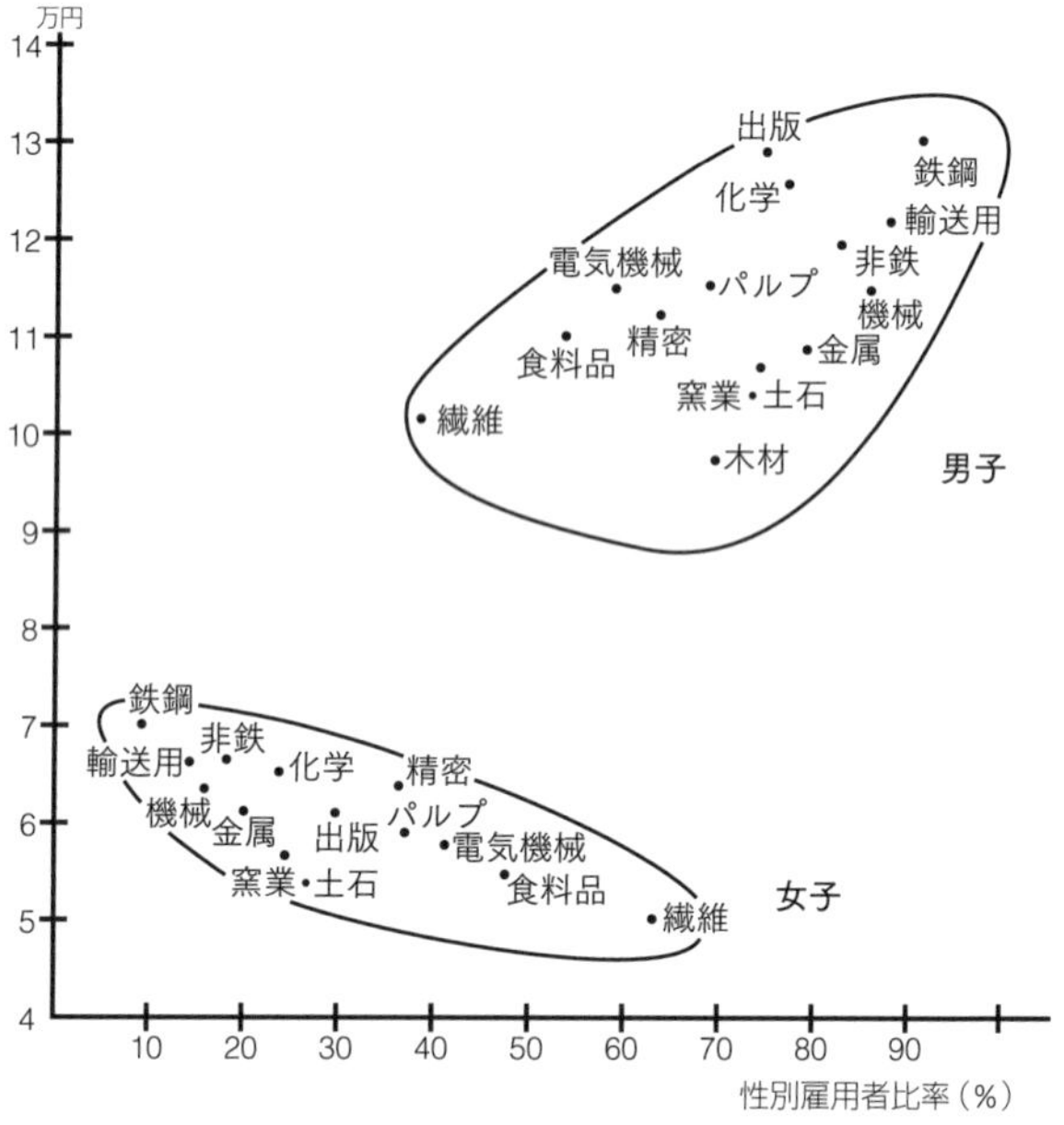

資料出所：総理府「就業構造基本調査」1977
労働省「賃金構造基本統計調査」1977

一方、エリートと呼ばれる専門職の女性もまた悩みは深い。翔んでいると、マスコミをにぎわす成功者たちにしても、その成功は、コンクリートの壁をなま爪ではがすようにしてかちとったものである。苦しさに職業を中断すれば、たちまち「女はやはり……」と後輩の門戸が閉ざされることになる。職場内だけでは決して片づかない仕事を家庭にも持ち帰りつつ、身も心も引き裂かれる思いで働き続けているのが大部分であろう。さらに、労基法や年金の恩典にすら浴しにくい農漁村の働く女性、商店など自営業の女性、最低賃金の保障すらない家内労働従事者、また、働くにも働き口のない主婦……と、女の状況は重層的であり、下層にいくほど、発する声すらない。

一方、構造的不況による倒産や減量経営のしわ寄せは、またしても女の側にもろに押し寄せている。常用労働者のパートへの切りかえ、新規学卒者の採用手びかえの中で、女の状況がますます劣悪化していることは、大手企業の労組だけを対象にした私たち自身の調査（21号所収）にさえも明らかなとおりである。それをむち打つかのように、アメリカによる自衛費の増強要請、国際不安があり、有事立法の動きの中に、日本の右傾化、ファッショ化の危機は深刻になってきた。この中で、もしも実質的な歯止めのない平等法が実施されれば、企業は躊躇なく、女子労働に代えて第三世界への侵出をはかるだろう。問題はまことに深刻だと言わなければなるまい。分断され、互いの情況を見えにくくされている女たちが、それぞれの問題を見つめ、情況を訴え、共通項を求めて分断を連帯に変えていくことが、今ほど必要な時はあるまい。原則論・教条主義・思いこみを捨てて、自分にとって平等とは何か、母性保障とは何かを考えることこそ、その共通項の模索につながるだろう。自分が這いあがることが誰かを蹴落とすことにはならない打開策を、今こそ衆智を集めて考え、実行すべき時ではあるまいか。

母性を保障することは、人間の尊厳の尊重であり、平等を支え補完するものである。同様に、平等は人権の基本であり、男女の平等は母性の保障があってこそ確立する。にもかかわらず、労基研報告を契機として、平等を口にすることは、即、保護廃止としてはばかられる風潮が生じたのは、まことに不幸なことと言わなければなるまい。いま、常用労働者の一時間あたり賃金を比較すると、男子千七十三円に対し、女子は六百四十二円（六〇％）、パート女子は四百五十四円（四二％）、家内労働女子は二百五十二円（二三％）である（労働省『賃金構造基本統計』一九七八年）。これは、男子が一時間で得るのと同賃金を得るためには、女子の常用労働者は一時間四十分、パート女子は二時間二十二分、家内労働者は四時間二十一分の労働を必要とすることを意味する。「男女平等」の欠如は、たちまち女子の過重労働となってはね返る。しかもこの不平等は年金の不平等にも直結する。「男女平等」は、女の生命を支える基本にほかならない。しかも、このように屈辱的な、人権無視の低賃金に女子が甘んじなければならないのは、「母性保障」と「社会施設」の不備が最も大きな要因になっており、相互に悪循環していることを忘れてはなるまい。子をはらみ、産んでも、女がおとしめられず、安心して働き続けることを可能にしてこそ、男女平等への道は開けるのである。

繰り返し言うが、「母性保障」あってこそ「男女平等」は可能であり、「男女平等」あってこそ、「母性保障」も実現する。両者は車の両輪のような関係にあり、そのどちらをも小さくすることはできない。「男女平等」と「母性保障」は、共に女性の生命を守るとりでである。就労女性ばかりでなく、失業者・主婦も含めた、すべての女性の生命のとりでであることを、ここに重ねて銘記し、とりでを守るために、すべての女性が連帯することを心こめて呼びかけたい。

女性の生命のとりでが崩されるとき、それは男性の生命のとりでにも間違いなく影響する。老人・子ども・障害者・病人等、弱者には、とりわけ強烈な痛撃となることを最後に付言する。

II

1981年〜1985年・24号〜104号

フェミニズムと戦争
――〈あごら〉講演会

（24号 1981/05）

「針のむしろ」ということばがありますが、今、松井さんのお話を聞きながら、文字どおり針のむしろに座っている気持ちでした。何ともいたたまれない気持ちでした。

松井さんは今、日本兵の数々の暴虐について語られたけれども、私には、その日本兵の出征を見送った記憶があります。日焼けした顔に光っていた汗、背嚢《はいのう》や軍靴の革のにおいとないまじっていた、その汗のにおいまで鮮やかに思い出すことができます。町々が寝静まる朝早く、私たち女学生は兵士たちを送り、ちぎれるほど日の丸の旗をうち振ったものでした。「聖戦」と信じ込み、「解放戦争」と信じ込み、お国のために戦う兵隊さんに感謝し、銃後の私たちは「ほしがりません勝つまでは」と誓ったものです。

学校のクラブ活動で、私たちは大きな地図に次々に小さな日の丸の旗を立てていきました。地図は最初は中国大陸の地図で、武昌とか南京という地名の上に小さな旗を立てたときの感激を思い出します。そのころ支那と呼ばれていた中国の都市を日本軍が征服する度に、夜は提灯行列がありました。

ある時期から、地図は東南アジアを含む、もっと大きな地図に変わりました。大東亜共栄圏という地図でした。小さな日の丸を立て続けて、私はクアラルンプールとかパレンバンという地名を覚えました。

南京とか武昌という地名を覚えたように。

少女の心に刻み込まれたその南京という土地で、世にもすさまじい残虐が、あの、汗に光っていた兵隊さんたちの手によって行われたのだと、戦後になって聞いたとき、最初は信じられませんでした。米軍の戦いを正当化するための謀略だろうと思ったほどです。でも、今、松井さんによって語られた、身の毛もよだつような話の数々は、やはり真実であったことを、そして、その兵士を送り、銃後の耐乏に耐え、工場労働に従事することで、私自身もまさしく暴虐に加担したのだということを認めずにはいられません。

同時に思います。兵士として駆り出され、異郷の地に死んでいった人々が、自分があれほど苦しい思いをした戦争が、単なる殺りくと侵略の戦いでしかなかったのだと知ったとき、深い土の下から号泣するのではないかと。

焼き魚が食べられなくなった私

私自身の心の中にも号泣する声があります。戦争のことを思い出すたびに、私は声をあげて泣きたくなる。どんなに泣いてもどうしようもない悲しみと憤りが、私の心に深く巣食っています。

私はよく人に聞かれます。「あなたはなぜそんなに〈あごら〉の運動に熱中するのか」と。私と〈あごら〉とのかかわりは、一口では説明しきれませんが、いちばん深い原点は戦争です。まぎれもなく戦争です。

松井さんは小学校二年で敗戦を迎えられたそうですが、私は小学校に入る前に満州事変が始まり、小学校で日中戦争、女学校で太平洋戦争になりました。ものごころつくころから少女期までが、十五年戦争と見事に一致しています。いちばん知識欲もあり、いちばん物事を吸収したはずの時期に、学校は、学業以外のことが行われる場所になっていきました。

最初は「勤労奉仕」でした。陸軍病院や留守家族の家庭に奉仕に行きました。戦局がきびしくなってからは「学徒動員」でした。陸軍兵器補給廠というところに行き、時には自分の体重よりも重い兵器を背負って運搬しました。月月火水木金金ということばがあり、土曜も日曜もありませんでした。当時の学徒動員法というのを調べてみますと、一日十二時間労働が認められています。早朝から深夜まで、私たちは必死で働きました。ベトナム戦争を戦った北ベトナムの少女たちのように。

「倒れてのちやむ」ということばを、私たちは毎日のように聞かされていました。町には悪徳商人があふれ、動員先でも将校は特権階級でした。それを見るたびに私たちは奮い立ちました。私たちが働かずに、どうして国を守り得ようと。

動員先で貴重なお菓子が配給されたとき、私たちは突き返しました。お菓子には菊のご紋が入っていました。「特攻隊のものを食べるわけにはいきません」。のどから手が出るほどほしいのを、グッとがまんしました。物資の横流しをしている将校たちへの抗議でもありました。

敗戦のいろは日に日に濃く、三月十日の大空襲で、決定的に「日本は負けた」と感じました。深川の動員先に急ぐ日本橋の大通りは両端から燃えていて、人が歩けるところは二メートルもあったでしょうか。その狭い道を、亡者のような行列が西へ西へと向かっていました。みんな顔は真っ黒、目は真っ赤でした。ひと夜を火煙りとたたかって、赤い目は視力を半ば失っていました。行列は手を前に突き出し、前に障害物がないことを手さぐり手さぐりして、よろよろと進んでいました。

防空頭巾がまだくすぶっている人もいました。背中の赤ちゃんが身じろぎもしないのに、知ってか知らずにか背負い続けている母親もいました。涙をぼろぼろこぼしながら、人をかきわけかきわけて、私は動員先に向かいました。遅刻することはおろか、休むことなど、当時は夢にも考えられなかったのです。

深川に近づくと、行列はまばらになりましたが、あたり一面、全くの焼野原でした。その焼野原に、マネキン人形のように見えるのは、全部死体でした。墨田川は真っ黒で、焼けた材木で覆われていました。よく見ると、それは材木ではなく、焼け焦げた人びとでした。死体を見まいと思って上を向いて歩くと、死体にぶつかりました。

昨日まで一緒に働いていた仲間の何人もが、その日を限り姿を見せませんでした。あの人が死ぬはずがないと、何日も何日も待ち続けても、ついに現れませんでした。

燃えるものがなくなったはずの焼け跡で、まだ燃え続けているものがありました。人間でした。学校などの大きな建物に逃げ込んだ人びとが、学校ごとくすぶり続けているのでした。何ともいえない臭いがたちこめていました。以来十五年間、私は焼き魚が食べられませんでした。魚を焼くと、あの臭いがよみがえる。――私が魚を食べられるようになったのは、出産という大きな転機を得てからでした。

どうして生きられる

「敗けた！」と思えば思うほど、私たちは働き続けました。行き着く先は死でした。死んで日本を守るのだと、ひとすじに思いつめていました。空襲で燃え死ぬことはむしろ本望でした。自分のからだとともに、自分の本、自分の持ち物、すべてが燃えて、地上に跡かたもなくなる。それは何かすがすがしいことのようにさえ思えました。生き身の人間にできることは限度があるけれど、死ねば魂魄となって国を守れるのではないかと思っていました。

そんな私にとって、八月十五日は衝撃でした。それにもましてショックだったのは、八月十五日以後の出来事でした。「お前たちのしたことは間違っていたのだ。お前たちは悪だったのだ」と、てのひら返すようなことを言われて、今さら何を信じることができるでしょう。あの、死んでいった人びとはどうなるのでしょう。私にとって生きがたい日々が始まりました。

いま思えば、人間の脳はコンピューターに似たものだと思います。脳の配線ができる幼児期から〈非常時〉とか〈戦争〉という配線をされ、そこへ「死ね」「死ね」とプログラミングされた人間が、どうして急に生きる方向に舵を向け変えることができるでしょう。死ぬ方向にからだじゅう真っ黒な配線をされてしまった人間の苦しみと悲しみを、わかっていただけますか。

なぜ女は苦しいのか

生きる方向に舵を向け変えるためには、戦争について考えるほかありません。私は長い間考え続けてきました。戦争とは何だろう、あの戦争はいったい何だったのだろうと。

そんな中で、私は女の問題にめぐりあいました。

きっかけは、女の人たちの内職でした。

敗戦後、女の人たちは、ほとんどみんな内職をしていました。

戦時中は、女は「産業戦士」と言われ、旋盤工もバスの車掌も運転手も女で、生理休暇は、こうした重労働の女を守るために始まったといわれるほどですが、復員が始まると女はその職場を追われました。男の人にさえも働く場がないとき、女がてっとり早く働く場は、進駐軍を相手にからだを売るか、零細な内職をするしかなかったのです。私の愛する先輩や姉たちも、ミシンを踏み続けていました。私はある人にしがみついて言いました。「あなたの足は腫れ上がっている。あなたの静脈はヘビのようにふくれてうねっている。どうかミシンをやめて」と。一週間ミシンを踏み続けても、ヤミ米で五合ぐらいにしかならないのです。でも、その人は答えました。「五合にしかならないにしても、その五合が貴重なのよ。ごらんなさい、子どもたちがあんなに泣いている」

みんなおなかをすかせていました。砂糖水というものもなく、子どもたちは「あまみずちょうだい」と言ってました。砂糖の代わりにサッカリンを溶かした甘い水で空腹をごまかしていました。そのサッカリンもヤミでなければ買えず、目の玉がとび出るほど高いのです。子どもを持った母親たちは、足が腫れて動けなくなっても、ミシンを踏み続けなければならないのでした。私は自分が学生で、その人たちを何一つ助けられないことを悲しみました。なぜ女は、女であるためにまっとうな職がなく、こんなみじめな内職をしなければならないのだろうと思いました。いつか自分に力ができたら、女の内職をよくするために働きたいと誓いました。

女の問題を考え始めてから、私は、生きる足下が少しずつ照らされていくのを感じました。女がみじめな内職をしなければならないのは、社会の仕組みの中に男女差別があるからだということが少しずつわかってきました。差別のない世の中、平等な世の中になれば、私はもしかしたら生きられるかもしれない、と思うようになりました。そして、その〈平等〉の意味を、「男と女の差がないこと」というふうに思い続けていました。

想像を超えた第三世界の現実

一九七五年、国際婦人年にメキシコを訪れたことは、長い間、ただ、「差別をなくすこと」と思い込んでいた〈平等〉の意味を問い直すきっかけになりました。

メキシコ・シティで開かれた国連の第一回世界婦人会議に並行して、NGOによる、民間人のための会議〈トリビューン〉が開かれると聞いたとき、女の問題を考える一人として、柱の蔭からでものぞいてみたいと思った好奇心が、私の参加の動機でしたが、あのときメキシコを訪れたことは、私の考え方、——生き方さえも変えるものになりました。

空港でまず見たのは、段ボールを着物の代わりに着ている人です。そして町を歩くと、どこからともなく黒い手がさし出されます。物乞いです。

名物のマリアッチ広場には、夜ともなると男たちが集い、マリアッチという民族音楽を楽しむのですが、そこには夜おそくまで四つ五つの女の子がガムをバラ売りしています。さらに衝撃的だったのは、まだ九つか十かと思われる女の子たちが、男たちのポンチョにかき抱かれて闇の中に一人また一人と消えていく姿を見たことでした。売春と気がつくのには、ちょっと時間がかかりました。女になるにはまだ遠いと思われる小さな子どもたちが、です。一日工場で働いて得られる収入の何倍もの収入が一回の行為で得られるためだと知り、その工場の収入が一日五百円だと知らされたのは、その二、三日後のことでしたが。

第三世界ということばは聞いており、南北問題が世界の課題だという知識は持っていましたが、現実に見る第三世界のすさまじさは、ことばに尽せないものでした。

マヤの遺跡をたずねてユカタン半島に行くと、人びとは、はだしの暮らしです。水道がないので、飲み水の代わりに、どこでもコカコーラを売っています。コカコロニザシオン――コカコーラと、コロニザシオン（植民地化）を組み合わせたこの言葉を、雑誌で読んだ記憶がありましたが、なまなましい現実として、その記憶がよみがえりました。貧しいので水道がない、だから高いコーラを飲む。そのコーラは、骨や歯を溶かすと言われています。麻薬が入っていて習慣性になるとも。トリビューンの会場で、中南米の人びとが、口を開けば「米帝国主義絶滅」を叫んでいた意味が、ほんとうによくわかりました。

四百六十年も残る戦争

彼らはなぜそんなに貧しいのか。

メキシコ人を見渡すと、肌の色がまちまちです。日本人よりかなり黒い人から、真っ白な人まで。その肌の色のちがいは、一五一九年、スペイン軍が侵入したときから始まったことを、博物館に行って、まざまざと感じました。

博物館にはマヤ文字が飾ってありました。何とも精巧な絵文字ですが、この文字がいまだに解読されていないのです。四百六十年前、スペインから来たコルテスは、図書館のすべての本を焼き払い、マヤの人びととともに、マヤの文化もことごとく抹殺してしまったのです。そのとき、勝ちほこるスペインの男たちは、マヤの女たちも犯したのでしょう。

スペインから、メキシコ人と匹敵するほど大量の移民が引きもきらず来ていたわけではありません。なのに、原住のメキシコの人びとと、顔かたちがちがう、はだの色もちがう人びとが、こんなにも大勢いるということは、スペインの男たちが、大勢のメキシコ人を犯したという証拠です。戦争ということはこういうことだったのかと、頭をガンとなぐられた気がしました。

混血の人びとはメスティーソと呼ばれ、インディオと呼ばれる原住の人々を支配する地位にいます。侵略者の血をまじえたことによって支配者に近づいた人びと。そしてメスティーソも原住の人びとよりはましとはいえ、同じように貧しい。

貧しさの底に侵略戦争がありました。そして四百年以上も前の戦争は、今も深い爪あとを残し、現在もなお続いていると感じました。

平等はぜいたくか

「あなた方は平等、平等と言うけれど、平等なんてぜいたくだ。私たちは生きるか死ぬかの瀬戸ぎわにいる。パンがない。母乳が出ない。母親の腕の中の赤ン坊がみすみす死んでいく。男女平等を叫ぶ前に〈発展〉を。貧しい国の〈発展〉を」

中南米を中心とする第三世界の人びとは、折あるごとに先進工業国の女たちのブルジョワ婦人運動を弾劾していました。

「そんなことを言っても、先進国でも女は差別されているのだ。男が一ドル働く間に女は六十セントしか得られない」と答えるアメリカのリブたちの声は、第三世界の女たちのすさまじい迫力の前には説得力がありませんでした。ベティ・フリーダンは金髪をなびかせ、テーブルを叩いて、「女たちよ、今こそ力を持とう、力は権利なり、権利は力なり」と獅子吼えし、私は、その演説のうまさに、さすが当世きってのアジテーターと感嘆しましたが、「マイト・イズ・ライト、ライト・イズ・マイト」ということばは耳に強く響きながらも、もうひとつ心に響かぬものがありました。

平等はぜいたくなのだろうか。平等は力によって得られるものだろうか。――どちらにしても、平等を考えるとき、第三世界の問題をぬきにしては考えられないことを感じました。そして、産業国家になることで第三世界を収奪して、辛うじて這い上がった日本のことをきりきりと痛む心で考えました。

平等は敵か

「平等はぜいたくだ」という言葉をふたたび聞いたのは、四年後の日本で、でした。

労基研報告に憤慨する労基法改悪反対集会の第一回は、かなり荒れました。〈鉄連の七人の女たちと共にたたかう会〉のKさんが平等の問題にふれたとたん、場内から弥次が乱れ飛び、声はかき消されました。静かな話し合いをするための第二回集会では、アイスクリーム工場で働く人が叫びました。「私たちは過酷な労働の中で、毎日、明日は働けるか、明日は働けるか、と思っている。そんな私たちにとって、定年差別などは問題じゃない。平等なんてぜいたくです」

そして興奮してつけ加えました。「平等なんて、いらない」と。

この瞬間、私はメキシコのことを思い出しました。国と国との間に北と南があるように、同じ日本の女の中にさえ、北と南があることを、痛いほど感じました。ついに「平等はいらない」とまで言った人。その人に、その言葉を叫ばせた背景に胸を衝かれました。平等は北と南の解消に役立つはずのものなのに、平等は敵なのだろうか。いらないのだろうか。

——何か月か後に、テレビでメキシコの山村の生活を見ました。食べるものもない貧しい人びと。そのわずかな食べものは、男がまず食べています。貧しいから平等はいらないと言うのは間違っている、と思いました。貧しいところこそ平等が必要なのではないか。平等がなければ命さえ守れないじゃないか。

あまりの貧しさに、平等まで敵と思っている、その貧しさを、心底、悲しいと思いました。

では平等とは何なのか——。

デンマークの農村で

長い間考え続けてきた疑問に、私なりの一つの答えを見出したのは、去年、コペンハーゲンのNGOフォーラムに参加してからです。

南、第三世界の真っただなかのメキシコと全く対照的な北。世界でも最も人権が保障されているデンマークで開かれた民間会議は、何の飾りけもない、気がまえもない、淡々たるものでしたが、世界のフェミニストたちのやさしさと温かさを日ごとに感じました。同時に、地元デンマークの人びとの、一見そっけない中にも温かい配慮を知りました。会議に参加した女たちへのもてなしも、数々用意されていました。フォーラムの通路には、参加した女たちへのさまざまなインフォメーションが掲示されていましたが、

「週末をコペン郊外の農村で過ごしませんか」という一枚のポスターが目にとまりました。ニワトリやブタのカラフルなイラストが、いかにも楽しげなうえ、「第三世界の方、特に歓迎」という文字にひかれて、その招待に申し込みました。

バスの着いた先は、みどりゆたかな農村でした。案内された保育所で、まず感心したのは工作室です。日本の高校生ぐらいが使うような工具が壁にズラリとかかっています。「子どもたちは週に二日はここで過ごします。女の子も男の子も……」という説明でした。さすが木工の国、デンマークだと感心しましたが、次は家事室でした。ミシンも洗たく機もあります。「子どもたちは週に二日ここで過ごします。男の子も女の子も……」と言われてハッとしました。工作室は、木工に親しませるためのものではなかったのです。男の子も女の子も、小さいときから、工作も裁縫もできるように育てているのでした。

〈お年よりの家〉や、家庭訪問ののち、私たちは村のホールに案内されました。どの家からも一皿ずつのサラダとハンバーグと、一本ずつのワインを持ち寄った簡素な夕食でしたが、夫も妻も子どもたちも、総出のもてなし。そして私たちの自己紹介が終わると、村人たちのバンドの演奏で、絵にかいたような民族衣装の男女が現れ、華麗な民族舞踊が始まりました。よく見ると、踊っているのは、ほとんどしわ深い人びとです。おじいさんやおばあさんまでが、村をあげて歓迎してくださったのです。

少女たちのデンマーク体操、歌、踊り……と続くうち、音楽に誘われたかのように、アフリカの女たちが次々に飛び出して踊り始めました。インドの女性はしみじみとしたインドの歌を歌いました。いつのまにか、みんなが輪になって歌っていました。それは、今まで一度も経験したことのない楽しいパーティでした。いつまでも明るい白夜の空がさすがにほの暗くなり、最後にみんなで肩を組んでほたるの光を歌ったとき、涙があふれ出ました。こんなふうに世界の人が抱き合い、知り合っていたら、戦争は起こらなかっただろうという思いでした。そして、老若男女をあげて私たちを温かく迎えてくれた村人たちのやさしさが胸に迫ったのでした。「日本でもし世界会議が開かれたとしても、村をあげて女たちを歓迎する村があるだろうか、もし歓迎するとしても、せいぜい婦人会の人たちだけだろう」と思ったとき、突然ハッと気がつきました。老若男女、村をあげての大歓迎ができたのは、デンマークの人たちが、ほんとうに男女平等なのだからだということです。そのとき、長い間さがし続けていた〈平等〉の意味が、やっとわかったように思いました。〈平等〉とは〈共に生きる〉ということなのだと。

男も女も、老いも若きも〈共に生きている〉村人たち。だからこそこの村では「特に第三世界の人びと」を招いたのでした。はだの色、姿、形が違おうとも、人はみな人、すべて共に生きる人、ということを、小さい子どもたちにも教えようと。

そして、ほんとうに平等な人びとは、ほんとうに平和を願う人びとなのだと感じました。

そのとき、私の原点としての〈戦争〉がやっと見えて来ました。〈戦争〉こそは、〈共に生きること〉の正反対にあるのだと。

長い間、私の中には、〈平等〉への思いと、〈反戦〉の思いがありましたが、この二つが、やっとカチッとドッキングしたのでした。

それまで私は、ものごとがいいことか悪いことかを判断するとき「戦争に近づくことは悪いこと、遠ざかることはよいこと」というのを自分のものさしにしていましたが、この日から、「共に生きる方向に向かうのをいいこと、そうでないのを悪いこと」と考えることにしました。

フェミニストの勇気

フォーラムでは平和デモのほかにも、いろんなデモが繰り出されましたが、中でも印象的だったのは、ボリビア支援のデモです。折しもボリビアにクーデターが起こり、世界でただ一人の女性大統領はその地位を追われた。会議に来ていた人たちの夫もつかまった。そのニュースを聞いて、会議に集まっていた世界のフェミニストたちは、誰いうとなくデモに立ち上がりました。「ファシズムはフェミニズムの敵」という旗もありました。フェミニストたちが、ファシズムにどんなに敏感かを知りました。

「インテルナショナレ・ソリダリテ（国際的連帯を）！」という声がわき起こっていました。平和デモの歌声に比べて、ずっと激しい声でした。

デモの先頭に立つ女性を写そうと、群がるカメラマンをかきわけてデモの前に立ち、シャッターを押そうとして、思わず手がふるえました。何というものすごくも美しい顔なのでしょう。中肉中背の、ごくあたりまえの日本人にも似たボリビアの女性なのに、凄絶というか、憤き上げる炎のような迫力に満ち満ちています。こぶしを上げ、大地を踏みしめ、「インテルナショナレ・ソリダリテ」と、ひときわ大きく叫ぶ声。

翌日の新聞で、私は、彼女がボリビアの鉱夫の妻であることを知るとともに、彼女の語ったことばを読みました。「ボリビアに帰れば自分は多分殺されるだろう。でも、私は帰る。ボリビアのファシズムと戦うために！」

平和を願うフェミニストたち

〈共に生きる〉ためには、それをおびやかすものに敢然と向かっていくフェミニストたち。

民間会議で最も熱をこめて語られたのは〈平和〉だったのではないかと私は思います。ヨーロッパはいま大変な不況ですが、不況に続くものが戦争であることを経験的に知っているヨーロッパの人びとの危機感には実に深刻なものを感じました。国連本会議の開会式には北欧諸国五十万人の平和署名が提出されましたが、ほかにも会期中、〈平和大行進〉が何度も繰り出されました。花のような歌に包まれたやさしい行進に加わりながら、私は宮沢賢治の「革命は歌と芝居に始まる」ということばを何となく思い出していました。

「社会主義諸国とＮＡＴＯ諸国の女たちは手を結ぼう」という署名も回されました。もはや男たちにまかせてはいられない。国を超え、イデオロギーを超えて手を結ぼう。少なくともフェミニストであるならば……という主張には、みんなが一様にうなずいていました。

しかし世界のフェミニストたちが手を結べば戦争は阻止できるか。

残念ながら、この問いには、確信を持ってイエス！とは言い切れません。戦争の力学は個人の思いをはるかに超えるところにあるわけですから、フェミニストの団結などは、戦争阻止のほんの一翼をになうにすぎないものだろうと思います。しかし、新しいフェミニズムの萠芽が生まれてから、すでに十数年、世界の各地で少しずつ確固とした基盤を築きつつあることに、私はやはり希望を託したいと思います。

私たちにとって悪夢のようなあの第二次大戦のときには、日本でも世界でもフェミニストたちの抵抗は残念ながらなかった。けれどもこの次起こる大戦には、最も敢然と抵抗するのは、新しい意味のフェミニストたちであろうという気がします。

婦選運動と戦争

フェミニストといえば思い出すのは市川房枝さんのことです。昨日は市川さんの本葬でした。お通夜や追悼会のときには、まだひつぎの中で、呼べば答えるような感じがした先生が、小さな骨箱に納められて、高い壇の上に祀られているのを仰ぎ、大事な時に大事な方を失ったことをしみじみと悲しみました。

市川さんが最晩年、最も強く主張していらしたのは、戦争阻止でした。11・22集会デモの先頭に立つ先生の姿には、一種、鬼気迫るものがありました。もし戦争が始まろうとしたら、戦車の前に大手をひろげて立ちふさがる方だと感じました。先生の晩年の活動の最も大きな部分は、金権腐敗政治の打破に注がれましたが、それは、戦前、金権腐敗政治の中から軍部が抬頭し、戦争への道が敷かれたことに対する深い後悔がおありだったからではないかと思います。婦人参政権を要望する大きな理由に「金権腐敗政治の打破と平和の護持」が掲げられていましたが、戦前ついに婦選を獲得できないまま戦争に突入してしまったことを、どんなにか残念に思っておられたのだろうと思います。同時にまた、「戦いに勝てば婦人参政権が得られる」という見返りをあてに、ある時点からは戦争に協力したことに対する、心からの贖罪の思いがおありだったのではないかという気がしてなりません。

　戦争中の行動を理由に、今も市川さんを評価しない人びともいますが、私は市川さんの晩年の姿に素直に頭を下げます。しかし反戦を貫き得なかった当時の婦人運動の基盤の弱さを感じないわけにはいきません。一九三七年十月号の『女性展望』によれば、市川さんは、「ここまで来てしまった以上、行くところまで行くより他はあるまい。この時局困難にうちかち将来の幸福を建設する義務がある」「婦選の実現は困難になったが、婦選を要求する目的は、婦人の立場より国家社会に貢献せんがため。国家の非常時の突破に婦人が実力を発揮して実績をあげることはこれ即ち婦選の目的を達する所以であり、婦選を獲得するための段階ともなるであろう」と、戦争に協力することによって他日を期す心境を語っておられます。

　〈平等〉のための〈婦人参政権〉を願って、あれほど果敢にたたかった先生はじめ、多くの婦人運動家たちが、この時点から一気に国家体制への協力を深め、婦人会の統制の先頭に立ち、大政翼賛会や大日本言論報告会などの役員となり、女の戦争協力の最も強力な推進者になったとは、いま考えると信じがたい愚行に思われますが、歴史のあとをたずねますと、当時の女の情況が、まさに被差別民族、被圧迫民族のそれに似ていたという思いを深くします。「戦争に協力すれば独立を」との甘言に釣られて協力した例は枚挙にいとまがありませんが、飢えている魚ほど餌にとびつく例でしょう。あらゆる局面でおとしめられていた当時の女にとって、「男女平等」「地位向上」「女権拡張」の機会ということばほど、まばゆい餌はなかったでしょう。差別撤廃の条件として母性保護の切り捨てを持ち出されている今の私たちの情況以上のものを感じます。

しかし同時に、この時代の婦選運動が問おうとしていた〈平等〉の中身に問題があったという気もします。この場合の〈平等〉は、〈男なみ〉になることであり、〈男に代わって〉清潔な政治をすることだった。この発想の中には〈女〉は見えていても〈人間〉全体は見えていない。だから〈人間〉がつくる社会の仕組みの根元が、そして当時の日本の国家の構造が、十分見えていなかったのではないでしょうか。青鞜の流れをひく婦選運動では、早くから女性差別の構造を〈家制度〉に認めながらも、その〈家制度〉を最も強固に支えている〈天皇制国家〉には目が届かなかった。そして、本来、最も激しくたたかうべき当の相手、〈天皇制国家〉に、ついに逆に協力して取り引きしようとしたのではないでしょうか。

もう一つ思い起こすのは、市川さんが第一次大戦後のアメリカでひとときを過ごされたという事実です。英・米など欧米先進国の婦人参政権は、大戦への婦人の協力、大戦中に女たちが実質的に銃後の生産を支えたことへの報償として国会でようやく認められましたから、いまここで協力すれば念願の参政権が得られるという考えがひらめいたのもむりもない気がします。参政権を得る目的である〈平等〉が、〈男なみになること〉を目指していた当時の婦人運動としては、「女の実力を発揮する願ってもない機会」であり、「男なみの権力を得るまたとない機会」として、「男が支配権を持つ国家への協力」が、むしろ当然の論理になったのでしょう。

こんなふうに、いま評論することは簡単ですが、人間は貧しい情況におかれているときほど、客観的情勢が見えないものだと思います。貧しいメキシコの人びとが、貧しすぎるがゆえに〈平等〉のだいじさに気づかないように……。そのころの日本の女の情況は、戦後生まれの方には想像もつかないほど悪かった。そして、女の問題を考える人びとはほんのひとにぎりに過ぎず、それに対する反発もすさまじかった。市川さんのあやまちは、そういう中での焦燥から生まれたと、私は解釈します。そのあやまちで恐らく最も傷ついたのは市川さんご自身だったでしょう。私は市川さんを非難し続けるよりも、市川さんの失敗を反面教師とし、恐らくはその失敗をかみしめていらしただろうゆえに、あれほど〈平和〉にかけていらした晩年のお姿から、多くのものを受け継ぎ、市川さんが構築できなかった新しいフェミニズム、私たちのフェミニズム運動をつくっていきたいと思います。

山川先生の抵抗

市川さんのことを思うとき、私はその三か月前に世を去られた、偉大な婦人問題研究家、婦人運動家、そして〈あごら〉の唯一の名誉会員であり、私自身も多くの影響を受けた山川菊栄先生のことを思い出さずにはいられません。

山川先生は市川先生のような戦争協力は決してなさらなかった。それどころか、体制側に回った市川さんに、実にきびしい筆誅を加えておられます。夫、均氏とともに、終始一貫社会主義者として、社会の仕組みそのものを考え続けておられた山川先生には、家制度と天皇制国家と資本主義の相関も当然見えており、戦争のおろかしさもむなしさも明らかだったと思います。けれども先生は、フェミニストとして反戦運動を呼びかけ、その先頭に立つことはついになさらなかった。東京を離れ、藤沢の奥でうずらを飼い、自給自足の生活を続けながら、やがて確実に訪れる敗戦の日を信じて待っておられました。戦争に協力するか、投獄されるか、後退して傍観するか、三つのうちの一つしかゆるされなかった当時にあって、先生は死につながる投獄よりは第三の道を選ばれたわけです。恐らく心中、歯ぎしりしながら藤沢で時を過ごされたであろう先生をお偲びするとき、私は心の中でこう祈ります。「先生、お陰様で、時代はたしかに前進しました。私たちは、先生のなさり得なかった抵抗をして、必ず戦争を阻止します」と。

いま、私たちのフェミニズムは

〈平等〉を、階級闘争的な面だけではとらえない、また単なる女権拡張運動とも考えない、私たちのフェミニズムは、まず、自分も他人も、共に地球にただ一人の、かけがえのない存在としてとらえ、そのたいせつないのちが、共に生きることを何よりの目標にしたいと思います。簡単に言えば、人権運動の中で、女だけは取り残されていた部分に特に光をあてて考えるのが、フェミニズムの意味ではないかと私は思っています。

先ごろ来日したベティ・フリーダンは、「女も徴兵を忌避しない。なぜなら男女は完全に平等であるべきだから」と言って私たちを驚かせましたが、私は彼女の基本にあるのは、相変わらず、「マイト・イズ・ライト、ライト・イズ・マイト」であるような気がします。力の論理を肯定する彼女にとって、〈平等〉とは、〈同じ力を持つこと〉であり、〈いかに生きるか〉という視点が欠落しているような感じがしてなりません。その意味では、第一次大戦当時のアメリカの婦人運動からほとんど前進していない印象を受けます。彼女が強い発言力を持つＮＯＷ（全米婦人機構）が兵役登録に賛成したことに深い失望を禁じ得ませんが、米国内には、ベティを過去の遺物、オールド・リブとして、彼女を乗り越えようとする動きも活発だと聞きます。私がコンペで話し合ったかぎりの世界の活動家たちは、もちろんＮＯＷの決議には批判的でした。「守るべき〈国〉とは何か」から問い直しているのが新しいフェミニズムの流れであり、〈人〉を〈国〉の下位には決して置かない考え方は、当然、徴兵に、そして戦争に、またあらゆるファシズムに、最も強く抵抗する力となっていくものと思います。

女がつくる悪い男

具体的にそれは、どのような行動と結びつくのでしょうか。

私は、東南アジアのある女性の、鋭い指摘を思い出します。コペンでの〈あごら〉のワーク・ショップで、質疑応答の口火を切ったインドネシアの女性のことばです。彼女は私の話の間じゅう、うなずいたり、そうだそうだと合の手を入れたり、終始サポーティブな態度を示し続けていたのですが、口を開くや、こう言いました。「なるほど、日本の女の情況が悪いことはよくわかった。しかし、それは日本の女が自ら招いているのではないか。インドネシアにも日本人が大勢来ているが、見ていると、主婦は男の子だけを大事にする。あれでは、横暴な日本の男が育つのも無理はない」

そのとき、東南アジアの女性たちから、共感の拍手がワーッとおこりました。私たちは返すことばもありませんでした。現地の女子労働者を安く使い捨て、夜の遊びには大金を惜しまぬ日本の男。それは、日本の国内で私たちが男に許していることを、外地でもそのまま実行しているにすぎません。彼女が指摘したとおり、悪い男の蔭には、それを育てている女がいることを認めないわけにはいかなかったのです。

「下半身をむきだしにした女と撮った写真もある」と松井さんがおっしゃったとき、顔もあげられない気持ちがしましたが、それは日本の色町で行われていたことを再現したにすぎないのです。どんなにはずかしめられても男の言うがままになるほかなかった日本の女。平手打ちを受けても受けても、じっと耐え忍んでいた日本の妻たち。耐えることを美徳とした女たちによって、日本の男は、「どんなことをしても許される」存在として育ち、それをそのまま戦場でも実行したのではないでしょうか。

日本の女は、自分の夫や息子を軽々しく戦場に送り出した。だから女は戦争に加担したのだとか、千人針を作り、慰問袋を送って戦争を支えたとか言われます。しかし、私は、女は、もっと本質的に戦争に加担したのだと思う。男女差別の構造を支え、男の暴虐を許し、横暴な男を育て、人間や、人間のいのちの大切さを忘れさせることによって、最も本質的な意味で戦争に加担したのだと思います。

今、企業の経済侵略を許し、出世する夫を誇り、買春ツアーに出かける夫を黙認する日本の妻たち。それは戦争に加担した戦前の女たちと、ほとんど大差がないようにみえます。戦争であれほどのつらい悲しい思いをしながら、そして戦後、比べものにならないほど女の教育は進んだのにもかかわらず似たようなことを重ねる日本の女。――戦争に行った人だけが悪いことをしたのではない。私たちは何を、どう支えたのか。そこを掘り下げないかぎり、私たちは気づかぬうちに戦争の火種を育てていることになるのではないでしょうか。だまっていることは、差別とたたかわないことは、戦争への道に加担することになる、と、心をこめて言いたいと思います。

事件に加担した私

それでは私自身はどれだけの努力を重ねているでしょう。自分自身の行動を痛烈に反省させられた事件がありました。

富士見病院の事件です。何百人もの女が、子宮や卵巣をむざむざと切りとられたと聞いたとき、身が切り刻まれる思いがしました。北野に対して憤りが噴き上げるとともに、この事件にまぎれもなく加担している自分を感じました。

〈医者〉という権威を装った〈男〉が、〈超音波装置〉という権威を使って、「お前の卵巣には膿瘍がある」と宣告したとき、女たちはあわてふためき、無条件に信じてしまった。この事件の背景には、

〈男〉や〈権威〉にいつも無条件に従っている無数の女たちがいます。女の運動にかかわる一人として、私は何をしていたのだろう……。

いま、働く女の平均賃金は男の五四・九％。この現実に、私たちはあきらめ過ぎてはいないでしょうか。「女は低くてあたりまえでしょう」と公言する女の人さえいるほどですが、そういうおかしさを許している日常のうえに、あの事件は起こったと私は思っています。そして、戦前はさらに強かったこうしたあきらめの日常のうえに差別はいっそう増幅され、それは戦争へのエネルギーになっていった、と、いましみじみと感じます。

もう一つ考えたいのは、日本の中の差別は男女差別だけではないということです。沖縄・朝鮮・部落・障害者・貧しい人・学歴のない人、すべての弱者に公然と加えられている差別とその根は一つであり、戦前はこれらの差別も、いまよりさらに大きく、そうした土壌のうえに、ひとにぎりの指導者によるファシズムが成立したのだということです。〈人間が人間をだいじにする〉ということが日本の社会の基本にならないかぎり、戦争はまた起こるのでは、と心配します。

なぜ、いま原発を

カンカンに怒るということばがありますが、去年の秋、テレビで、「カンカンに怒るとはこういうことか」と思うほど怒っている顔を見ました。松井さんがさっきおっしゃったテニヤンの首長さんです。からだをブルブルふるわせて彼は叫んだ。「危なくないのなら、なぜ日本のそばに捨てないのですか。もしもテニヤンのそばに捨てたら、日本人の墓、みんな引き抜いて海に捨てます！」

怒るのもむりはないと思いました。核廃棄物を南太平洋に捨てるとは、早く言えば、南太平洋の人は死んでもいい、病気になってもいい、ということです。いま日本には、核破棄物がドラム缶に二十八万本もたまっている。このままでは日本人の命にどんな影響があるかわからない。といって、よそに捨てればいいというものではないはずです。ここにも戦争中と変わらない日本の姿を見ます。何という恥ずかしい、そして何という恐ろしいことでしょう。

南太平洋を選んだ政府のおえら方の頭の中には、昔ながらの〈土人の島〉という意識があったのではないでしょうか。女差別と同じように伝統的な、日本の中の人種差別、階級差別。それが残るかぎり、日本はまた確実に戦争への道を歩むことになりましょう。〈共に生きる〉という〈平等〉が根づかないかぎりは、戦争の火種はくすぶり続けると思うのです。

この騒ぎの発端となった核廃棄物がなぜ生まれたか。いうまでもなく原発です。政府は八五年までに三千万キロカロリーの原発は「ぜひとも必要」であると言い、自民党の綱領には「原発反対運動を粉砕する」という、恐ろしいことばが盛り込まれました。こんなにまでして原発を作らねばならないのは、高度工業化のためであると同時に、原爆の材料であるプルトニウムが核廃棄物から得られるためです。しかし日本人はこうした恐ろしい事実をほとんど知らされていません。富士見病院の患者さんたちが何も知らされていなかったのと同じように。このままでは、子宮どころか、気がついたときには心臓が切りとられていることになるでしょう。真実を知らそうとしないどころか隠そうとする努力に、私は心からの憤りを感じます。知らない人間をだますのは、赤子の手をひねるよりも簡単なことです。

大地に根ざして考えよう

「日本はなぜあんな戦争をしたのだろう。あの戦争は何だったのだろう」と考え続けてきた、と最初に申しましたが、からだじゅう真っ黒に〈戦争〉への配線を敷かれ、〈死ね〉とプログラミングされた人間が生き直すためには、その原点を考えるほかなかったのです。

戦後、自由だ、民主主義だ、と、空がぱーっと明るくなるようなことを言われたときも、私は「信じるものか」と思っていました。もうだまされたくなかったのです。どうすればこれからはだまされずにすむだろう。自分の中の黒い部分を消していけるだろう。

そういう苦しい模索の中で女の問題にめぐりあい、一つ一つの現実とぶつかりあって、私はやっと生きる方向に少し舵を向け変えることができました。〈女の自立〉とは、〈女が生きる道〉だというふうに、いま私は理解しています。自立していない女はだまされます。経済的にも、精神的にも、自立してこそ、女の生きる道は確かになります。自立する女を〈翔ぶ女〉などとマスコミは茶化しますが、私は、自立する女は〈最も翔ばない女〉だろうと思います。大地に根ざし、しっかりと大地を踏みしめて歩く女。自分で自分の配線をし、自分の考えでプログラミングする女。そして最終責任を引き受ける女。日本の女がすべて〈自立する女〉になったとき、おろかな戦争を阻止する勢力は、少なくとも国の半分に達したことになると思います。

「権利の上に眠るな」とは、市川さんが言い続けたことばですが、無数の人びとが死に、無数の人びとを殺し、多くの女があやまちをおかしてやっと手に入れた私たちの憲法、私たちの参政権を決して眠らせてはならないと思います。

差別撤廃はいのちを守る運動

私は五十を過ぎましたので、私の中の黒い部分はやっと五分の二に減りました。しかしまだ五分の二も黒い部分があるということはやはりまだとても生きがたいことです。私は毎朝自分に「きょうも生きよう」と呼びかけ、はげまして、やっと生きています。たとえ百まで生きたとしても、私の中の黒い部分は約二割残ったままです。自分の中には、生涯、生きがたい部分が残る——。

私は長い間、その黒い部分を消そう消そうとしてきました。しかし、もう消すのはやめようと思うようになりました。

ふたたび近づいて来た戦争の足音。〈共に生きる〉ことを圧殺しようとする巨大な権力。それに対抗するのには、よほどの覚悟がなければできません。決して消さない黒い部分、決して消えない黒い部分をしっかりと見すえ、それを反戦のバネにしようと思うようになったからです。

昨年日本も署名した『女性に対するあらゆる差別撤廃に関する条約』は、一九六七年の『女性に対する差別撤廃に関する国際連合宣言』を拡大したものですが、さらにさかのぼれば一九四五年の国連憲章が出発点です。もう二度と戦争を起こすまいと、第二次大戦の戦勝国が集まって作ったこの憲章には、戦争の原因である人種・民族・宗教・国の大小などによる差別と並んで、性差別を解消することがはっきりうたわれていますが、これはドイツのユダヤ人差別、日本の女性差別を、共にファシズムの源泉として認めたからだといわれます。そして、この、「あらゆる形態の差別撤廃」の精神は、国連憲章をモデルにした日本の憲法にも盛り込まれています。女性差別撤廃へ向けての運動は、一部のはね上がった女の運動のようにとかく誤解されがちですが、人間のいのちを守る運動であり、憲法の、そして国連憲章の真髄にまさに副うものであることを、声を大きくして叫びたいと思います。

利用された〈母性〉

「女は母性があるから戦争に反対する」という言い方がよくされますが、戦争中、〈母性〉がどんなふうに利用されたかも、よく覚えておかなければならないことの一つだと思います。戦時下発動された『女子挺身隊制度強化方策要綱』では、十四歳から四十歳までのすべての女子の徴用を義務づけましたが、結婚している女性は除外されました。〈母性〉が尊重されたからですが、その〈母性〉は、我が子を〈人間〉としていつくしみ育てる〈母性〉ではなく、〈陛下の赤子〉を産むための〈母性〉でした。そしてその〈陛下の赤子〉たちは、〈陛下〉を、そして〈国〉を、守るために、赤紙一枚で召集され、〈人間〉としてではなく〈弾丸〉として死んでいったのです。

いま叫ばれている「家庭基盤の充実」には、この意味の〈母性〉を感じます。知らないうちに、黒い配線が張りめぐらされようとする危険を感じます。

「戦争をするのは男で、女は戦争をしない」という言い方にも、やはり問題があるように思います。近代戦は老若男女すべてを巻き込むものですし、戦争は、参政権を持ち、国民の半数を占める女の合意なしには議会制民主主義の国では開始できません。また戦争は力の論理だけで行われるものではなく、基本には欲望、特に経済的欲望があります。日ごとにエスカレートする物質的欲望。夫の出世戦争を支え、出世に直結する受験戦争に子どもを駆り立て、間接的に企業の経済戦争を支える妻たち、母たち。便利さを求めてやまず、たとえば中性洗剤の恐ろしさを知りながら、なお使い続ける女たちの行動様式の中には、戦争に向かう道があると感じます。

黒い配線の危険

最も恐ろしいのは、一歩一歩と戦争に近づきながら、近づいている当人たちが知らないことです。そして、今度起こる戦争がどんなに残虐なものになるかについての皮膚感覚がないことです。戦争は時代が下るにつれ残虐なものになっていることは歴史が証明しています。第一次大戦で毒ガスの残虐性にあきれ、それを禁止した人びとは、第二次大戦では核兵器を使用しました。そしていま、さらに残虐な兵器を、着々と作り続けています。空に満ち満ちている軍事衛星は何をするのか、きもが冷えるほどの気持ちで受けとめている人は何人いるでしょう。

黒い配線は、人間の健常な皮膚感覚をマヒさせる配線です。そして気がついたときは人間をかなしばりにしている配線です。

さっき松井さんは、日本兵の残虐について長々と語られた。しかし私は、あの黒光りしていた兵隊さんたちの顔を忘れることができません。私と同じように、黒い配線をびっしりと敷き込まれ、「死ね、殺せ」とプログラミングされて、一個の機械と化して、殺し、死んでいった人たち。あの人たちが悪かったとだけ言って、彼らの霊は眠ることができるでしょうか。天皇や首相が靖国神社にお参りして、彼らの霊は救われるでしょうか。

残念ながら、戦前の日本の庶民は、黒い配線の恐ろしさを知らなかった。存在さえも知らなかった。だから私は、自分の中の黒い部分を消さないことにします。決して消さない、消えない、黒い部分を見つめながら、いま敷かれようとしている黒い配線に抵抗していきたいと思います。殺し、殺された、敵味方、数百、数千万の人びとが、せめてあの世で〈共に生きられる〉日を祈って。

（筆者注・一九八一年二月二十七日〈あごら〉講演会「女と戦争」より。時間不足のため省略した部分を加筆しました）

女と情報
――南北問題としての情報を考える

（25号 1981/12）


先日、新幹線に乗っていたときのことです。突然、列車が止まりました。四分、五分……車内が騒然としはじめたころ、アナウンスが流れました。

「只今、自動停車装置が作動して停車いたしました。停車装置が作動した理由についてはまだ情報が入っておりません。情報が入り次第お知らせします」

すると、車内は水を打ったように静かになりました。まるでトランキライザーのような「情報」の見事な作用に感嘆しながら、これでいいのかな、という不安がふと頭をかすめました。

昔なら、こういう場合、「情報」とは言わず「連絡」と言ったはず……。私は何十年ぶりかで戦時中のことを思い出しました。私の少女時代は、「情報」とは、大本営とか内閣情報局といったお上から流されるもので、そこには何となく「権力」のにおいがしました。「やたらに情報を流すな」という場合の「情報」は「軍事情報」のことで、道で兵隊さんとすれちがっても、装備など「見てはいけない」と言われたものです。どちらにしても「情報」には、いやな、恐ろしい響きがありました。しかし、いま、車中の人たちは、何の疑いもなく「情報」を信じている。「情報」が入っただけで心を安らげる。新幹線という近代科学の粋の、スピーカーから流れるものであれば、いっそう疑いもなく信じるという情況がある……。この短い出来事に示された「情報」のさまざまな側面について、しばらく思いをめぐらせました。

情報は行動の源泉

「情報」とはいったい何でしょう。清水英夫先生の学習会では、南博氏の『マスコミ入門』の中の定義、「情報とはインフォメーションのこと。インフォメーションとはフォーメーション（形成）に由来する。すなわち人間形成に役立つ、本質的には人間にプラスをもたらすコミュニケーションである」が引用されましたが、私はこの定義には疑問を感じます。情報とは、「役に立つ」とか、「立たない」という価値観を含まない、本来無性格なものではないかと思うのです。

手もとの辞書を見ますと、一九五五年版の『広辞苑』には「情報＝事情のしらせ」とありますが、一九三三年版の『大言海』には「情報」はなく、「情」の最後に「事情、真相」が、また「報」の、やはり最後に「シラセ、報知、報道」がみられるだけです。「情報」が日本語として一般化したのは恐らく戦時中からであり、information の訳語として今日のような意味で普遍化したのは、六〇年代以降ではないかと思います。

インフォメーションはインフォームの名詞です。語源をたずねて外国語の辞書を引いてみますと、ラテン語の in form に由来し、「形を与える」意と記されています。これは「情報」の本質を非常によく表わしているのではないかと私は思います。

「情報」というと、私たちは「言語情報」「文字情報」だけを思い浮かべがちですが、「情報」とは、本来、主体としての人間の外部にある「事情」と、人間とをつなぐもの、知らず知らずのうちに、外界から吹き込まれ、しみとおるものではないでしょうか。「情報」の定義は非常にむずかしいのですが、簡単に言えば、外界に百の事情があれば、最低百の情報が発生する。それに「形を与え」たときが、「情報」として知覚されたときであり、対応する行動が生まれると考えることができると思います。

例えば町を歩いている。向こうから車がくる。危ないと身をよける。――目の網膜に映ったものが視覚情報として知覚され、それに対応した姿です。「大安売り!大安売り!」の声がする。声のしたほうを振り向く。時にはそれを買う。——聴覚情報への対応です。香ばしいにおいがする。「コーヒーだな、飲んでいこう」と思う。——嗅覚情報への対応です。「寒いな」と感じて上着を羽織る。皮膚細胞からの情報を受けとめた姿です。

こう考えてみますと、人間の五官はすべて情報の知覚器官、収集器官であり、感覚で感じとったものに「形を与え」、知覚し、識別したときに「情報」として認識される。そして、それは何らかの「行動」につながっていく、と言えるのではないかと思います。

情報を感じとり、対応するのは人間だけではありません。アミーバのような下等動物でも、例えば刺激を与えると感じとり、それに対応することが確かめられています。「情報」は、「生物とその起原を同じくし、生物の生存を維持していくために必要不可欠のもの」と定義することもできそうです。

情報への対応は、センサーと内部情報の差

しかし、同じ情報が同じ密度で存在していたとしても、受けとめ方は人によってさまざまです。気温の低下を「寒い」と受けとめる人もいれば、それほどに感じない人もいる。コーヒーのにおいに「おいしそうだ」と足を止める人もいれば、意にも介さず通りすぎる人もいる。このちがいは何から生まれるのでしょう。

ある人が山奥に迷い込んだとします。食物がなく、おなかがすいてきた。その時、キノコの大群のそばにさしかかったとします。Aさんはその大群が目に入らない。Bさんは目では見ても、心では見ない。つまり食物として認識しないでそのまま通りすぎる。Cさんは、喜んですぐに食べる、Dさんは、毒キノコかもしれないと考えて食べない。Eさんはキノコを割いて有毒かどうかを調べ、無毒なキノコだけ

を食べる。――というように、同じ「キノコがある」という情報に対して、人の受けとめ方は、それぞれちがい、したがって受けとめた情報の対応としての行動にもちがいが生じます。

このちがいには二つの原因が考えられます。一つは、「キノコが生えている」という事実を視覚情報として認識するのかしないのかという差です。私たちの網膜には時々刻々いろいろなものが映っていますが、「見える」、つまり視覚情報として受け入れているのは「見る」もののごく一部です。「見えた」ということは「見た」ものの中から情報として選びとったということ、選びとるセンサーを持っていたということです。もう一つは、各人が内蔵していた情報＝知識・経験の差です。「キノコが食べられるものだ」ということを知らなければ、見えてもみすみす通りすぎる。「食用になる」という知識だけあり、「有毒なものがある」ことを知らなければ、毒キノコも食べる。一方、毒キノコがあることを知り、その見分け方を知らなければ、恐ろしくて食べられない。結局ここで生き残れる確率が最も高いのは、①キノコは食用になる②しかし有毒なものもある③その識別法、の三つの知識を完全に持っていた人ということになります。「情報」は「行動」の起点であり、それはしばしば生存にも関係するけれども、生存の条件にし得るか否かは「正しくかつ十分な知識」にかかわっていると言えそうです。

では、「知識」とは何でしょう。大ざっぱに言えば「蓄積された内部情報」ということになりましょうか。

この前の『女と戦争』の号を編集するとき、私は従軍看護婦さんの手記をたくさん読みましたが、たいへん印象的な記載がありました。フィリピン山中などの敗走行で、続々と餓死者が出るなか、生き残ったのは農村出身の人が多かったというのです。やはり体の鍛え方がちがったのかなと思いましたが、読みすすんでいくうちに、都市の人に比べて食用植物についての知識が遥かに豊富だったからだということがわかりました。もちろん南方の植物ですから、日本のとはちがう。しかし、それを見分けたというのです。こう考えてみますと、「知識」とは、「蓄積された内部情報を、統合し、判断して得られるもの」と定義したほうが、一層正確ではないかと思います。このような意味で「知識」を持ったとき、まことに「知識は力なり」になり得るのでしょう。

情報の南北問題は原始時代から

「情報」がこのように人間の生存と深いかかわりを持つことは、実は大昔から知られていたことです。したがって多くの情報を蓄積している老人は、尊敬され、力を持っていました。特に文字がなかった時代には、「この木の実は食べられるか」といった疑問が生じたとき、老人の蓄積した情報が役に立ちました。中でも天体観測による作柄予測などの最高の情報を持ち、それを統合し、分析し、判断する力を持った者は、「長老」として支配者の地位につくことができ、権力を持つことによって、さらに多くの情報を得ました。「財」としての情報の価値を知っていた彼らは、当然、情報を秘匿し独占しようとしました。一度「財」を得たものはその財をふやしていくように、「情報」を持ったものはますますふやし、「情報」は財力と権力のあるところに集中し、偏在していきました。情報についての南北問題は大昔からあったと言えます。

古代ギリシャの「アゴラ」は、情報と物資の流通の広場でしたが、女と奴隷は入ることを許されなかった。支配と被支配の関係は、こういう場からも確立されていった面があります。

貴重な情報ほど秘匿されやすい

では「情報」にはどのような性質があるでしょうか。

先ほどのキノコの例で考えますと、①正しい情報は利益をもたらす②誤った情報は不利益をもたらすということがわかります。またもし、そのキノコが松茸であり、松茸は非常に高価なものと知っていて、群生場所についての情報を秘匿し独占したとすると、その人は巨富を得られる。つまり③希少有益情報を独占したものは人にぬきん出ることができます。これは④有益な情報にいち早くアクセス（接近）したものほど有利になる、ことでもあります。

また、⑤質のよい情報を大量収集すればするほど判断は容易になります。例えば戦前の天気予報は「当たるか当たらないかわからないもの」の代表にされたくらいでしたが、最近では非常に精度が高くなっている。これは観測技術が進み、情報の質が改善されたうえ、宇宙衛星による観測さえも可能になったためです。「点」だけではつかみどころのなかった疑惑が、「点」が増え、「線」になったとき解決する経過は、松本清張の『点と線』にも明らかなとおりですが、一般に、質が良ければ多くの情報量を持つ者ほど有利になると考えられます。

複製と繰り返し使用が可能な「情報」

このように、情報は本来「財」としての意味を持っていますが、さらに⑥伝達できる⑦複製できる⑧繰り返し使用できる、という大きな特徴があります。伝達の方法が主として言語だけだった時代には、⑦と⑧はそれほど重要視されませんでしたが、文字ができ、その印刷が可能になり、さらにラジオ・テレビ・映画など、視聴覚への伝達手段が発達し、その機器も普及するにつれて、重大な問題になってきました。「情報は権力・財力のあるところに集中しやすい」とは前述のとおりですが、情報の大量複製・大量伝送が可能なのは、またしても財力、権力を持つ側であり、情報の南北格差は、さらに拡大されることになりました。

特に恐ろしいのは、大量複製手段を持った者が「繰り返し使用」すれば、しらずしらずのうちに意識操作ができるということです。繰り返されるＣＭと潜在意識、さらに行動との関係については、多くの実験結果が報告されていますし、日本国民があのおろかしい十五年戦争に加担していった経過に、権力による徹底した情報封鎖と情報操作があったことは、すでに周知の事実です。

人間の脳細胞は、コンピューターの記憶素子のようなもの。ここに刷り込まれた情報は、容易なことでは消えません。特に幼少だったり知識のレベルが低かったりすると、与えられた情報を簡単にインプットし、インプリンティングし、消しがたいものにします。「情報は行動の源泉」であることを考えるとき、これは恐ろしいなどという言葉では言いつくせないほどの危険を意味します。戦争中の少年特攻兵、浅沼さんを刺した山口少年など、不幸な例は古今東西にみられます。

権力・財力の側の情報のほうが流布する

情報は古来、権力・財力のある側に偏在してきましたが、同時に、情報を創るのは、主として常に権力・財力のある側でした。社会的活動の主体は、権力・財力を持つ側にあり、その意向や動向を知ることは、支配を受ける側にとっても便利でしたから、権力の側から流される情報を人びとは比較的容易に受け入れてきました。権力の側の情報にさからうことは、時には死さえ意味しました（教会に対して「それでも地球は動く」と言ったガリレオ・ガリレイのように）。また、知識や権威を持つ人の流す情報ほど信じられましたから、農婦の情報はかえりみられなくても、学者の説はひろまりました。

現代でもこの傾向は残存し、ミニコミには一顧も与えない人も、テレビや大新聞の記事はうのみにするのが一般です。しかし、マス・メディアだから信頼に値いするとは簡単には言えません。番組提供者名が明示されていない大新聞も、実は広告主によって支えられていますし、購読者を確保するために「おもしろい情報」が優先して掲載されます。大広告主や同業他社に不利益になる記事も、まずのりません。「ラジオ日本」のディレクター、池谷まゆみさんが、電算室に配転されたアナウンサーの訴訟を支援したためにパンチャーにさせられたとか、「河北新報」の大槻寿子さんの定年差別闘争などは記事にはならないのです。

一方、情報を受け入れる側も、「自分にとって好もしい情報」「関心のある情報」「価値のある情報」を無意識のうちに選びとります。敗色濃い戦時下の日本では最後まで特攻機の活躍が信じられましたし、警世の書よりは口あたりのいいうわさ話を満載した週刊誌がよく読まれるのが常です。

また、情報は、それが良質のものであるほど秘匿されてきた歴史を持つがゆえに「ひそかにささやかれる情報ほど信じられやすい」性質も持つようになっています。秀吉はこの性質を利用して、開戦前に多くの諜者に情報を流布させ、戦わぬうちに勝利をおさめたと言われます。「M資金サギ」が今も後を絶たないのも、その一例でしょう。

目も耳も口も奪われ続けてきた「女」

以上、情報の特性を概観してみましたが、このように重要な「情報」と、女との関係を、ここで考えてみたいと思います。

女は、長い間（そして今も）、〈劣ったもの〉とされ、権力・財力とはほど遠いところに置かれ続けていますが、それは情報の南北問題と深い関係があると私は思います。

支配の側にある男たちは、繰り返し繰り返し「女はおろかしいものだ。だからだまって男に従えばよい。家庭内のことさえやっていればよい」という情報を大量に流し、それを社会通念とし、性別役割分業を固定化してきました。

しかも、「女賢《さかし》うして牛売りそこね」式の、女が情報や知識を持てばろくなことはないのだという情報も、大量・反復流布して、女自身にさえ、「自分たちは劣った性だ、情報に接近してはならないし、まして女自身の判断で行動してはならない」と思いこませるに至りました。

情報にアクセスできない女の状況判断は、どうしても誤ったものになりがちですが、判断を誤ると、「それみろ、だから女はダメだ」と、ますます社会通念を固定化しました。

アメリカの巨大資本による映画は、インディアンを「情け容赦もない殺りく者」に仕立て上げ、そのイメージを世界にまきちらして、白人の侵略を合法化しましたが、一度植えつけられた情報を改めるのは、容易なことではありません。多くの子どもたちは、インディアンとは、ホーホーと鳥の鳴き声をまねながら近づいてくる、けものと人間の中間の存在、だから撃ち殺してもかまわない存在と思い込んでいます。財力と権力のある者が「情報」を武器に弱者を収奪してきた歴史は枚挙にいとまがありませんが、女の歴史も、まさに軌を一にしていると思います。情報メディアが男に独占され、思うがままに「あるべき女像」がつくられる中で、女は意識操作されてきました。

情報に接近できないとは、目も耳も鼻も奪われた状態、情報メディアに参加できないとは、口を奪われた状態とも言えます。「知らしむべからず依らしむべし」とは、「目は見えず、耳も聞こえない状態にしておく。その代わり手は引いてあげるから安心してついておいで」ということですが、長い間、女の情況はまさにこういうことだった。情報は生きていくのに不可欠な要素なのに、情報が生存を支える要具だということさえ、長い長い間、女には知らされなかった。特に日本の女には知らされなかった。——自分の目で見、自分の耳で聞き、自分の頭で考え、自分の舌で伝え、自分の足で歩くことができなかったのは、むりもなかったという気がします。

生存を根底から揺るがす「情報化社会」

人類の「南」の側に置かれてきた女は、情報の南北問題でも、常に南の側にあったわけですが、この情報の南北問題にさらに拍車をかける大変な出来事が近年起こってきました。いわゆる「情報化社会」の問題です。

「情報化社会」は、「情報が氾濫する社会」「情報手段が発達した社会」「情報なしには生きられない社会」などと一般には考えられているようです。これはたしかに情報化社会の一面を物語っていますが、こうした現象はむしろ、「情報時代」というべきもので、「情報化社会」とは、もっと根本的な下部構造の変革を意味します。

「情報化社会」という言葉を使いだしたのは、たしかハーマン・カーンだったと思いますが、それは、農耕社会・工業化社会に続く脱工業化社会として「情報化社会」を位置づけたのであり、生産手段の構造的変化を示唆したものです。機械化・工業化の行きつく果てとして脱工業化が起きる、そのとき主役になるのは「情報」であり、コンピューターをはじめとする情報処理機器と、コンピューターによって稼働する機器だと考えたわけですが、それは刻々現実のものになっています。日本で使われている産業ロボットはすでに八万台、大手の工場の無人化はほとんど終わり、オフィスオートメーション（ＯＡ）と呼ばれる事務部門の機械化の時代に入りました。これは「便利な時代になった」というふうに一般には安易に考えられていますが、手放しで喜べることでしょうか。まず、コンピューターとは何か、ということから考えてみたいと思います。

記憶し、蓄積し、統合し、分析し、検索するコンピューター

コンピューターの開発は一九四〇年代、第二次大戦中の暗号の解読に始まったと言われます。最初は複雑な乱数を計算する（コンピュートする）ものとしてつくられたわけですが、そのうちに、より重要な性質が着目されるようになりました。例えば123×456という簡単な計算をするときも、まず123という数

値を記憶しなければ計算ができないわけですが、これは「情報を記憶する」能力を示します。情報を記憶する記憶装置の改良が進むにつれて、コンピューターは「計算する」機械という以上に、「情報を記憶し、蓄積する」機械として珍重されるようになりました。

情報は、蓄積され、統合され、分析され、判断されて「知識」になったときに力となる。そのゆえに古来、情報は財力・権力を傾けて収集され、蓄積されてきたと申しましたが、コンピューターは、単に情報を記憶し蓄積するだけでなく、検索、統合、分析、判断などの能力も持つものになってきました。大量の情報のうち、取り出したい情報を選別し、関連する項目をまとめて提示する「検索力」、いくつかの情報を寄せ集め、統合して新しい情報をつくる「統合力」、情報をさらに細分化する「分析力」などを持つとともに、「シミュレーション」と呼ばれる試行錯誤の力さえ持つようになったとき、コンピューターは、一人の人間の何百年、何千年分もの考察さえ可能にしました。

こうしたコンピューターは、当然、非常に高価なもので、特に初期には権力財力のある者だけが所有することができました。情報の南北格差は、こうしてさらに飛躍的に大きなものになりました。

どんなに大量の情報を持っていても、情報処理が下手ではすぐれた知識にはなり得ないのですが、権力や財力のある側は、大量の情報の蓄積に加えて、その情報を処理する機器を独占的に持つことができるようになったわけですから、それは従来の資本の差どころではない大きな差となり、さらに幾何級数的にその格差が拡大することになったわけです。しかもそれは、当初の予測をはるかに超えるものになっていきました。

南北格差を飛躍的に拡大したコンピューター

情報が「財」だという考え方は、欧米には比較的古くからあり、個人の情報は個人の財産と同じもの、したがって他人はみだりに侵してはならないとされるとともに、民主主義が進むにつれ、支配層が秘匿しがちな政治・経済等の情報は、公共の財として開放されるべきだという考え方も進展してきました。「財」としての情報を支配階級だけが独占的に持つことによってその支配力を再拡大してはならない、人民が関与しないところで人民の生き方が決められてはならない、政策決定のための資料や審議のプロセスはできるかぎり公開されるべきだという考えは、今日の情報自由法や情報公開法の基礎になっているわけですが、「情報は財」という場合の財の意味が、情報化社会ではさらに大きく変わったわけです。以前でさえも大きかった「財」としての情報の意味は、生産性向上や省資源に直結するものになった。さらに、情報処理機器によって加工された「情報」をデーターベースに蓄積し、商品として輸出することさえ可能になった。つまり情報は「資源」にさえもなったのです。経済学でいう「財」とは、石油・鉱石などの天然資源を主とする「資源」と「労働力」「資本」の三つですが、「情報」が「資本」であるとともに「資源」にもなることによって、産業構造の根底が揺らぐことになった。まさにコペルニクス的転回と言ってもいいと思います。

従来、工業先進国は、工業資本という「財」を持つことによって、発展途上国から輸入した天然資源を加工し、高い加工品を売りつけていたわけですが、コンピューターという「財」を持つ国は生データを世界から集め、加工（情報処理）して輸出し、莫大な付加価値を得ることができるのに対し、持たない国、持てない国は、自分の国の産業が成長発展する機会で遅れをとるばかりでなく、コンピューター利用の対価を支払わなければならないわけですから、貧富の差は途方もなく拡大することになります。

この問題にいち早く反応したのは、いわゆる第三世界の側でした。世界の富の七〇％、商業の八〇％、工業の九〇％が、世界の人口のわずか四分の一の北側諸国に占められているのに、さらに「情報」の一〇〇％を占有されたのでは、死活にかかわる問題です。まず情報化問題を考えるスタッフの養成から始めようと、一九六一年十一月、IBI(Intergovernmental Bureau for Informations=政府間情報化機構)会議をローマで開き、国連、ユネスコの援助のもとに、四〇か国が加盟、情報化担当政府職員の情報交換と職員の訓練を行うことなどを決めました。さらに一九七八年八月には、スペインのトレモリノスでSPIM会議(情報化戦略・政策国際会議)を開き、第一世界と第三世界の間のデータ流通の不均衡、主権や国際収支に国際データ流通が与える影響などを討論しました。経済情報を含む国際情報にいち早くアクセスでき、大量に情報を蓄積している側とそうでない側との不均衡を正そうとしたものです。また一九八〇年六月にはローマで国際データ流通政策に関する世界会議が開かれましたが、海底ケーブルなど、国際的通信網を各国が公平に使うにはどうすればよいか、データの秘密をどう保護するかなどを討論し、作業部会を設けて引き続き検討を行っています。

人間の尊厳が問われる時代に

情報に関する南北問題は、南の国々だけでなく、北側の諸国の間でも、持てる国(アメリカ)と持たざる国の格差が問われています。国際的経済問題調整の西側先進国クラブと言われているOECD(経済協力開発機構)では、一九七六年十月、情報政策グループ(IPG)とコンピューター利用グループ(CUG)を設けるとともに、情報・コンピューター・通信・政策作業部会(ICCPws)を設け、検討を続けています。

また、南北格差の拡大だけでなく、科学と人間との問題、情報の機密保護の問題なども国際的にクローズアップされるようになりました。一九七四年、国連事務総長は、『人権と科学技術の開発——人間の諸権利に及ぼすおそれのあるエレクトロニクスの利用及び民主社会におけるその利用に課せらるべき制限』という報告書を発表しましたが、科学の限りない発達が、究極的には人間をおびやかすものになるのではないかということも、深刻に憂慮されています。また、例えば図書室一杯くらいの情報を、文庫本一冊程度に小形化することも可能になったことは、情報の流出、盗難をも可能にし、その安全保護が緊急の課題になっています。収集し、蓄積された個人・非個人の情報の機密をどう保護するかも、世界的な課題で、一九六九年以来、OECDでは、データバンク・パネル政策研究が行われていますし、七七年九月にはウィーンで国際データ流通とプライバシー保護に関するシンポジウムが開かれました。七八年二月にはICPPの下に「越境データ障壁とプライバシー保護に関する政府専門家グループ」が設置され、八〇年九月には、『プライバシー保護と個人データの国際流通についてのガイドラインに関する理事会勧告』『情報活動、エレクトロニクスと電気通信技術——雇用・成長・貿易に及ぼす影響に関する報告』が出され、個人データのプライバシー保護の指針や、非個人データの国際的流通に関する法的・経済的問題の調査がすすめられています。

世界は、今、燃えたぎるるつぼの中に入り、新しい技術、それに対応する新しい法制、経済的秩序が問われているといっても過言ではない情況に入ったわけです。

女の地位も情況も激動

では、この情報化社会は、世界の人口の二分の一を占め、総労働時間の三分の二働きながら、報酬は男の十分の一、財産は百分の一という女に、どのように影響するでしょうか。日本の情況だけを見ても事態は深刻です。

まず、コンピューターを保有しているのはほとんど一〇〇%男性。この意味で男女の南北格差はますます拡大再生産される危険があります。一方、情報処理技術者は、パンチャー、オペレーター、プログラマーといった単純作業はほとんど女、システムを組んだり解析するシステムエンジニアはほとんど男。

情報処理業界ほど男女の役割分業が固定化しているところはないといってもいいくらいです。電算機が導入されたころ、「これこそは女性の新しい職域」と、数学系などの女性が殺到したものですが、残業規制のある女性、伝統的に機械に関心を示さない女性は、たちまち職域から後退し「女性はシステムエンジニアには向かない」という定説さえつくられた観があります。情報処理要員の絶対数の不足で、この一、二年は大卒女子の採用が急増してはいますが、いわば高卒男子の代用品というのが実情で、幹部候補を育てる熱意は感じられません。企業のトップ・シークレットがコンピューターというブラックボックスに入れられる中で、女が情報にアクセスすることは、ますます難しくなっている情況です。

単純未熟練労働力として若い女性を歓迎していた工場の多くはオートメ化し、女性ばかりか、人間そのものをほとんど必要としなくなりました。かつて日本を代表した工業製品、トランジスタラジオは、日本女性の器用な手先から生まれたと言われたものですが、トランジスタに代わるＬＳＩ（大規模集積回路）は超小形化されるとともに、人手には負えない細密なものになりました。顕微鏡を使って作業していたＩＣ（集積回路）時代には二日に一個、ロボットが作るＬＳＩは一個が三〇秒、一時間に一三〇〇個も生産されます。女性の指先の繊細さや、単純作業に耐える忍耐力、持続力などが評価されたのは、もはや過去のことになりました。

機械化はオフィスにも忍びこみ、女子の大量整理が始まっています。すでにＮ証券では女子社員千人の整理を決定、実行に入っています。男が電話で受注した情報を女が伝票に整理していた従来の業務は、電話機と同じくらい簡単に操作できる端末機で、受注者自身がすぐインプットできるようになったのです。

しかし、この種の記事は新聞にはのりません。大広告主である大企業の情報はのせないのが商業紙の常識ですし、「整理」と言っても、大げさに馘首する必要はないのです。毎年三百人は採用していた女子の採用を三年間中止すれば目標は達成できると人事部では計画しています。結婚・出産による自然退職は企業の思惑どおりの数字を示し続けており、人事部の目算はどうやら成功しそうです。

静かにすすめられている女子の雇用構造の変化に、労組婦人部もまだほとんど対応していないように見受けられます。しかし対する体制側は、家庭基盤の充実、育休制推進……と、着々準備をすすめています。行革では保育所予算が削られることになりました。ベビーホテル予算の新規計上が華々しく報道される蔭に隠れて、この問題も見すごされようとしています。すべての運動がそうであるように、後手に回ってからでは遅すぎるのですが……。

といって、「電算化反対」の声をあげるだけでは、十八世紀の産業革命の「機械打こわし」にも似ています。技術革新とは、既成の価値観の陳腐化を意味します。十進法で育った四十代、五十代の中堅男性社員がプログラム一つ組めないのに、高校を出たばかりの若い女性がらくらくとシステムを組む姿も見られるようになりました。女性の進出に、いま一番おびえているのは窓際族でしょう。「女子労働者の問題は即、男子労働者の問題」と訴え続ける声に耳を貸さなかった労組も、かつて女子労働が負った問題を「全労働者の問題」として再考するようになるかもしれませんし、日本的特性とされた終身雇用制や年功序列制も、このへんから崩れていくかもしれません。そして崩れる制度とともに、社会や職場に根を張る男尊女卑の強固な通念も揺れ動く可能性がないとは言えません。いつの時代でも、社会が激動するときには階層が入れ替わります。既成の価値観、既成のシステムに組み込まれていない女の側のほうが、こうした時代には、かえって有利になる可能性も皆無ではないと言えましょう。しかし、事態を深く知り、広く展望することなく、座して待つだけでは、情況を有利に展開させることは到底望めないどころか、新しい社会システムの中で、従来にもまして不利な情況が固定化されることが十分想像されます。

主体性のない情報選択は身を誤らせる

情報の「南」にある女が、そこから離脱する方法を考えるとき、思い浮かぶのは日本の近代化の過程です。

「藩」という小さな枠の中に細分化し、国内情報も国外情報も徹底的に封鎖したうえに続いた徳川三百年の泰平に対し、明治政府は「知識ヲ世界ニ求メ」「万機公論ニ決スヘシ」と、国内情報・国外情報を共に開放し、情報後進国から離脱することによって体制変革の精神的基盤にしようとしました。

明治政府が同時に心がけたのは、「国民皆教育」、つまり情報の受け手の感度を高めることでした。情報先進国に追いつき追い越すために、これは非常に有効な方法だったと思いますが、日本が絶対主義体制に移行する中で、維新の理想は、富国強兵主義に変わり、教育によって情報への感度を高めた国民に、教育という情報活動を通じ、徹底した「忠君愛国」が刷り込まれ、それはそのまま侵略戦争の精神的基盤になりました。

この軌跡は、女にとって大きな教訓を含んでいます。南北格差の是正を、「北側に追いつき追い越すこと」ととらえるなら、近代日本が犯した同じ過ちを犯すことになりましょう（これは、男女の格差是正のすべてについて言えることですが——）。

情報の南北格差是正とは、情報の質的・量的偏在を是正し、情報を創り、送る立場を公平に頒ち合い、情報処理機器を共有し、情報を受けとるセンサーの感度を等しくするということ、そして何よりも、情報を受けとる主体の、主体性を確立するということではないでしょうか。

ここで注意したいのは、格差を是正する目的が「何のため」かを明確にすることだと思います。ただ感度だけを高めて主体がなければ、「撃ちてしやまむ」の号令に引きずられたのと同じ愚を繰り返すことになりましょう。

日本の女性の教育レベルは、いま世界でも最高の部。義務教育は徹底し、女の九五%が高卒、情報の受け手としての感度は十分に高められているはずですが、では、なぜ富士見病院事件のような悲劇が起きたのでしょう。

富士見病院については①デラックスで快適な設備②最新科学装置がある③この病院で受診するのは社会的地位の高い人④医療の内容には問題……など、さまざまな情報がありました。その中で①―③の情報を重視し、だから④についても安全と判断した結果、手術を受けたということも考えられます。自分にとって一番大切なことは何か。生命の尊重、生命を守る適切な医療……という考え方が前提にあれば、どんなに最新の、どんなにデラックスな設備であろうと、そういう情報にはまどわされることはなかったのではないでしょうか。

新憲法で男女が平等の教育を受けられるようになったのはすばらしいことですが、「なぜ平等であらねばならぬのか」を、ここでもう一度考え直さないと、たくさんの情報を受け取っても、それを、自分の生命を守る「知識」に昇華できないのではないでしょうか。

明治政府が「女にも義務教育を」課したのは、「知らしむべからず」から離脱する大きな一歩ではありましたが、実際には「女は義務教育だけでよい」ことになり、格差を固定したこと、情報に対する感受性がある一定の枠内にとどめられ、情報を選択する主体としての「個の確立」がないままに「忠君愛国の兵士を支える良妻賢母」が疑いもなく大量生産されていったことを、決して忘れてはならないと思います。

情報の「南」にある女として

世界の産業ロボットの七割が日本にあり、日本のファクシミリの数は全ヨーロッパのそれを超え、コンピューターの数はアメリカに次いで世界第二位。いま日本は、まぎれもない情報化先進国、そのうえにGNP二位の基礎も築かれています。情報最後進国であったがゆえに、あくなき情報の収集と蓄積を追求した日本。世界の既存のシステムに組み込まれていなかった国、スクラップ・アンド・ビルドが可能な木と紙の文化の国、職業的身分が固定化していない国として、新しい情報を容易にとり入れた日本の情況は、女のそれに、ある意味では大変よく似ているように思われます。社会が流動化するときは、既得権を持たない者のほうがかえって変わり身が早く、新しい社会に順応できるともいえます。長い眠りの中で蓄積されてきた女のエネルギーは、情報化社会という新しい社会の中で、爆発的にその力を発揮することも不可能ではないかもしれません。

しかし、私たちの中に、いま、どれほどの巨視的展望があり、私たちにどれほどの主体性があるのでしょう。機械との対決が迫られている時代に、人間の、人権に対する思いがどれほどあるのでしょう。残念ながら、「情報化社会」はおろか、「情報」ということにさえ何の問題意識もないのが女の現状ではないでしょうか。

情報過多時代は、情報過疎時代を意味します。氾濫する情報は、一つ一つの情報の意味を希薄にします。情報量が少なければ、人は情報に対してハングリーであると同時に、その真偽に対しても敏感であり得ますが、情報に対して飽和状態であれば、貴重な情報も見のがします。一方、主体性のないところには、マイナス情報やゼロ情報が容赦なく入りこみ、占拠します。

どんなに情報を収集しようとしても、人間一人の持ち時間は一日二十四時間。一人ひとりの脳細胞の容量にも限度があります。無意味なうわさ話や、後手後手の情報に、一人ひとりの貴重な頭脳を占拠させてはならないと思います。どれだけ良質の情報を入れ、それを流通し合えるか。――私たちを取り巻く情況は刻一刻変化し、予断を許さない。主体的な情報選択が今ほど要求されている時代はなく、それは「南」の側にとっては死活にかかわる問題だろうと思います。

コンピューターは巨大な両刃のやいば

電算化は人間にとってプラスになるのかマイナスになるのか。一般に「革新」と呼ばれる側からはそのマイナス面が強調されています。たしかに「点」としてはその意味が見えにくい情報も、蓄積され、統合されると、性格が明確になります。世界各国でプライバシー保護の立法化が急速に進んでいるのも当然です。コンピューターは人間が生み出した機械であり、人間が主人公にならなければならないはずなのに、住民不在の中で「住民登録」の機械化が先行するなどはもってのほかのこと。住民側からの運動を繰り返す中でプライバシーの意味を強く問わなければならないと思います。同時に、ブラックボックスの中に封じ込められる危険のある官公庁の情報を公開する要求も、情報化社会のいま、さらに重い意味を持っています。

産業界は、合理化が労働の側からの強い反対を押し切って強行されてしまった今、むしろそれを肯定する姿勢さえ定着しかかっているように見受けられます。ロボットや数値制御装置に席をゆずったしわよせを受けたのは、結果的にはほとんど女子労働者でしたから、問題がどれほど重大なことか、男子労働者を幹部とする労働組合には、痛覚として受けとめられていないのかもしれません。私はしかしコンピューターとは、マイナスの極にもプラスの極にも大きくひろがる両刃の剣だと思います。そしてここで最も警戒しなければならないのは、元来、人間のダーティな仕事に代わるものとして開発されなければならなかった機械が、利潤追求・生産性向上のために開発・改良されてきたという事実です。しかもこの問題にセンシティブな人たちが、「電算化反対」に短絡し、反対運動に情熱を傾けている間に、資本の側は着々と機械化を実現してきました。労組も、革新政党と呼ばれる側も、何をしているのかと、この二十年間、私は心痛しつづけてきましたが、女はさらに何と長い間、この問題から目をそらしつづけていることでしょう。

「筋力に劣る」ことが労働力としての女をおとしめていた情況は、機械化によって大きく変わろうとしています。それは今まで就労できなかった身障者や病弱者の就労も可能にするものでもあります。問われなかった女の「知力」が評価される時代になるかもしれません。しかし機械の開発の速度は、人間の思考をはるかに超えた速さで進んでおり、現実には女子のパート化が着々と進行しています。内職さえもロボットに肩代わりされようとしています。従来、泣きどころだった品質管理が容易になり、コストも低減するためです。さらに軍事力にも原発にも、機械は惜しみない助力をします。

電算機の危険だけに目を奪われてよいか

好むと好まざるとにかかわらず、LSIの量産化はすでに実現しました。すべての物価が高騰する中で、コンピューターだけは値下がりを続けています。LSIをはるかに超える能力を持つ超LSI（超大規模集積回路）も開発されました。真空管がトランジスタに、トランジスタがICに、ICがLSIにとって代わられたように、超LSIがLSIに代わるのは時間の問題でしょう。新しい機械はさまざまの「便利」を人間に供給しています。ガスや電気を使うことを（それがどんな危害性を持つものであるにせよ）もはや人間がやめられないように、歴史の歯車は、恐らく後へは戻らないでしょう。

だからこそ、今ほど「人間とは何か」が問われている時代はなく、人間の、基本的人権を、今ほど想起しなければならない時代はないと思います。

「情報公開法」や「国民総背番号制反対」に結集する市民運動を、そのゆえに私は高く評価するし、情報化時代の、最も不可欠な運動だと考えます。それだけに、「知る権利」と「知られたくない権利」という、本来「人権というコイン」の両面のような二つの権利を守る運動が、別々に行われ、後者はその意図に反して、「電算化反対運動」であるようなイメージを与えていることを残念に思います。

情報を収集し、蓄積することは、コンピューターを使わなくても権力、財力を持つ側にとって容易なことで、戦前戦中の特高警察の例をひくまでもありません。たとえば図書館の閲覧カードを意図的に集めることによっても〝注意人物〟は洗い出せるでしょう。コンピューターの危害性については、どんなに考えても考えすぎではないと思いますが、「電算化」の即物的な危険だけに目を奪われる危うさも、私は思わずにはいられません。

個人的な情報をインプットされることは「精神の入れ墨」と吉武さんは表現されました。まことに適切な比喩だと思いますが、精神の入れ墨は、今に始まったことでしょうか。

人間の脳細胞に刷り込まれた情報は容易に消えない

「コンピューターに入れられた情報は決して消えない」と、反対運動の側からはよく言われます。たしかにコンピューターは、一度インプットした情報は「消せ」という命令を出さないかぎり記憶しつづけますが、命令すれば消すことはできますし、完璧に消すことも、部分的に消すこともできます。むしろ消えにくいのは人間の脳細胞に刷り込まれた情報のほうではないでしょうか。失恋の痛みをどんなにいやそうとしても当分いやしがたいのは、記憶を消せないからです。

「女は何もできない」「家事育児は女だけの仕事」など、女にとって不利な情報は、男女を問わず各人の脳細胞に、はかり知れないほど多量に蓄積されています。その蓄積された情報を基に、女も男も行動しています。これが「精神の入れ墨」でなくて何でしょうか。

人間は生後二年間に、その脳の配線（プログラミング）の基礎ができると言われますが、その間乳幼児に接するのは、ほとんど母親だけです。子に対する絶対の支配者、そして限りない奉仕者として、母親だけが子どもに「情報」を送り、脳にプログラミングして偏りはないものでしょうか。「育児は男女の共同責任」とは、「世界行動計画」「後半期行動プログラム」「女性に対するあらゆる形態の差別撤廃に関する条約」「ＩＬＯ一五六号条約、一六五号勧告」のすべてで強調されていることですが、「情報」の断面で切ってみても、意義深いことに思われます。父親も母親も、権威と愛の両面の情報を均等に子どもに与えるとき、子どもの脳の基礎的な配線は、より偏りのないものになるのではないでしょうか。

女の子にはピンクの、男の子には青い毛布を与えるなど、親の側から送っている無意識の情報はほかにもたくさんあります。喫煙によるニコチンが一定量に達したとき肺ガンの危険が生じるように、私たちは無意識のうちに危害情報を送り、無心の子どもに、そして自分の精神に「入れ墨」をしているのではないでしょうか。

主婦は変わりにくいと言われます。自分に刷り込まれた色濃い入れ墨は、家庭の中にとじこもっていただけでは見えにくいためでしょう。そうした入れ墨を消す意味もあることを知って再就職するのと、そうではないのとでは、大きなちがいを生じましょう。そしてその入れ墨をはがすことは、いわば入れ墨された皮膚をはがすことであり、どんなにヒリヒリと痛みを伴うものであるかも覚悟しておきたいものです。

「電算化」に目を奪われて、「情報」の持つ本質的な意味を忘れてはならないと思います。

情報化社会のいま、私たちは

もちろんコンピューターのはらむ危険も、どんなに考えても考えすぎではありません。それが月世界への旅行を可能にした十二年前、人類は双手をあげて祝福しましたが、いま無数に打ち上げられている宇宙衛星は何を意味するものでしょう。

観測衛星からは地上十五センチのものがすでに識別されていると言われます。どこにどんな資源があるかはおろか、成田空港から飛ぶ人、降りる人の顔も、もちろん手にとるようにわかるわけです。しかもそうした情報は、今のところすべて超大国に独占されています。ファントムを何千機購入しようとも、戦わずして勝敗は明らかです。気やすめにすぎない軍備に、福祉や教育、医療などの予算を奪われていいものでしょうか。

一方、意図的な情報の伝送、徹底したインプリンティングの準備も、教科書攻勢などの形で始まりました。戦前ほど露骨でない、見えない形で、情報による戦争準備がすすめられる可能性も大いにあります。生物のすべての細胞は情報のレセプターを持つことが、明らかになってきたようですが、無意識のうちに特定情報を刷り込む方法も、極秘裡に研究されているかもしれません。

かつての軍隊は、人間を「人殺しの兇器」に変えるために、まず徹底して個人の感性を磨滅させる方法をとり、感性を失った人間に、人殺しの方法を教えました。先ごろＮＨＫで放映された『婦人自衛官』は、入隊してわずか五か月の女子大出身者たちが、見事な幹部候補生に変身した姿をありありと見せました、が、「情報」の作用の恐ろしさは、戦前と戦後の日本人では、同じ民族、同じ人種とは思えないほど、考え方がちがってしまっていることでも明らかです。「情報時代」そして「情報化社会」の意味を、私たちはもっと前向きに追求し、「あるべき女像」を他者から与えられるのでなく、私たち自身で創り出さなければならないと思います。

「つくられた女像」の補正のために、マスコミに多数の女が参加しなければならないことを「世界行動計画」は打ち出し、「後半期行動プログラム」はさらに具体的にその方法を示しました。巻末の資料を熟読し、その実現に向けて具体的に行動しましょう。

情報の発生源（すなわち社会活動の主流）には女性はほとんど姿がなく、情報の送り手の九七％は男性によって占められています。情報の南北問題は、女にとって死命を制する問題です。

情報の南北格差是正は男女平等の基礎

「世界行動計画」も、「女性差別撤廃条約」も、その前文で、「新国際経済秩序の確立」なしには男女の平等はあり得ないとうたっています。人口の四分の一にすぎない北側が富の七〇％を占めるという、国際的な富の配分の不均衡の上には平等はないことを確認したわけです。「新国際経済秩序」が国連で採択されて七年、南北問題の是正を目指す「国連開発の十年」は、一九六一年にスタート、すでに今は「第三次国連開発の十年」に入っていますが、私は、これに続いて問われるのは、恐らく「新国際情報秩序」ではないかと思っています。「情報」が社会の要因となった今、その南北格差は戦争への危険をはらむものであり、大小国家・人種・民族・性、あらゆる平等の根底をゆるがすものとして、徹底的に追求されることになるでしょう。

女が情報を流すことはおろか、情報に近づくことさえ非常に困難だった戦前とちがって、少なくとも法の上では、私たちはいま男女同権です。それは男と同じ責任を持つことも意味します。情報に鈍感であり、それを知識として昇華できず、差別や、その行きつく果てとしての戦争をもしも許すことがあれば、女も、その責任からのがれることはできません。「無知の責任」の意味を、今こそかみしめたいと思います。

木の葉のそよぐどんなささやかな音も聞きのがさないだけのセンシティビティを持ちつつ、どんな大風にも倒れない人権と自立と自治の根を大地に深く張り、自分がどこにい、何をしようとしているのか、何が大切なのかをしっかりと見すえたい。人間あってこその情報、情報は生存の要因であることを、最後にもう一度くり返したいと思います。

(MINI 57 号 1982/01)

刺さるつらら

深い雪の向こうにつららが見えます。硬く長く重たげなつらら。つららの下で遊ぶ子どもたちは無心です。その父親がもう決して帰ってこないことも知らずに……。テレビの画面でみる夕張のつららは、私の胸に深く突き刺さりました。父を失った子どもたちの母はこれからどう生きるのだろう。子連れの母にどんな仕事があるのだろう。

同じ日、新聞の小さな記事。「私は今は子を産まない」――ポーランドの若い母の声でした。「産んでもミルクもおむつもありませんから」

暮れのつらい話は消し去るように、新春のテレビには華やいだ声があふれています。でも、同じ地表に、暗く重たい新年を迎えた女たちがいるかぎり、屠蘇はにがく感じられます。

事件があると浮き彫りになる日本やポーランドの女たちとちがって、事件など何一つなくても生きがたい女たちもたくさんいます。「今でも女は牛や馬と同じように金で売られるのですよ」とコペンハーゲンのフォーラムで語ったギニアの人。「日本の女性解放運動の人たちが買春観光に反対しても、私たちにとっては何の救いにもならない。アジアの女たちを搾取する経済の仕組みそのものを変えることに協力してほしい」とつぶやくフィリピンの人。

身の周りを見わたすだけでもつらい話が多いのに、世界の女たちのことを思うと、心がなえてしまいそうです。しなければならないことの大きさの前に、する力は何と小さいのでしょう。

会費が送り込まれた振替用紙を一枚一枚、ありがたくおしいただきながら、一人ひとりのお金にこめられている重みを感じます。どうかがんばって…と、ほとんどどれにも書かれているけれど、ことし私たちはどんな『あごら』をつくり得るのでしょう。ともかく、こめられた重みを精いっぱい受けとめて、ことしもできるかぎりのことをするほかないと思うのですが……。


（26号 1982/07）

20万人が反核の思いを 3・21ヒロシマ行動

——反戦・反核　空前の高まり

平和公園に近づくと、機動隊の灰色の車が見えた。何台も何台も取り巻いている。

「あれはみんな税金なんですからね」

渋滞してアリの歩みの車に何度も舌打ちしていた運転手氏は、吐き捨てるように言った。「お祭りさわぎなんかやることはないいんだ」

あまり気色ばんでいたので、「なぜ」ということばをのみこんだ。3・21はヒロシマ市民の熱い思いに支えられて、ではなかったのか。

機動隊の横をすり抜けて公園内に入ると、弁当をひろげている人がいる。寝そべっている人がいる。走り回る子どもたち。

ホッとした。八〇年、コペンハーゲンの女の祭りで目をみはったピクニックふう集会が日本にもあったのだ。

メイン・ステージからは歌声が流れていた。とりどりのゼッケンをつけた男たちが、からだを揺すりながら和している。ステージ近くには、なぜか女は少ない。

ぎっしりと身動きできないほどの人びとの頭の上を、力強く、時には切々とアピールが流れる。春とは思えない、強い陽ざしをまともに受けて、スピーチのあいだ中は、誰ひとり揺れない。陽ざしをはじき返すような、強いまなざし。

話の切れ目になると、何人かがざわざわと立つ。若者のひろば、語り部のひろばなど、五つのひろばの、ほかのどこかものぞきたいのは人情。

移動しかかる人波の上にアナウンスがひびく。只今十八万人が参加。内わけは平和公園〇〇万、△△ひろば△万、××ひろば×万、移動中の人三万。最後のひと言で、ドッと笑い声。二十万の大台にのせたい主催者側のココロ、わかるなあ。

*

むせ返るようなメイン会場に比べて、語り部の広場はひっそりしていた。被爆の話、東京大空襲の話。しいんと聞いている。今も残る傷あとを示す人たちの、心の傷は、さらにどんなに深いことだろう。

ふたたび平和公園に戻る。「きいてください」をつくった、十七歳の女子高校生がマイクの前に立つ。あどけない中にもキリッとしまった顔の被爆二世。カメラの放列。

菅原洋一さんが歌唱指導する。ママさんコーラスの懸命な表情。あんまりすてきな歌なので、歌詞を紹介しておこう。
悲壮でなく、サラッと詩っただけに、かなしみがかえって胸に沁みる。

きいてください

一、きいてください　風の声を
忘れないでと　つぶやく声を
炎のなかに　愛する人を
奪われた日の　その涙を
きいてください　やさしい風の
忘れないでと　つぶやく声を
二、きいてください　波の声を
くり返すなと　ささやく声を
炎のなかで　あかるい明日を
うしなった日の　そのいたみ
きいてください　やさしい波の
くり返すなと　ささやく声を

いつのまにか小さな中学生たちがステージを囲んでいた。女の顔もふえている。みんな大きな口、大きな声で歌う。ああ、やっぱり市民の祭りだった。

祭り。まつる。祈る。反戦の思いをこめて祈る。

すがすがしい祭りを、紀平悌子さんが、緊張した表情で締めた。

すきとおった女の声が、広い会場のすみずみまで流れた。風船が空に舞い、たゆたいながら小さく消えていった。


(27号 1982/12)

近ごろ心にかかること

そのグループを訪れようと思ったのは、案内の手紙の一行に心惹かれたからだった。

「私たちのグループに、もし実績というものがあるとすれば、かかわったすべての人が変わった、ということでしょうか」

東京近郊の、ある都市を、胸はずませて訪れた。
二、三十代、十五人ほどの、どの人も、輝くまなざしをしていた。私はうれしくなり、「平日の午前中に公民館で学習会をお持ちになれる皆さんは、恵まれた方々だと思いますが」と口を切った。
これが、思いもかけない反響になった。

質疑応答に入ってから、質問はすべてその一点に集中した。

「恵まれているとは何ごとか!」

急いで帰る、という一人は、突っ立って鋭く問いかけた。

「一つだけ聞いて帰ります。あなたは子どもがいますか。結婚してますか」

私は不用意な人間だが、それでも、近ごろは、かなりことばを選ぶことにしている。直球を投げたつもりが、フォークやナックルとして受けとめられ、投手の思いもしなかった〈効果？〉を生むという経験を重ねたからだ。

でも、このグループはちがうと思っていた。少なくとも自己変革した女たちだ、と。

「刺さった」ということばの嵐をくぐりぬけて、私はやっと言った。

「正直に言って、とてもショックです」

時間があまりにもなかったので、その夜、私は責任者に手紙を出した。

「〝恵まれている〟というのが、なぜ、そんなに刺さるのでしょう。私は、もし自分が、〝あなたは恵まれている〟と言われたら、〝そうです。たしかに恵まれている部分がたくさんあります〟と答えるでしょう。私は自分の〝恵まれている〟部分が少しずつ見えるようになったとき、その対極にある〝恵まれない部分〟も、少しずつ見えるようになった気がします。それが私の反戦です」

ことばたらずの部分は、もし必要なら、手弁当でも駆け付けて補足したい、自分のことばにはどこまでも責任を持つ、と書き添えた手紙に、さっそく電話があった。

「次の週、みんなでお手紙をもとに討論しあいましたけど、やはり納得できない人が多くて」

来てほしいという。反戦を「女は子を産み育てる性だから」当然、という言い方は、あまり好きではない、と言った私のことばにもひっかかっている人が多いという。

ちょうど『あごら』の追い込みで、秒という時間が惜しい。せめて十二月にしてほしいと頼んだが、「十二月は主婦にとって忙しい時期、どうしても十一月中に……」と、電話の主は言い、「こういう言い方をするのは、恵まれているからでしょうけれど」と苦笑した。この問題はゆるがせにしたくないので、できるかぎり時間を整理してみるけれども、十一月中に時間をつくれるかどうかは約束できない、指定日の前日にもう一度電話する、と答えて電話を切った。

＊

ひとたび「主婦」が話題になると、なぜこうもいろめき立つのだろう。

さまざまな集会で、「主婦」が話題になるや否や、「家事労働も賃金に換算すれば月額二十万になる」「外で働くことだけがいいことか」といったたぐいの声がたちまちあがり、同調する拍手がわき起こるのを、私は何度も目撃してきた。

こうした光景を見るたびに、いつも切なくなる。働いても働いても決して正当に評価されない主婦労働への不満、かといって女に就職口は少ない現実、「食わせてやっている」という夫への屈辱感等々を、感じないではいられないからだ。

そこにはまた、「女なのに外で働く人」への怒りもある。「女は家にいるもの」を基礎としてつくられている社会は、ひとたび女が家をるすに外働きを始めると、音立ててきしむ。「共働き家庭の周囲十軒に被害が及ぶ」と形容する人もいる。

しかし、その現状は、働く女に敵意を向けることで変わるのだろうか。主婦こそ人間的、と強調することで解決がつくのだろうか。

そのグループでも、一人が胸を張って言った。「働きすぎの社会だから、私は働かないで抵抗しています」

「あなたが働かないことで、働きすぎが是正されますか?」と私が問い返したとき、その若い母の顔は歪んだ。「それはそうだけれど……」と、答えた声はくぐもっていた。

＊

〝恵まれている者の裏側に恵まれていない者がいる〟と私が気づいたのは、子どもが二歳になった時か、三歳になったころか。

子を持ったとたん、私は自分が生きやすくなったことを感じた。少々のヘマがあっても、「小さい子がいるから」と許される。署名集めに歩いても、「子連れのお母さんが一所懸命やってることだから」と信頼される。「子ども」という大きなくんしょうを胸にぶら下げて、私は大得意だった。

しかし、ある日、私はふと思った。「なぜ子どもがくんしょうになるのだろう。子どもがくんしょうになる裏側には、くんしょうを持たないために、肩をすぼめて暮らしている人たちがいるのではあるまいか……」

子を持つ女が加わった集まりでは、いつも、自然に、話題は子どものことに移る。子どもを語る母たちは、何と生き生きと美しいのだろう。飛びきりの子ども自慢。いたずらで困る、といった表現のなかにも、そこには子ども自慢があふれている。――だからこそ子どもは育つのかな、と、子を持ってはじめて、思ったことであった。

そんな話題に、いつも加わらない人がいた。

その人と、ある家を訪れた。歩き始めたばかりのかわいい女の子がいた。その人は抱きすくめ、語りかけ、帰る時間が来ても離そうとしない。はっと思いあたった。聞いてみた。

「赤ちゃん、置いてきたの？」

答える代わりに、みるみる涙があふれ出た。

離婚した、とはかすかに聞いていたが、そんな背景があったのか……。

離婚して、一人、大都会に住むその人は、「若い女だから安くて当然」という企業のなかで、企業批判をすることもなく、「働かせていただいてありがたい」「自分一人の身すぎは何とかできてありがたい」

と黙々と働き続けている。そんな彼女を、「働きすぎ」「母性的でない」と評していた、子を持つ女たち。くんしょうを持つ女たちは、くんしょうを持たない女を、何と平気で（それは、知らない、気づかないからだろうけど）足げにしていることか……。

母性は社会保障されて当然、ということは、裏返せば「母性をくんしょうにしない」ことのはずなのに、そこがなぜか連動していく仕組みを、私たちはほんとうに考えたことがあるのだろうか。

＊

明治以来の教育は、子を持つ母を賛美しつづけてきたが、その裏には何があったのだろう。

古い国定教科書で、私は「一太郎やーい」という話を習った。日清だか日露だかの戦争に征《い》で立つ息子を送ろうと、何里かの山道を駆け抜け駆け抜け老母がたどりついたとき、船はもう出ようとしていた。老婆は声をからして叫んだ。「一太郎やーい。家のことは心配するでねえ。天皇陛下のおんために命をささげるんだぞォ。わかったら鉄砲を上げろォ」

老婆の歳に近くなったいま、子を産んだ女として、私はその光景がありありと浮かぶ。老婆にとって言いたかったのは、「一太郎やーい」の一声だったのだと。「おっ母ァはここにいるぞォ、お前を見送りに来たぞォ」「聞こえたら合図せーい」

「天皇陛下のおんために」は、群なす兵士の中から我が子を見つけるとっさの知恵だったのかもしれない。が、ともかくその母の声は多くの兵士の胸を打った。居合わせた記者の胸も打ったのだろう。その話は「天皇陛下のおんために」の美談として教科書にのった。〝母性〟の手本となった。

「天皇陛下のおんために」いつかは〝兵器〟として戦場で役立つわが子を〝陛下の赤子《せきし》〟として、母たちは育てた。多子家庭は表彰された。育児に専念する母、外で戦う父、の構図のなかで、戦争は見事に遂行された。

そのことと、いま家事・育児に専念し、夫を後顧の憂いなく〝企業戦争〟に送りだす女たちと、似ているのか、似ていないのか。

*

私たちは、いま女だけで小さなプロダクションをつくっている。全員、子を持つ女たちである。幼児を持つ人が半数、夫の協力度は高いが、〝夫を支える女たち〟を背後に持つ男だけの、あるいは男を主流とするプロダクションに比べれば、何彼につけハンディは大きい。休日出勤、残業、徹夜もいとわない〝男の企業〟を主流としてつくられている日本の社会、しかも、〝やっかいでコストの引き合わない仕事〟は下請けに出すことで支えられている産業社会のなかで、私たちがせっかく創りだした〝毎週二回休日、週三十二・五時間労働〟は、名目だけのものになりがちである。骨のきしむ思いで、仕事と暮らしの両方を何とか支えようとしている私たちには、〝働きすぎ社会〟の屋台骨を支えている〝外では働かない女たち〟が、どうしても見えてしまう。

といって、その人たちを責めようとは思わない。ただ気づいてほしいのだ。自分が外働きしないでいられるのはなぜなのか、外で働いている夫は、何をしているのか。

かつて、扶養家族を支えるために、自分の志とはほど遠い（どころか、まさに裏返しの）企業で働いた日々、それは私にとって精神的売春だった。「女が働くこと」というテーマで、ある婦人学級でこの話をしたとき、「それではどうすればよいのか」という解答を、多くの人が「夫も妻も、家事もパンを得るための仕事も、頒ち合うこと」と、見つけた。私は最後に言った。「それだけで十分でしょうか。私には、すべての人が、家事労働も生産労働も頒ち合うこととともに、精神的売春をもたらすような企業の存在が許されなくなる社会になることがどうしても必要なように思われます」と。

「自分にとって、あの精神的売春とは何だったろうか」を考え続けてきた私の、これがいまの解答である。正解かどうかはわからないが、家事労働も社会的労働も、すべての人が、人として当然のこととして頒かち合うとき、精神的売春をもたらす企業の解体も可能となるのではあるまいか。

多くの男たちは、会社の帰りに一杯飲んで憂さをはらす。女たちは夫の帰りの遅さを怒るが、飲まずにいられない、やるせなさの中身を、ほんとうに考えたことがあるだろうか。

たとえコピーとりだけに終始したとしても、そのコピーとりの結果が、人間のいのちを豊かにすることにつながるなら、私には苦痛ではない。どんなに創造性に富む仕事をまかされても、自分の仕事の結果が、自分にとってどうしても望ましいことと思われないことにつながるなら、しかもそのことでパンを得るのなら、私にとっては精神的売春である。

女にとって〝恵まれている〟と映る、女よりは創造的な仕事に従っている男たちが、自分の仕事を、一種の精神的売春と自嘲しつつ、「仕方がねェや、女房子どもがぶら下がっているから」と自分に納得させている姿を、数えきれないほど見てきた。女たちは男社会を責めるのに急だが、その男社会を支えている自分自身を見たことはあるのだろうか。

＊

人はいざ知らず、少なくとも私は、「子を産み育てる女として」戦争反対を叫びたくはない。どんな戦争であれ、戦争は人間としてゆるされないこと、と、心の底から思うようになったからこそ、私はいま一人の人間として戦争阻止に必死なのだ。

若い人たちに言われた。「情報の第一線にいる斉藤さんには、いまが〝危機〟として映るのでしょうね」

私は答えた。「情報の第一線にいるわけじゃないですよ、私は。でも、あの十五年戦争に、幼児から少女への時期をまるごと黒く塗りつぶされて、戦争はどうして起こるのだろう、どうすれば戦争を予知できるのだろうと考え続けてきた私は、いま、全身を耳にして、目にして、鼻にして、戦争の音を聞こうとしているのです。その私には、もう戦争が間近だと、否応なしに聞こえてならないんです」

戦争体験がないからわからない、と多くの人は言う。戦争体験がなかったから、私は戦争に巻きこまれた。――私も長い間、そう思っていた。たしかに私たちは何も知らされなかった。しかし、それだけだったのだろうか。私たちは、ほんとうに知ろうとしたのか。知ろうとしない人びとの上に、「知らさない政治」は容易に敷かれたのではないのか。

私はもうスローガンでは語りたくない。

「戦争反対！」「優生保護法改悪反対！」「労基法改悪反対！」「家庭基盤の充実政策反対！」――スローガンを叫ぶ代わりに、その中身を、ひとつひとつ重く受けとめたい。

優生保護法改悪も、労基法改悪も、家庭基盤の充実も、女（だけ）への攻撃だろうか。その後ろにある、もっと黒い、もっと大きなものを、私たちはほんとうに見すえているのだろうか。「女への攻撃」ということばを使うことによって、「男にも加えられた攻撃」であることが見えにくくなっていはしないか。

「反対」という代わりに、私は心で受けとめたい。全身で考えてみたい。そして、わかる部分とわからない部分、自分にとって見える部分と見えない部分を明らかにしていきたい。

私が戦争阻止に必死なのは、誰のためでもない、自分のためだ。自分が気づいたこと、自分が見たこと、いま、こんなにもひしひしと感じている戦争の危機に、私の言えることば、私のできる方法の範囲にせよ、行動することを怠ったとしたら、私は自分が許せなくなるだろう。私の理由はそれだけだ。

＊

こんなことを、私は、あの人たちと話し合いたい。約束の時間をつくるためには、働く女は、眠る時間を削るほかない。しかし、眠る時間を削っても、それは大事なことのように私には思われる。それこそは、私にとっての反戦運動にほかならないから。

多数者は少数者を異端としてきた。状況の見えない者もまた互いに異端視し合った人間の長い歴史。恐怖や脅威は、異端者の存在と無関係ではない。同じ女でありながら、異端視するほど無益で不幸なことはあるまい。

通じるか通じないか、心をこめて話すことから始めてみたい。こちら側の状況を話すとき、向こうの状況も話されるだろう。そして私がまだ見ていない、見きっていないことが、少しずつ見えてくるのではないだろうか。

（27号 1982/12）

女たちは戦争への道を許さない！

この車の前に二本の木があるのが見えますでしょうか。皆さんから向かって左の木の下には南京大虐殺、右の木には東京大空襲の写真が飾られています。後ろのほうの方は、お帰りまでにぜひごらんになってください。

けさ早く、このパネルを並べながら、私は何とよく似てるんだろうと思いました。どちらも死んでいったのは庶民たち。どこにでもいそうな親父さん、お袋さん、子どもたち。

でも決定的にちがうところもあります。東京の人たちは、走って走って走りぬいて倒れた人たち。南京の人たちはじゅずつなぎにされています。東京の人たちが最後に見たのは、飛行機、火煙、焼夷弾。南京の人たちは人間だったでしょう。自分を刺しにくる人間は、そのときどんな顔をしていたか。彼らはどんな表情で刺す人間を見返したか……。

けさ、このパネルの前にたたずんで、いつまでもいつまでも見つめているおじいさんがいました。雨にぬれながらあまりいつまでも立ちつくしているので、聞いてみました。

「戦争にいらしたのですか」

「ああ、そうだよ。上海、徐州、南京……、みんなどこだって同じさ」

「上官の命令で？」

「上官？　そんなもの……」

誰が言うでもなく、集団として狂気になった、何も南京だけじゃない、あらゆる都市で狂気の限りを尽くした、と、ことば少なのおじいさんの、ことばの裏から感じとりました。

戦争に赤紙で召集した男たちを、軍隊はまず、あらゆる方法で人間性を剝奪したといいます。ビンタを食らわせ、体罰を課し、人間を人間でなくし、生ける兵器とした。そうでしょうね。人間のままでいたら、人間を殺せるはずがないでしょうね。

六年も戦場にいたというそのおじいさんは、やせて、寒そうな背中でした。何を聞いてもそれ以上は答えないおじいさんの、骨の浮き立つ背中を見ながら、人間でありながら人間でなくされた人の悲しみを感じました。

戦争は残酷ですね。戦争による女の悲しみは数えきれないほどありますけれど、戦争に征《い》かされた男も地獄の苦しみだったことでしょう。

ほんとうに何というバカなことをしたものだろうと思います。なのに、悔やんでも悔やみきれないその愚かなことが、また繰り返されようとしている……。第二回国連軍縮特別総会へ向けて、この春から夏、私たちは三千万もの署名を集めて持って行ったのに、総会は何の決議も出せませんでした。私たちが最後の希望を託していた国連さえも、もはや力を失ったいま、頼れるものは市民の連帯、海を越えた市民の連帯以外、ありません。

怒濤のような戦争への傾斜を食い止められるのだろうかと、私は正直なところ、ほとんど絶望的な気分です。ダブル選挙以来、さらに去年から今年、外堀はすでに埋め尽くされ、内堀も残るはわずかです。残る希望は私たちの連帯と行動だけ。市民が連帯し、すべての国で戦争反対の政府を選ぶことです。

去年、あの激しい右翼の攻勢を、私たちは期せずして沸き起こった「帰れ！ 帰れ！」のシュプレヒコールで撃退しました。

ことしの私たちは、徹底的に無視し、手話で戦争反対を訴え、歌い続け、話し続けました。去年、「機動隊に守られるなんて卑怯だぞ、機動隊がいるからきょうは帰るが、必ず仕返ししてやるからな」と捨てぜりふをして去った右翼は、ことしは黙って去りました。

私たちの連帯の前に。

歌いながら、みんなで腕を組み、肩を組みましたね。互いにふれあったあの温い肌を思い出しましょう。静かでやさしい方法でも、連帯すれば敵を追い払うこともできるかもしれない。そこに希望を見出したいと思います。

このスローガンにあるように、平和とは静かなことです。平和とはやさしいことです。静かでやさしい女たちにも何か一つはできることがあると思います。明日といわず今夜からでも、さっそく新たな攻撃が加わるでしょうが、明日といわず今夜からでも、私たちのできる、その一つを実行しましょう。私は私のできることを実行します。

少なくとも、いま女の一票がある。その重みを、ほんとうに考えていきませんか。

（編者注・8・15渋谷ハチ公前、女だけのマラソン演説会より）

生命を守るということ

（MINI 69号 1983/01）

優生保護法改「正」案は自民党内にも医師会を中心とする強い反対が出、国会上程はやや遅れそうだが、地方自治体への攻勢は依然激しく、すでに二県十一市十町一村で採決が強行された。事態は決して楽観を許さない。

「生命の尊重のため」に「経済的理由」を削除するという提案に、そうなればヤミ中絶がふえ生命と生活がおびやかされるという反論がわき起こったことは記憶に新しいが、反対論者の側にも問題の本質に迫るだけの十分な論理が構築されていただろうか。

明治の初めに法律として制定された堕胎罪は「間引き」を黙認する慣習に対して人命尊重の灯を掲げたはずのものだった。それが富国強兵策の支柱に化していったのはなぜだったか。そこからまず洗い直さなければなるまい。

欧米のリブが中絶の合法化をかちとるためには、根強いカトリシズムとの長く激しいたたかいが必要だった。それは歴史の流れの一つである政教分離の一環としても鋭く提起されたはずである。

彼女たちが壮絶なたたかいを続けている間、日本の解放運動は、堕胎罪という毒を、優生保護法という大毒で制するという安易な解決のうえに安住していた。人間を「優性」と「劣性」に分け、「劣性」の生殖腺を除去することを認めた優生保護法は、差別を法制化した天下の悪法だが、それとたたかい得なかった非力を恥じる。改「正」の動きは、私たちの怠慢を衝いたものとも言い得よう。

科学の急速な進歩は、人間の生命をどの時点で認め、どの時点で終わりとするか、新たな問題を投げかけている。「生命の尊重」はもはやスローガンや掛け声では決して守り得ない。人間とは何か、生命とは何かという根源的な問題を真摯に問い抜くことなくして、便宜的に改「正」や、その「阻止」が語られてはなるまい。

政教を分離し、中絶を国家の刑罰の対象外とすることは、わが身に重い倫理を課すことでもある。望まない妊娠を回避するための責任を引き受けることでもある。私たちは堕胎罪（他人に堕胎を強要した罪は除く）と優生保護法の廃止を強く要求する一方で、「自立」の意味も改めてかみしめなければならない。

83年は選挙の年。私たちの一票が、まさに生命を守る岐路となることを肝に銘じたい。

（28号 1983/06）

見えない〈道〉

——優生保護法の系譜をたずねて 見たこと、考えたこと

優生保護法改「正」を阻止しようとする動きは燎原の火のように全国に拡がり、時勢に関心のある女の人たちの間では、かなり共通認識ができてきました。要点をまとめたパンフ類も次々につくられ、問題を学習している人がどんどんふえてきています。

しかし、この問題は非常に根が深く、簡単なパンフでは、なかなか説明しきれるものではありません。反対署名を集めようとしてもけげんな顔をする人が多く、「おろせなくなるのよ、困るでしょう」と説明すると、やっと署名してくれるという声も聞きます。

一方、生長の家を中心とする推進派の署名は、「生命を守る」をスローガンに掲げているため、「いいことだ」と思う人が少なくなく、もう七、八百万も集まったとか。女の運動をしている人の中にも、まちがってこちらに署名をしたという人がいるほどです。

子どもを産むというからだの仕組みを持つ女にとって、中絶は大変な問題ですが、少し突っ込んで話をしてみると、堕胎、間引き、避妊、家族計画と産児制限などの区別を知らない人も多く、知っている人でも、「経済的理由で中絶ができなくなっては大変だ、生活防衛のためにたたかわなくては」という認識が大部分のように見受けられます。

たしかに問題は、昨年三月、参議院予算委員会で村上正邦議員が優生保護法の中絶を認める条件の中の「経済的理由」の削除を提案し、森下厚相（当時）が、「前向きに検討する」と発言したことから出発しているわけですが、「経済的理由」云々は、氷山の一角のように私にはどうも思われてなりません。といって、お前はどれだけ事の本質を知っているのかと問い返されると、一瞬、ことばを失ってしまいます。

浮浪者殺しに加担していた私

こう思うのは、私なりの深い後悔があるからです。

二月五日、中学生が浮浪者を襲った、あの事件を聞いたとき、私は呆然としました。

ごはんがのどを通らないとはこんなことか、と思いながら、数日、ぼんやりと彼らのことを考え続けていました。

ニュース解説者が、襲った中学生の母親の半数が働いていること、七割が離婚家庭であることを、さも「原因」であるかのように告げるのを、耐えられぬ思いで聞きました。

母親が働いていれば、子どもには十分な庇護を与えられないでしょう。まして離婚ともなれば、親子ともども、どんなにボロボロになっていることでしょう。社会が誰よりも温かい手をさしのべなければならない子どもたちを特別視する世間。その中で子どもたちはどんなに傷ついたことか……。落ちこぼれないほうがむしろ難しいとさえ言えるかもしれないと思うほどです。

その落ちこぼれの彼らが、誰の目にも落ちこぼれと映る浮浪者を襲った。「浮浪者は臭いし、きたないし、征伐していいと思った」と、彼らは語ったそうですが、日ごろ自分たちに言われ続けていることをしただけではないのでしょうか。

美しいもの、速く走れるもの、勉強ができるものは「良し」とし、そうでないものは「悪し」とする考え方。その「優生思想」を法律にした「優生保護法」に、自分はどれだけ反対してきたか、と考えたとき、私は、まぎれもなく殺す側に加担している自分を感じました。恥ずかしい、と思いました。

といって、私はどれだけ優生保護法を読みこなしてきたというのでしょう。「優生」とは何か、「保護」とは何か、一つひとつ、陽光の中に取り出して調べたことがあったでしょうか。自分の魂に、ほんとうに引き寄せて考えたことがあったでしょうか。

私は、十年前の学習会で、優生保護法が「国民優生法」を受け継いだものであること、「国民優生法」はナチスドイツの「断種法」をまねたものであること、条文に新たに「精神的理由」が加えられると、思想的に「危険」と体制側から判定されたものは中絶や断種を強行されるおそれがあること、などを学んだとき、驚くと同時に、その恐ろしさが「わかった」つもりになってしまっていたのでした。

もしも本当に「わかって」いたら、そして私自身、心の底に一かけらも優生思想がなかったら、この、世にもいまわしい法律の廃止のために、もっと早くから、もっと熱心に取り組んでいたでしょう。

それにしても、ものみなすべて新しくなった（ように感じられた）戦後に、優生保護法がつくられたのはなぜなのか。戦前の国民優生法、あるいはその原典と言われる民族優生法とはどういうものだったのか。そして優生思想とは何なのか……。ほんとうに「わかる」ためには、めんどうでもそれを一つひとつたずねるほかない、と思うようになりました。

優生保護法の源流をたずねる旅が始まりました。それは、思いのほか長い旅になりました。各駅停車で、しかも支線が多く、あちこち乗り換えを間違えては変な路線にまぎれこみ、行く手は少しも見えず、もうやめようかと思ったことも何度もありました。しかも、行けども行けども「わからない」ことばかりです。「わからないことがやっとわかった」とも言えるいまの私が、人様にお話しするのは大それたことですが、旅の中で見たもの、見えかけたものについてお話ししながら、ご一緒に考えていきたいと思います。

優生保護法のふしぎ

すべて法律は、その第一条に「目的」を記していますが、優生保護法の第一条を覚えていらっしゃいますか。

「この法律は、優生上の見地から、不良な子孫の出生を防止するとともに、母性の生命健康を保護することを目的とする」

十年前、この最初の一行から、ひっかかって考えるべきだった、と、今にして思います。

「優生」「不良」「母性」「生命健康の保護」——考えてみると、どれもわからない。だいたいこの文章の前半と後半は、何のかかわりがあるのでしょう。私は、「優生」と「母性保護」をいっしょにして「優生保護法」という名をつけた、と思っていたのですが、人によっては「優生」を「保護する」法律だと言います。どうも、こちらの意見のほうが多いんですが、どちらにも受け取れるあいまいさがあります。

さて、内容をよく読んでみると、全文三十九条、そのうち「母性保護」に関わりがあるらしいのは、十四条、十五条の、妊娠中絶に関する部分だけ。あとは全部「優生」と「優生手術」に関することです。外国の人たちが条文の英訳を読んで、「Maternity Protection Law かと思ったら、Eugenic Protection, それも Sterilization Law じゃないの。日本にまだこんなひどい法律があったの！」と、びっくりするんです。ユージェニック・プロテクション・アクツとは、文字どおり、優生を保護する法律ですが、ステリライゼーション・ロウとは、断種法なんですね。中絶を認める母性保護条項と断種法が共存しているのに驚くのです。「しかも強制断種があるなんて」と言われて、よくよく読み返してみると、たしかに強制断種の条項があるんです。第四条に。「医師は、別表の患者に優生手術を行うことが公益上必要と認めた場合は、本人や配偶者の同意を得なくても申請できる」

その別表には、多くの精神性疾患も掲げられています。とすると、もしも、その種の病気と認定されたら申請される！

よく診断書を方便に書いてもらうとき、「ノイローゼ」と書いてもらうといい、なんて言いますね。精神性疾患は外からはわからないから。ということは、逆に言うと、そういう病気でなくてもそう認定されて特殊な扱いを受ける危険性もあるわけです。本当に病気だった日航の機長さんが、「そうではない」と言われた、その逆の可能性も……。

この部分こそ戦前の「国民優生法」の生き残りだ！　と憤慨して「国民優生法」を読むと、おや、こちらにはないのです。条文の第六条に入ってはいたのですが、施行令では、全文削除されている。――

とすると、どう考えても、「優生保護法」は改悪です。人権が尊重されるようになったはずの戦後に、なぜ……。

——そのふしぎを、どうしてもたずねたくなりました。

ともかく、そもそものコトの起こりとなった「民族優生保護法案」が提出された戦前の帝国議会の議事録について、一つひとつ調べてみることにしました。

荒川先生、大演説のこと

「民族優生保護法」という名が、議事録に最初に登場するのは、第六十五帝国議会。一九三四（昭和九）年一月二十七日です。

提案者は、荒川五郎ほか一名。条文は全部で七条の、ごく簡単なもの。第一条は「本法ハ民族ノ優生ヲ保護助長シ、悪種遺伝ヲ防止根絶スルヲ以テ目的トス」そして、そのために断種を行うこと、その対象は、凶悪犯、遺伝性精神病、各種中毒症、ヒステリー、重症の結核や癩患者であること。誰でも結婚には「健康証明書」が必要で、前記の患者で断種を受けていない者や、梅毒に罹って治っていない者は結婚できない、といった内容です。

約一か月後の二月二十二日。衆議院でこの法案が取り上げられました。

まず条文を朗読、提案者の荒川五郎氏が、提案理由を説明します。

ところで、これが長いんですね。「説明」なんてものじゃない。演説。それも大演説です。でも、ま、聞いてみましょう。荒川さんって、どんな人か、知るためにも。

「諸君、今や教育の施設は一般に大いに備わり、医術・衛生のことはますます発達進歩しつつありますのに拘らず、不良児、悪漢は次第に殖え、病疾虚弱の者は日に増加しつつありまして、この不景気窮乏のどん底にあって、ひとり刑務所と病院とは満員大入りの繁昌を致しておりますことは、国家の恥辱であり、民族の不幸損害は少くないと存じます。これが原因たる、教育の欠陥、指導階級の放縦、社会環境の無秩序及び風土・気候・習慣・人種等を無視したる栄養や、体育法等の錯誤、その他幾多の原因もありましょうが、それ以外に於て、なおより以上に大いなる原因は、父祖血統の遺伝によることは、今さら説明を要しませぬ。諸君。凶悪にしてなおすことのできにくい悪性を先天的に持って生まれ、またその毒悪症体にして療することを得ざる悪疾を遺伝されて生まれたる、いわゆる精神的異常児、もしくは身体的異常児に対しては、特別の施設教導を致さなくてはなりませぬ。

しかるに従来わが国におけるこれら育児の施設は、経費の関係上、ただわずかその一少部分を、感化院・少年教護院・矯正院等に収容するにとどまりまして、大多数はこれを普通児・正常児とともに一斉画一的に、共同苗代的に収容教育している現状でありますが、かくの如きは、人の密集団に悪性のバチルス（ウィルス）を投げ込み、共同苗代に害虫を放つが如きものでありまして、その正常児童に及ぼす影響はきわめて甚大なるものがあり、また、その、国家社会を害することは実に測るべからざるものがあるのみならず、本人にとっても、本人の自らなせる原因でなくて、かく社会の擯斥（ひんしゅく、排斥）、国法の刑罰を受け、この世の中を味けなく、不愉快に、窮屈に、不幸に終らなくてはならないことは、実に憫然に堪えない次第でありまして、社会はその悪を憎み、その病を忌んで、これを擯斥しますけれども、これはむしろ大いに同情すべきことではありますまいか。

よって、かくの如き、本人も何ら社会の幸福を享け得ざるのみか、終生の不幸、災厄に終り、社会もまた（この）ために大いなる損害・迷惑をこうむるようなものを、この明るく正しく愉快なるべき世の中に招致しない方法、すなわち悪種遺伝の防止根絶方法を講ずることは、社会の改善向上のために、また民族の浄化強成のために極めて大切のことと存じます。

諸君、従来わが国におけるこれら民族保護に関する法律は、わずかに婚姻に際して、三等親より上の結婚を禁止し、また年齢の点において男子十七歳、女子十五歳という制限を設けていること、ならびに身体上の制限は、種痘やその他強制注射等、ほんの一部的の制度（が）あるにとどまっておりますが、しかし外国に於ては、つとに大いにこの民族保護の問題に注意を加えまして、米国の如きは、世界の自由国をもって誇っている国柄なるにもかかわらず、民族血統の浄化に重きを置きまして、法律をもって〝結婚制限法〟を設け、オハイオ州の如きは遺伝病患者の結婚を禁じ、梅毒患者の如きは医師の診断によって完全に治癒したという証明を提出しなければ結婚を許さざることを規定し、また精神病者や重症の結核、重症のヒステリー、ならびに発病中の患者は結婚を拒絶することを規定しているのであります。また女子が過ってこれらの病気を持つ男子の種を宿した時には、相当の手続きをもってこれを堕胎せしむることと致しており、また殺人・強盗その他これに類する凶悪なる犯罪者は、みなその遺伝を予防する目的を以て、男女とも処刑の一条件として、これに去勢術を施行することにしております。その他、スウェーデン、ロシア、ポーランド、カナダその他にも、これに類する法律を施行して悪性悪疾の遺伝を防止するに努め、またドイツは〝劣性人断種法〟を制定して、精神上または身体上甚だしき悪症状を具有し、人種劣悪なる遺伝を子孫に与うるおそれある者に対しては、強制を以てその生殖力を絶滅する手術を施すべき旨の法律を制定し、昨年七月二十五日これを発布して、本年一月より実施を致したのであります。

これら遺伝病者の去勢施術は、多くは男子の睾丸または女子の卵巣を取り去って、彼ら天賦の性能も、人生の本能愉楽すらも奪うて顧みない強制手段、すなわちいわゆる去勢術でありまして、かの学術文化のなお開けない時代に、支那その他に行われた宦官の施術とほとんど同じで、それが文化の進んだ今日にもなお行われつつあり、しかも宦官は自由意志で、自ら進んで行うのでありますのに、これは強制的に強行していることは、一面からみればずいぶん野蛮的とも申すほどの圧制な国法であると申してもよろしいでありましょう。

しかるに今や医術の進歩とともに、これが施術法が大いに改善せられまして、去勢術のような荒手術を行わないでも、男子の精系もしくは女子の輸卵管に結紮術を行うて遺伝を防止し、またレントゲンの深部照射医術でその目的を達することもできるようになりまして、これらの医術はこれを施しても男女の天賦の本能を失わしむることなく、依然として本来の性欲愉楽を満たさしむることを得るのでありますから、したがって今日に於ては、国家としても民族全体の保護のためにこれが去勢をなし得べき理由があるのみならず、また本人としても、自分の本能的一時の満足を得んがために、悪性悪病を遺伝することの甚しき罪悪無慈悲であることを感ずる、良心の悩みを安んぜしむることも得る次第であります。

諸君、私は多年養育奉仕に一身を捧げまして、国運の進歩、民族の向上に微力を致しておるのでありまして、これが補強工作として栄養問題、とりわけ玄米食の普及宣伝、ならびに学生児童の家庭や環境の整理改善のために、少年教護法、校外教護法等に関して奔走尽力しているのでありますが、さらにこれが根本に遡り、民族の悪種遺伝を防止して、民族血統の浄化、国民性格の優秀化を図り、これが健全なる発達を助長し、以て雄偉剛健なる国民を長養し確立したいと、多年熱心研究の結果、この案を提出した次第であります。

中にはこの案の実行に関して危ぶまれる人もありますが、しかし今や各国とも民族的競争は最も烈しく、いずれの国も鋭意自国の国民の優秀化に努力しつつあるときで、一日遅れれば一日の国損は少なくないのであります。決してこれは漫然と等閑に看過すべき問題ではないと思うのであります。実に一日を緩うするを許さない大問題なるを信ずるのであります」

どんな顔の人でしょうね。写真を探してみました。まず目につくのは、額の深い縦じわ。細おもてに細い銀ぶちめがね、そのめがねの奥から鋭い目が光っている――そんな感じのおじいさんです。

慶応元年（一八六五）生まれというのですから、この時は六十七歳。五十年前のその頃としては、今の八十歳くらいの感じでしょうか。話せば話すほど、のりにのるという感じです。

演説は、まだまだ続きます。もう紹介はやめてもいいのですが、このおじいさんの面目ますます躍如、という感じがしますので、要約してお伝えしましょう。

「子を産むということは、民族の優生と重大な関係がある。民族の優生上、最も重きを置かねばならぬことなのに、漫然と慣習のままに放置されているのに驚き入る。たとえば生まれ立ての子を洗う習慣があるが、母の温かい胎内から全く異なる空気の世界に出ただけでも大変化、大激動なのだから、変化に順応して保護しなければならないのに、空気よりもなお硬い湯で洗うのは初生児を虐待するものである。オギャアの第一声は、彼が境遇の大変化に驚いた驚愕の叫びなのに、元気な証拠だなどと平気で聞き流しているが、このくらい残酷なことはない。さらにかみそりをあてて頭を剃るという悪習もあり、これは山間部などを除いてもう改まったが、頭を剃ることと硬い湯に入れて人間の荒い手でもみ回すのとはどれだけの違いがあるだろう。これを研究する者がいないのは残念だ。

さらに一層注意したいのは、医師や産婆がいなくては多くは子どもを産めないという母親の心理状態である。優生学上最も研究すべきことではないか。昔から親の心は子に移るという。母の強い依頼心やひどい恐怖心は、どれだけ胎児の心性を動かすかわからない。古来、英雄や大人物の多くは貧者の子弟だが、貧者の母は、憂いたり依存する余裕もないし、気にもせず平然として産む精神が子に移るのだと思う。今日、貴族や富豪の子弟などは、意志は弱く、依頼心は強く、やくざな者ばかりで、富家の子には馬鹿が多い。これらは皆、胎内から柔弱に、依頼心強く産みつけられたことが大いに原因になっていると思う。

この法案も、政府案でなくては、という人もいるが、政府に依頼していたのでは、いつのことになるかわからない。このような依頼心が最もよくないと思う。もちろんこの法案は我が国初の試みだから決して完ぺきとは思わない。民族前途のために真剣なご研究を願いたい。

民族の問題を優生学的に考えると、人間の性質はもちろん、病気や行動も、単に病理や心理等、医学や解剖だけの問題ではない。脳の働き、頭脳の研究から出なければならない。人の心は人さまざまだが、それは顔の形や頭脳の形に表われており、頭脳の形や顔貌を熟知することが第一であり、心身相関の根本を究めなくては、霊妙な人間の本質を解釈することはできないと思う。優生学の根拠もここにある。母の心理は人間社会の根底をなす。本案の根拠も、決して医学や精神病学のみでは判断されないことが多い。社会の状態や環境さえ人の性質行動に大いに影響するのを見ても、親の精神や行動が子に多大の影響を与えることは明らかである。わが日本民族の優秀化に努力することは、国家に忠なる第一である。忠誠の念に富む諸君のご配慮を切に懇請する。」

やっと大演説が終わりました。拍手が起こります。しかし、質問は皆無。「健康保険法中改正法律案ほか一件委員」に付託するという動議がその場で出され、「異議なし」の声で可決されます。

もしも産児制限されていたら、この世にいなかった

「健康保険法中改正法律案ほか一件委員」とは、おかしな名前ですが、当時は厚生委員会とか社会労

働委員会といった名前はなく、それぞれ法案の名で呼ばれていたようです。小さな法案は、何々ほかの、ほかとして入れられたのですね。

この委員会は二月七日から開かれていましたが、ほかの中に「民族優生保護法案」が加わったのは、三回目から。そして七回目の三月三日に、やっと議題に上ります。

ここでも冒頭に提案者が説明するわけですが、荒川先生、またも口を開けばとまらない感じの大演説になります。

「前回の私の説明を官報で読んで、各方面から続々と共鳴・激励が寄せられた。それだけでも、議員生活三十年、教育奉仕と民族問題について考えてきたかいがあったと感激する」に始まって、「何人も結婚に当たっては相手の血統を重視するが、国家は全民族の血統を純正、清潔にすべきだ」と、民族優生の必要性をるると説き、産児制限を糾弾。「私は名のごとく五男。産児制限されたら生まれていなかったろう」と本心を語り、「広島の山の中の貧農の子として、いかに苦学力行したか。人は貧乏人の子だくさんと言ってあわれむが、貧乏人ほど自立心が強い。今の社会の指導層もほどんど貧家の出である。人の現状を見て将来を占うことはできない。貧乏人の子を制限したら、富豪の子ばかりの世の中となって、世の中はもっと悪くなる」と話はエスカレートする一方です。

さて、拍手で終わった演説には、今度も質問は皆無。次の議題にあっさり移ります。

さて、次に議題に上がったのは委員会としては九回目の三月二十日ですが、この日は議題が目白押し、この法案は、とうとう審議されないまま立ち消えになります。

ところで、すこし風変わりな、でも一徹そうな荒川先生、どうも教育者のような口ぶりですが、やはり日大付属中学（今の高校）の校長先生でした。『市町村制改正理由』『戸籍法通解』『地方制度通義』『手形法正解』『普選要義』など、法律関係の著書もたくさん出しているところを見ると、かなり勉強家なのでしょう。「少年救護法」の提案者でもありますし、この二年後には「皇暦紀元に関する質問」をして、今の皇紀は神武天皇の即位年を示すもの、始祖はイザナミ・イザナギで、神武天皇ではない、と総理や文部大臣を突き上げて、回答をもらっています。民族優生保護法案の上程も、同じ憂国の思いに立つものだったかと思われます。

二年半前の一九三一年「満州事変」勃発。翌三二年「上海事変」。そして五・一五。六月に特高が設けられ、国防婦人会が生まれる一方、東北・北海道は大ききん。都会は相次ぐ労働争議。さらに翌三三年には、国際連盟脱退、滝川事件、神兵隊事件、思想取締まり強化。〈暗い日本〉の幕開けの時代です。東北の女たちが売られ、性病は急増していくなかで、荒川先生なりの、懸命の「起死回生策」とも受け取れないではありません。

ますます意気込む荒川先生

信念の人、荒川先生は、翌一九三五（昭和十）年、第六十七帝国議会に、またも同文の「民族優生保護法」を提出します。前年意気込んで提出した法案が、審議されないままに終わったあと、社会不安はつのる一方。東北の冷害はいよいよきびしく、国家の財政も窮迫。陸海軍が予算復活をめぐって大蔵省と渡り合うという情況。それもこれも、「害虫」に無用な国費を食われるから。諸外国は早くから優生法を実施している、一日遅れれば一日の国損、と、あせる思いが目に浮かぶようです。

二月九日受付けられた法案は、十六日に議題に。しかしこの日は順番が来ないうちに時間切れ。二十一日になって、ようやく登壇、趣旨説明の機会を得ます。

ことしも前年同様あふれる憂国の思い。「社会悪」を根源的に断つ「救国の法」をこそと、情熱傾けての説明に、さらに次の一言を加えたのは、前年の軍事費削減問題がこたえていたからでしょうか。

「国家予算中の軍事費の額の巨きさが問われ、富国の勧業費（産業育成費）が強兵の国防費に伴わないという議論は、この議場でもしばしば出たが、国防軍事費は国家の自衛維持のためにやむを得ないもの。しかも青年を強壮にかつ規律的・能率的に養成し、産業もうるおし、決して非生産的なものではないが、悪人や病人のための費用は、国防軍事費どころではない巨額のうえ、国家民族の損害、不利益をもたらす重大問題である」

この三日前、議場は美濃部達吉博士の天皇機関説攻撃で騒然となったばかり。荒川翁の大音声が、耳に聞こえる思いがします。

拍手をもって迎えられたこの提案は、即日、「衛生組合法案ほか四件委員」に付託され、一週間後には、早くも委員会での討論に入ります。

前年とちがって、今度は質疑応答も活発です。

まず、一番手は青木亮貫。ヒトラーに以たチョビひげ。目玉もギョロリと大きいこの人は、同じ民政党。軍医あがりの病院長で、共同提案者の一人でもあります。

「断種法は米独はじめ各文明国で認められているが、早発性痴呆症の家系からナポレオンやニーチェが出た例もある。政府の見解を聞きたい」

「趣旨には賛成だが、結核や癩などは遺伝しない、遺伝の制定が難しい、など、内容に疑問があり、保健衛生調査会で審議中である」――大森内務政務次官の答弁は慎重です。

警視庁の検疫医から開業医となった野方次郎は、政友会ながら

「問題は、司法・文部その他多方面にかかわる。内務省から独立した衛生省が必要。私は大いに賛成。十分研究してほしい」

と助太刀。しかし、岡田衛生局長は

「ドイツでは一昨年「遺伝病防止法」をつくった。デンマーク、スウェーデン、ノルウェー、カナダにもこれと似た法律がある。米国も二十七州で実施している。各国の法律の状況については、ここに詳細な調べがある。我が国でも保健衛生調査会で特別委員を挙げて深く研究しているが、遺伝の範囲を確定することは困難である。外国の事例はあるが、我が国で今日実行できるかというと、すこぶる自信がない」

と消極的です。荒川氏は、「私はこの問題を研究すること、すでに二十年に及ぶ。現在国家の仕事は悪人と病人のために費やされていると言ってもいい。殊に教育の如きはあたかも共同苗代へ害虫をばらまいて、その害虫と闘っているようなもの。根本から血清浄化を」と、自説を繰り返し強調。ことが「教育」に飛び火したため、山桝文部参事官も引き出され、

「優勢な民族の保持発展には異論がないが、本法の教育上の影響については協議研究してないのでお答えしかねる」と、とまどい顔です。

荒川先生は最後に特に発言を求め、

「前回は私の説明だけで終わったが、今回は政友会の中野種一郎君や、野方君のような専門家まで誠意をもってご賛同下された」と大感激。「しろうとの私がつくった案なので不備な点も多い。どのように大鉈をふるって下さってもいいから、成案となるようにお力添えを」と、深く頭を下げます。石坂委員長は、「本委員会で十二分に審議を尽くしたい」と約束して、この日は終わり。

約束どおり、三月二十二日、ふたたび議題に上がりますが、当日は娼妓取締法案で大荒れ。他の案は全部流れ、以後議題に上ることもなく、会期切れとなります。

三度目の挑戦

さて、「どんなに直して下さっても結構ですから、法案として成立するような条文にして下さい」と、三拝九拝した荒川五郎に協力する人が現われたのか、第七十帝国議会に三たび姿を現わした「民族優生保護法案」は、第一次、第二次案の条文七条が十四条にふくれ、法律の体裁をかなり整えています。

まず、「遺伝ではない」という指摘が多かった、凶悪犯・結核・癩・ヒステリーが断種の対象からはずされ、精神病とか不具と称されていたものの内容が「精神薄弱者、癲癇者、精神乖離症者、躁鬱病者、ハンチントン氏舞踏病者、強度ナル病的人格者、遺伝性盲者・聾者、又ハ強度ナル身体的畸形者」と、具体的に列挙されるようになりました。

また、「保生断種」という「荒川造語」に代えて、断種の方法を、「精子又ハ卵ノ、輸精管輸卵管ノ通過ヲ不可能ナラシムル手術ヲ謂フ」と、わかりやすく規定しています。

実施は「強制」から「申請制」に代わり、本人のほか、「戸主、法定代理人又ハ保佐人、官公立ノ精神病院・刑務所・矯正院又ハ教護院ノ長」が行い得ること、ただし、本人（無能力者の場合は、その配偶者と法定代理人又は保佐人）の同意が必要、と定めています。

申請先は優生審定委員会（保健衛生に従事する官吏と医師若干名で構成）。委員会は三月以内に適否を審定して内務大臣に具申し、大臣は必要な者に一月以内に断種をさせるが、施術者は大臣の指定した医師が指定した場所で行う。関係者は、秘密を守る義務があり、違反すれば六月以下の懲役又は五百円以下の罰金刑を受ける、と、審査機関や施術についての規定も明確になりました。

提案者は荒川五郎外三名。この三名の氏名は不明ですが、前回の提案からまる二年、諸外国の法制も十分参考にしてつくられた感じがします。

提出は一九三七（昭和十二）年三月四日。三月三十一日、三十五件の中の二十一番目として議題に上りますが、この日は、予算はじめ、産業組合法案、百貨店法案、自治監査法案、労働組合法案、小作法案、理容師法案など、大きな法案が目白押し。深夜十一時四十二分、十八件まで終わったところでついに「翌朝十時から審議」となりました。

しかし、その直後、林首相は抜き打ち解散。荒川五郎氏の夢は瞬時にしてついえます。

「最近衆議院における審議の状況はきわめて誠意を欠き、重要法案の施行を阻む」と、陸軍大将林銑十郎は「議会刷新の急務」を訴えますが、二月、広田内閣を引き継いではみたものの、議会が思うようにならないいらだちの中、軍刀をふるったもの。「万歳の声もなし。非常時解散の異風景」と、当時の号外は伝えています。

あれから二年、非常時、非常時、の声高まるなか、ロンドン海軍軍縮会議脱退、二・二六、日独防共協定、と、右へ右へと旋回するなかでの非常時解散ですが、この〈非常時〉にこそ、荒川先生のボルテージはますます高まったはず。大東文化協会常任理事、日大理事、全国私立学校協会理事長など、二年の間に肩書きもぐんと増えています。面目一新した法案の提案理由のなかに、法案の背景や共同提案者も浮かび上がったろうに、と、史料を追う身としてはちょっと残念です。

が、第二十回総選挙で荒川五郎は代議士の議席を失い、以来、姿を消します。

精神医療関係者の本音

しかし、同じ「民族優生保護法案」は、翌一九三八年一月二十五日、第七十三帝国議会に、またも姿を現わします。

荒川と同じ民政党の医師、八木逸郎の単独提案です。

条文は、前案で内務省と記されていたところがことごとく厚生省に変わった（この年一月十一日、厚生省が発足）ほかは、一言一句同じですから、前回の共同提案者の一人が、あるいは八木だったのかもしれません。

しかし、八木は、議場には姿を現わさず、三月十二日の第一読会には、代わって「賛成者」として青木亮貫が、提案理由の説明を議長に求められます。

青木は第六十七帝国議会で、荒川の二度目の提案の「共同提案者」の一人に名を連ねている人ですが、なぜか甚だ冷淡です。「簡単でありますから、自席からお許し願います」と、ことばどおり「簡単に」片づけてしまいます。

「現在、わが国の躍進と国運の伸展は、優良なる民族に依らねばならぬことは今さら議論（の余地）がありませぬ。これがためには、あらゆる劣等なる遺伝的疾病、もしくはかようなものに類似しますものに向かって優良性を与えるべき一つの法案であります。詳細なることは、他の機会に提案者から申し上げることと存じますから、簡単に案の骨子だけを申し上げまして、提案者に、代わった次第であります。ご協賛を願います」

代役とはいえ、荒川五郎の大熱弁に比べますと、何とも熱のない発言ですが、直ちに「民族優生保護委員会」に付託され、審議に入ります。今回は前二回とは打って変わる活発な討議となります。

☆「①厚生省に優生課を設けたが、政府提案の用意があるのか。断種法ではない代案、たとえば米・独のような、劣悪人種との結婚禁止法の研究状況は？　②政府案は、強制か。申請制か。③原案には遺伝が不確実なものも含まれているが、政府案も同じか？　④精神病者に対する断種は医療行為として認められないのか」

工藤厚生政務次官「①諸種の調査はしているが、断種法を出すという前提に立っての調査ではない。人間を試験台にのせること、二年や三年で結論が出せる問題ではない。学問そのものが疑問である。結婚証明書は社会的問題になろう。個人の意志で交換するならいいが。②以上のような状況なので、任意か強制かも、もちろんまだ結論が出ていない。始めるとしても任意からが当然だろう。③学者はよくいい加減なことを言う。範囲は慎重にしたい。④本人が望んで行ったものは本人も医師も無罪。私の友人にも実施者がいる」

☆「①現在の調査内容は？　優生課設置は、民族優生について確信を得たからか。②本人が希望すれば無罪とは本当か。精神病学会では断種の希望が強いが、傷害罪になることを心配している」

厚生次官「①優生について調査する必要があると認めたから設けたが、調査はまだ進んでいない。②希望すれば無罪。精神病者は自分の意志がないから、他が強制することとなる。よほど慎重にしないと人権問題になる」

厚生省予防局長「②治療として行うものはもちろん医療。優生として行うものは、刑法学者の意見が二分している」

☆「精神病は時々治る。治った時に申請しても問題か」

久山司法政務次官「精神病者に対して行うのは刑法上責任を問われる。事理弁明能力があり、本人の意志なら問題ない」

☆「本人が望む自殺でも、それに力添えすると罪になる。バーストコントロールも社会経済学的には罪だ」

厚生次官「常識的方法なら断種は罪ではない。梅毒で睾丸を剔出することもある」

司法次官「母体を救うための堕胎は罪ではない。強姦常習犯が陰茎切除を申し出、妻の同意を得て実行された例もある」

☆「解釈をあまりゆるやかにすると、堕胎も罪ではなくなる。民族優生のための手術は、自己の利益に反する。憲法の身体権、自由権をおかす」
司法次官「断種は公序良俗に反しないかぎり違法ではない。この法案の範囲なら、憲法違反ではない」
☆「この法律ができると、あらゆる断種が無罪になるのか」
司法次官「現行法で取締まられていたものが取締まれない結果になる」
☆「政府は賛成でないという印象を受けたが、その理由は」
高野予防局長「精神病者は昭和十一年末の数字で八万六千四十七人。遺伝と相当の関係があることは認められているが、慎重に考えたい。文化に伴い精神病が増加、対策が必要だが、断種の目的を優生学のみに限定するか、保安・社会・経済の問題をも含ませるか、一つの問題と思う。対象の範囲、手術の方法、適否の判定機関、費用の負担等の問題もある。ある特例を断種することで民族の衛生状態を改善できるかどうか。強制断種のドイツで、何年後かに精神病患者が明瞭に減れば議論の余地はないが、まだわからない。断種でなく、隔離等でも目的を果たせる。強制断種を行うと、社会のある層に強く当たることになり、思想上の影響も心配。遺伝学は人間についてはまだ研究不十分だ」
☆「断種法は人倫上あるいは道徳上忍び得ない。別の方法はないのか」
予防局長「環境改善がある。避妊の方法もある。世界の流れは、断種と保護の二つに分かれている」
☆「精神病の中で遺伝が確実なものは」
予防局長「日本にはまだ資料がない。外国の文献では、精神薄弱という病気の場合、両親とも精薄の時は67％―90％遺伝するという調査もある。片親なら33％―54％、精神乖離症は、両親とも同じなら53％、片親なら10％前後だが、両親とも外見上普通の人からでも3.5％―4.3％という報告もある。人間の遺伝質は複雑で、エンドウ豆のようにはいかない」
☆「断種は安全か。性生活に影響しないのか。アメリカでは三十年の実績があるが」

予防局長「手術は簡単で安全。性的機能も格別の支障がない」
☆「社会のある層に強く当たることにならないか、という発言があったが、精薄は現在、貧困階級に多い」
予防局長「強制断種になると、社会のある層に特に強く運用される心配もあると言ったのである。イギリスなどでは社会の責任において保護しようという議論もある。精薄が貧困者に多いという統計はないが、放置すれば社会の落伍者になろう。人類有史以来数千年もたつのに、逆淘汰は行われず、精神病者が蔓延していないのは、弱者劣敗の結果だろう」
☆「有罪の範囲について再度確認を」
司法参与官「刑法三十五条で、職務による行為は傷害罪としないと定めているが、弁識能力を欠く者に断種した場合は、別の法がなければ罪となる。決定的な解釈は大審院（今の最高裁）の判例にまつほかないが、まだ出ていない。司法省としては断種は医療行為として認めていない」
☆「とすれば、どうしても断種法が必要。精神病関係者の悩みが解決しない」
予防局長「癩患者には不妊手術を行っている。司法省は、これは公序良俗に反しないと言っているが、精神病の場合は不明確となるので、この法案の意義がある」
☆「幼少時に手術を受けた者が、その事実を知らずに結婚すると、結婚サギにならないか」
村松久義（提案者八木に代わって回答）「個人の自由権は、国家のため社会のためには譲らなければならない場合もある。たとえば極悪人の生存の自由を尊重すれば死刑はできない。手術の適否は審査会で審査するので、結婚サギは起こらないと思う」
刑事局長「欠点のある体を隠して結婚する例は多いが、サギ罪にはならない」
☆「精神病は遺伝とも限らない。子孫を残すことは、国が論じるべきではない。この法は人格を無視するもの。法制局の答弁を聞きたい」（回答なし）「政府は何の答弁も用意していないのに、委員を頭から抑えつける。委員会を打ち切ろう」

といった経過で、四回重ねた委員会も、またも会期切れ。内部の意見がまとまらず、報告書も出せないままで終わります。

この回注目されるのは、議員提案であるにもかかわらず、政府側との攻防に終始していることです。一年初に新設された厚生省は、各省庁ほか多くの反対を押し切って設置されたもの。一月設置の予定なのに、十二月になっても「社会保健省」の省名にさえ異論が出、「健生省」「更生省」と二転三転したあげく、暮れも押し迫った二十四日、ようやく「厚生省」におちついたという経緯があります。その厚生省に、フタをあけてみたら「優生課」が出来ていたという怒りも感じられます。

といって、応答をみるかぎりでは、民族優生保護法案に最も懐疑的なのはむしろ厚生省で、精神病者と遺伝の関係は不明確な点も多いと、法案の後ろだてになっている遺伝学者たちにも不信を抱いているようす。また、保安その他に利用されるのでは、というおそれも率直に表明しています。答弁に立った次官や局長の個人的見解も含まれているかもしれませんが……。

ここで争点になっているのは「断種は医療か」という問題ですが、もしも「医療」と認められれば、ことさら断種法の必要はないという見解も成り立つわけで、医療に含ませたい厚生次官と、事理の識別能力のない精神病者に対する医療は刑法の傷害罪となるとする司法次官の間で、火花が散ったりしています。

医療に含まれた場合は、善意に解釈すると、ことさら断種法をつくらずにすみますが、悪用すれば、医療の名のもとに濫用されるおそれも生じるわけです。後にクローズアップされる避妊手術としての断種を、この当時の厚生次官は「自分の友人も行っているし、世間公認のもの」として語っているのが注目されます。

一方、「精神科医からの要望が強い」と、繰り返し発言しているのは、医系議員たち。この法案の支持基盤の一つとして、精神疾患関係者の存在が浮かび上がります。

しかしともかく、委員会の、「本格的調査を」の声を受けたかたちで、会期直後の四月には、日本学術振興会に「民族衛生に関する第十一特別委員会」が設けられ、成案へ向けて一歩を踏み出すことになります。

五度目の正直を目指して

「民族優生保護法案」は、この年の末、第七十四帝国議会に、またも姿を現わします。

条文は、前回に同じ。提案者は八木逸郎と村松久義（宮城二区、民政党、弁護士）。

翌三九年一月三十一日、本会議。村松は、「本来なら八木が説明すべきだが、健康がすぐれず、自身、医師である八木は、自分の余命が幾ばくもないと判断、若い私に説明の代行を依頼した。八木の民族を憂うる熱情に動かされて、民族優生のために、本案の成立に協賛を得たい」と前置きして、次のように述べます。「本案の根幹は第一条乃至第三条に示されているが、思うに生物の進化は、先天的の遺伝素質に対し、後天的の環境が働いて遂げられるものであり、環境の重大さももちろん認めるが、遺伝素質がより決定的な要因である。今日すでに低下の傾向にある日本民族を民族優生の立場で食いとめたい。

文化が発達すると、その余弊として、自然淘汰＝適者生存の原則とは反対に、不適者がはびこることとなる。知識階級の晩婚、産児制限の傾向がふえる一方、社会施設、社会立法の完備、医学の発達により虚弱児の生存が可能になったため、相対的に優秀な人の割合が減っている。社会施設、社会立法の改善はもちろん喜ばしいことではあるが、わが民族の将来のため憂慮に堪えない。

現に昭和元年（一九二六）六万余人だった精神病患者は、同五年、七万三千人、同十年、八万三千人と増え、今や十万人を超えている。「悪貨は良貨を駆逐する」というグレシャムの法則が、わが民族にもあてはまる。エジプト、ギリシア、インド、ローマ等の古代民族の滅亡は、いずれもグレシャムの法則による逆淘汰に基づくものだが、これを防ぐ唯一の道が民族優生学である。断種はあまりにも残酷ではないかという声もあるが、実際はごく簡単な小手術、数分でしかもほとんど血を見ない、絶対安全の手術ですむ」

と、いわゆる〈逆淘汰〉と〈精神病患者〉の増加を軸に、民族主義を強調した、荒川五郎にやや近い主張を展開します。

これに対し、すかさず、「議長指名の十八名の委員に付託」をとの動議が出、八木逸郎、村松久義、山川頼三郎、田子一民らが即日指名されます。

きかせた八木アピール

七十三議会には病欠を続けた八木逸郎（文久三年生まれ、この時七十五歳）は、委員会には、ようやく姿を見せ、自分がなぜ「身命を賭そう」とするかを切々と訴えます。

「私は医者二十年、専門は眼科だが、へんぴないなかのため、開業後十四、五年は、いわゆる「八百屋」で、町の人びとの家庭医だった。ところが、親しくしている資産家の娘さんがてんかん持ちで、年頃になっても結婚できない。そこで、親が番頭に因果を含めて、むこになってもらったが、そのむこが、ある日、深刻な顔をして私を訪ねて来た。私たちの間に子どもができたら、その子がかわいそうだ。私のようにむこ養子になるものがいればいいが、でないと、その子はたいへん不幸な生涯を送ることになる。どうしたものかと。これが、私が遺伝を考える始まりになった。

現在、精神病対策は貧困で、私の県（奈良）など、公立、県立、私立とも精神病院はない。やむなく一室を囲って、外から食事などを与えているが、これは富裕な者ができることで、貧しい人びとは非常に困っている。そこで断種してほしいと言われても、医者は治療が仕事。予防までする権利はない。非常に悩んでいた時に「民族の血を清く」と説いている本を読んだ。

とはいえ、立法化については非常に悩んだ。明治二十三年に議会が出来て以来、議員提案は何千となく出ているが、成立したものは十二、三しかない。それも、貴衆両院を通過したものは、政府がだいたい同意を与えて法案にしたものである。このような「もてあそばれる法案」にはしたくないし、自分の名を売るために提案するような不まじめなこともしたくない。そこで、東京でこのことを専門にしておられる、大学の専門家や大審院の検事、東京市の精神病関係者などのグループにはかって、二年も三年もかかってこの案を出した。したがって、しいて言えば、政府と妥協するというか、厚生省が求めないなら、しばらくさしひかえてもいい。とにかく、まじめに扱われる法案にしたい。貴族院に送られても、例のとおり委員会は開かず、九十九までは審議未了にされてしまうということにはしたくない。実は衛生局がまだ内務省にあったころ、非公式にそれぞれの役人にお願いしたこともある。厚生省に優生課まで設けられ、前の厚生次官も、なるべく成立させたいと非公式に申し出て下さった。優生課の前の課長は、われわれのグループにも入り、課の技師を連れて来て研究された。昨年は、私一人で提出、委員会の委員長になったが、病気のため委員会がなかなか開けなかった。今もめまいがしているが、法案成立に全力を傾けたい」

東大を出てドイツに留学という経歴を読んで、八木という人を、何となく権威主義的な「医学博士」として想像していたのですが、写真を見ると、いわゆる「議員顔」ではない、いかにも気の弱そうな、誠実そうな感じです。とつとつと語る彼のことばは、多くの人の胸を打ったのではないでしょうか。

八木を支えるように厚生省予防局長も、「昨年、研究費を予算に計上した」と、ことばを添えます。政府提案を暗示する雰囲気です。

民政党と対立する政友会の山川頼三郎は、しかし食い下がります。

「提案者の意図はわかったが、結果は志とちがうことになろう。たとえばてんかんは遺伝か。五人の子がいたら五人とも発病するのか。とかく医者は人間を動物として見るが、それなら、伝染病患者は牛馬同様殺せばいいはずだが、国は幾百万倍もの費用をかけて治している。人間の権利を守るのが法律ではないか。精神病を治す、という提案なら賛成するが。

グループで研究したと言われるが、あのグループは、医術と民族優生だけをモットーにしている。だいたい医者は、職業癖があり、独善家が多い。手術は安全なのか。また関係者に守秘義務を設けているが、医師法に守秘義務があり、特に設ける必要はない」

八木「施設は必要だが、たとえば癩病院に入ると、たちまち周囲に知れる。癩は血統と思い込まれているから、どこの家でも大金を出して放逐し、家出と見せかけている。施設だけで救われるものではない。手術はごく簡単なもの。二、三日ばんそう膏を貼って抜糸すれば治る。後の影響もない。守秘義務は設けたところで完全とは言えないが、設けないよりはいい」

山川「断種法で民族優生が可能か。たとえば天下国家を憂うる人は憂うつ症ということで断種され、国家は真の人材を失うことになる」

八木「遺伝のパーセントによって施術するもので、すべてに施術するわけではない」

社会大衆党の河合義一（兵庫三区、農民運動家）は、「八木を尊敬している」と前置きして、「人間に欲情がなければ、子育ては苦痛で、生殖しないだろう。子孫繁栄は必要」と述べ、「先日の村松発言で、社会施設や社会立法がふえると劣悪者がふえるという話は間違っている。おかげで、この法案までが悪いものと誤解されて困っている」と村松を批判します。

第三回は二月十六日。委員十人が出席。ふたたび山川の質問から始まります。

山川「見るに堪えない癩患者でも交接する。精神・身体の優秀をどこで決めるのか」

八木「委員会で各方面から検討する」

司法省刑事局長「ある種の犯罪防止には有効適切と思うが、人権も考慮しなければならない。常習犯の断種には医学界も反対している。各国の実績を研究したい」

八木「それでは二十年三十年先のことになってしまう」

山川「子どものうちに施術しても性機能が成熟するか」

予防局長「相当成熟してから行うほうが望ましい」

山川「いわゆるお家騒動の危険がある」

八木「審議会があり、簡単には施術できない」

予防局長「癩患者の場合は、夫婦の片方にだけ施術する。現在患者数二万、収容者は八千にすぎない」

樋口善右衛門（愛知二区、政友会、製薬業）「癩患者は自らを恥じ、ほとんど表に出ない。縁日などに醜をさらして乞うても、わずかな銭しか得られない。それよりも保護を加えるべきだ」

北昤吉（新潟一区、民政党、著述業）「プラトンは、頭がよく体格の非常にいい者に妻君をたくさん与えれば理想国家が得られると言ったが、今はそれが不可能。悪い者を淘汰すべきだ」

第四回は逐条審議に入り、罰則に「故なく」（施術した場合）の三字を入れるだけの修正で可決、本会議に回ります。

政友会の反対を押して可決

委員会で反対発言を続けていた山川は、「この法案は不合理な点が甚だ多く、種々の弊害を伴う」と、最後まで強硬に反対します。「①申告制では弊害が大きい。つまり、子孫の前途を憂うる良心的な者が申告し、本当の悪人は申告しないため、善人が減り、悪人はふえることになる。②申告制では意図的な断種を行うことができるので、家督を継がせたくない子には断種を施すこともあり得る。お家騒動の原因になる。③避妊術に利用する者がふえるおそれがある。日本の発展は人口増加率の高さに負っている。避妊に利用する者がふえると、国運隆昌を阻害する。④第四条によれば、戸主または保護者の独善的申告で幼年者の断種が行われるが、断種された者が成年に達したとき、申告者をうらむおそれがある。精神薄弱者は凶悪犯罪を犯しやすいのに、彼らのうらみを買うようなことをするのは恐ろしい。⑤秘密主義に反対する。幼少時に断種された者が、外見上りっぱな大人になって結婚すると、相手は人間のにせものをつかまされたことになる。したがって断種は強制法でなければならず、公開されなければならない」の五点が理由で、刑罰として課している米国や、ユダヤ人に強要している某国の例を参考に、「強制法」と「公開制」を主張しましたが、起立採択の結果、山川の主張は容れられず、委員会原案どおり、第十四条の頭に「故なく」を加えることを議決、即日、貴族院に回されます。

貴族院では審議未了になりましたが、衆議院の可決により、「民族優生保護法案」は、「国民体力審議会」で本格的に検討されることになり、「政府提案」への道が、ここではっきり敷かれます。

加えられた人口政策

東大教授永井潜ら、専門家と有識者を集めた「国民体力審議会」の、三九年末の答申に基づく新しい法案は、第七十五帝国議会に、政府提案として、一九四〇年三月八日、提出されます。

全文二十条。まず、第一条に示された目的は、「悪質ナル遺伝性疾患ノ素質ヲ有スル者ノ増加ヲ防遏スルト共ニ健全ナル素質ヲ有スル者ノ増加ヲ図リ以テ国民素質ノ向上ヲ期スル」ことです。前年の、「我ガ民族ノ優秀ナル素質ヲ保護シ」は除かれ、「民族優生保護法」は「国民優生法」と名を変えましたが、その本質は、あくまでも国民＝民族優生です。同時に、目的の後段に、「人口増加」が新たに加えられ、従来の議員提案とは全く違った「人口増加政策」の柱としての姿を明らかにしました。

一方、前段の「断種」については、人権の点で前案より配慮された面もあります。戸主や刑務所長・病院長等の申請は認められなくなり、本人の申請が原則、それも本人および配偶者の同意が必要で、本人が二十五歳未満の場合または心神耗弱者は父母の同意が必要、と、慎重にし、自分で申請できない心神耗弱者に限って、配偶者または父母が申請できることに改めています。

審査は、地方と中央の二段階にし、地方優生審査会の決定に不服な者は三十日以内に申し立てれば、中央優生審査会で再審を受けられる仕組み。「断種」というあからさまな名称も、「優生手術」と、やわらかく言い換えられています。

その反面、強制措置も明文化されました。本人が著しい悪質疾患の場合、配偶者も同じ疾患に罹っている場合など、「公益上とくに必要と認められた時」は、必要な同意が得られなくても申請されること、また、手術が必要と認められた女子がすでに妊娠している時は、必要な同意を得て人工妊娠中絶ができる、と、初めて「強制断種」「人工中絶」を導入すると同時に、「該当者以外の者に対し、生殖を不能とする手術や放射線照射、もしくは妊娠中絶を行う時は、予め他の医師の合意を得、行政官庁に届け出ること」と、避妊手術や中絶に、大きなくさびを打ち込みました。

六年前、最初に荒川案が出されたころは、日本は人口過剰に悩んでおり、満洲侵略も過剰人口対策の一つとして打ち出されたという状況がありましたから、荒川案には、むしろ「悪質者減らし」のニュアンスがありますが、日中戦争が泥沼に入り、ノモンハンでも敗れた日本にとって、「一銭五厘で召集できる生きた兵器＝人間」の増産は急務となっていたからでしょう。提出四日後に早くも開かれた第一読会での厚生大臣の提案趣旨に、人口政策は如実に示されています。

「国民優生法案の目的と致しまするところは、国民素質の向上を図り、これによって国家将来の発展を期せんとするにあるのでありまして、この目的を達成致しまするために、一面に於ては、悪質なる遺伝性疾患の素質を有する国民の増加を防遏致しまするとともに、他面に於ては、健全なる素質を有する国民の増加を図らんとするものであります。（中略）興亜の大業を完成し、将来ますますその発展を期せんがためには、わが国民の優秀性を保持するはもとより、ますますこれが増強に努むることは、今日喫緊の要務と存ずるのであります。我が国民体力の現状を見まするに、近年その低下の傾向を見受けられるのでありまして、その素質もまた自然にこれを放置しておきまする時は、次第に低下するのではないかと懸念せらるるのであります」

このためには、「環境の改善による後天的素質の向上を図るだけでなく、先天的素質の向上をも期することが肝要」と強調して、「不健全なる素質、殊に悪質なる遺伝性疾患の素質を有する向きが漸次増加するの傾向が見えるので」ために優生手術が必要と力説したあとで、大臣は「これに関連すること」と断わって、

「避妊手術または妊娠中絶等の如き行為の濫用せられますることを厳重に取締り、以て健全なる素質を有する国民の人為的の減少を致しまする原因を除き、人口増加にも資せんとするものであります」

と、不妊手術や中絶の取締りを明言します。条文の目的の第二に掲げられている「人口増加」が実は主目的であること、「悪質な」者は淘汰し、「優秀な」者は人為的に増やそうとする「産めよ殖やせよ」政策に、大きく乗り出したことを物語っています。

この最も大きな「変更」には、なぜか全員が目をつぶります。

質疑のトップは「民族優生保護法」を推進してきた村松久義。政府案をさらに補強するような「結婚奨励策」を提案します。

「先ごろ月給七十円以下の多数児童家族には月二円の家族手当が支給されることになり、近く第三種所得税に扶養家族控除が認められようとしているが、この程度の対策で人口増加率を維持できるとは思えない。まず結婚奨励策を思い切って行わなければならない。独身税を賦課して晩婚を防止し、結婚資金を貸与して奨励する。ことに多数児童家族には税制改革とともに賃銀及び俸給政策による保護、教育費の国庫負担、児童保険の創定等、積極的な政策が必要」と、人口政策を疑うどころか強化する発言です。

「今日、生活難、社会不安より来る産児制限は想像以上にび漫しており、将来も続くなら、欧州諸国のように人口の減退を生ずるのではないかと憂慮に堪えない。その半面、我が国と境を接する支那、ソ連邦では、日本の人口増加率をはるかに凌駕する大人口増加となっている」と不安を訴え、また、「花柳病（性病）の蔓延が甚だしく、年間十四、五万人の死者を出しているうえ、生殖不能となる者も多い、その対策をどうするのか」

「花柳病以上に対策が遅れているのは精神病であり、十万の患者のうち施設に入っている者は二万、他は座敷牢に入っているか野放し状況で、発作的殺人事件が相次いでいる。この対策をどうするか」

「精神病対策の一つとして、結婚管理法（優生結婚法、結婚健康法）が必要ではないか。世界でそれがないのは、フランス、ベルギー、ルクセンブルグ、パラグアイ、タイ、エジプト、支那など数えるほどしかない」と、ぶち上げたあと、次のような点に、世人や専門家の疑念があるので、明快な回答で疑念をはらしてほしいと問いかけます。

「一、今日の学問の程度を以てして、真の遺伝なりや否や、強度なりや否や、悪質なりや否やが判明する程度まで進歩しているか。
二、天才と狂人は紙一重と言うが、狂人を失うことによって天才をも失うおそれはないか。
三、日本は家族制度の国だが、子種を失った者の先祖の祀りは誰がするのか。家族制度の精神を破壊するものではないか。
四、将来医学の進歩発達によって精神病を治療することができることになるかもしれぬのに、取り返しのつかぬことにならないか」
これに対し、厚生大臣は、さすがに、結婚管理法などは軽々に定められないと反ばくしつつも、多数児童家族の援助、花柳病、精神病対策等も積極的にすすめ、人口対策としては「消極的にすぎる」この法案を補いたいと公約。四つの疑問に対しては、「①遺伝の確実性については現在の学問で十分である。②天才と気狂いの相関関係はないが、精神病者で天才の素質を併せ持っている者もいる。そいういう人には優生手術は行わない。③祖先の祀りは養子によって受け継ぎ得る。④精神病は治療し得るものが多いが、本人が治っても、素質が子孫に遺伝するので対策が必要」と、回答します。

質問二番手は、政友会の曽和義弌。大阪の小学校の代用教員を振出しに、小学校長となり、『河陽新報』を創刊した人です。

「悪質な素質は一代でつくられるものでもなければ、一代で解消し得るものでもない。「優生」の方法は断種だけではないはずだ。日本民族はさかのぼれば一つの祖先に帰し、一木一草をもあわれむのが日本精神なのに、小さい魂の生まれ出る可能性を絶つというのは日本主義に反する。国家は、結核・癩病・花柳病などの罹患者を治療すべきなのに、財政難を恐れて血統を絶とうとしている。また女子が妊娠中なら中絶させるというが、生ませて育ててみたらどうか。国は神国、民は神裔（神の子孫の意）、神の御末を断種するとはユダヤ思想である。

また、優生手術の申請者に医師が含まれているが、最近の医師は、基礎も病理も死体解剖によって学ぶため、唯物的で霊的考え方のない人が多い。このような医師が申請するのは恐るべきことだ。法案は、国民体力審議会によって審議されたから安心だと言うが、一学問、一専門家であれば安心とは言えない。日本精神を持っているという保証はない」

と、〈日本精神〉を繰り返し、「この法案は消極的すぎる」と結びます。

「消極的すぎるというが、避妊手術や、妊娠を回避する人心の動きに対し、故なくして手術を行う者は厳罰にするという積極的な項を設けている。また、国民は網の目のように上代からつながっているというが、だからこそ一点腐蝕しているところはつくろって、悪影響がないようにしようとしている」と、厚相は〈人口政策〉を強調。

杉山元治郎（社会大衆党、大阪の歯科医、農民運動家）は、法案を、「我が大和民族の優秀性を示すものとしてご同慶に堪えない」と、たたえたうえで、

「①精神病患者は昭和十二年には九万九百九十五人で、白痴、低能を加えても二十五万人にすぎず、総人口からみて大した数ではない。また学者の中には、この法案の対象患者は多くは遺伝的には劣性因子だから、一人残らず断種しても十四代で半数、三十代で四分の一になるにすぎないと言う者もいる。それよりも積極的な人口対策が必要で、まず結核対策を考えてほしい。昭和九年でも十三万一千五百二十五人が死亡、現在は死亡十四万人、罹病者は百四、五十万人を超えている。政府は、「結核予防法を改正している、予算も増加している、体力国家管理法もつくる」とおっしゃると思うが、どんなに体力を検査し、病気をみつけても、治療施設と、誰でもそれを利用できる制度がなければ役に立たない。結核は、年額十五億円内外で十年間に半減、二十年間に三分の一に減じ得ると専門家は言っている。国家財政上困難なら、せめて「結核義務保険制度」を実行する意志はないか。

結核に続いて死亡率が高いのは、下痢・腸炎（年間十二万七千人）、肺炎（十二万四千人）で、特に農村に多い。無医村の絶無を図り社会保険制度を確立すべきではないか。

本案の対象から、アル中、特に梅毒をなぜ除いたか。日本がまねをしたがるナチスドイツの遺伝病予防法にも、合衆国の結婚禁止法にも、アル中が入っている。アル中の遺伝についての研究もある。また遺伝性梅毒は、乳幼児で２―４％、児童10％、感化院の子は20％もある。寒心すべき状態だが花柳病予防法提出の意志はあるか。

癩は、癩予防法を改正して優生手術を行おうとしているようだが、この法案の適用で十分ではないか。それよりも施設の増加、待遇改善（現在一日二十銭未満の費用）と研究所の設置が必要」と、社会施設、社会立法の必要性を強調しますが、厚相は、

「結核対策にはできるかぎり力を注ぐ。下痢・腸炎・肺炎等の死亡率は低下している。アル中・梅毒は遺伝ではないので除いた。花柳病予防法改正は準備中。癩については別の機会に答える」と、型どおりの答弁に終わります。

滋賀県の産婦人科医、田中養達（時局同志会）は、質疑に名を借りて、痛烈に政府を批判します。

「この法案は、実際に便利であり、必要でもあるが、取扱いを誤ると悲喜劇を生じる。医学上からみても、身体の一部を傷つけて生殖機能を停止するのは、ある意味で殺人である。医学は人類の生命の肯定から始まるから、厳密には医学の否定となる。

①日本ではまだ精神病の遺伝関係については調査が出来てない。根拠となる調査があるなら示してほしい。医学は非常に進歩したが、精神科はまだ未開の分野が非常に多い。ひょっとすると政府はドイツなどの統計を基礎にしておられるのではないかと心配する。遺伝の法則はあるかもしれないが、疾病の遺伝は民族によって違う。外国がこうだから、統計がこうだから、が根拠では、非常な間違いが起こり

はせぬかと心配する。

②昭和十年度に八万ほどの精神病者が日本にあった。実際数は二十五万と言われたが、この二十五万人を一時に断種しても、一割の二万五千人になるのには二千年かかる。予防でいくのか断種でいくのか。どちらに重点を置くのかうかがいたい。予防するとすれば、早期診断も隔離も治療もしなければならない。大金がかかる。なぜここにアル中の断種をお入れにならないのか。学説の定まってない精神病の遺伝関係でさえ、思いきってこんなことをなさる勇気に敬服するが、精神病の一番の原因は酒なのに、それが入っていない。これでは仏つくって魂入れずであろう。アル中を加えても、金はかからない。しかもこの病気自体は確実に防ぎ得ると思う。精神病の場合はそうはいかない。精神病患者の家庭の子どもらは、親や近親が精神病だという憂うつな家庭に育ったことが、たまたま素因と合致して発病する。だいたい精神病の間接または直接の原因は梅毒と酒で、これがなければ精神病はうんと減る。これは日本の統計にすでに示されている。しかも、この梅毒に罹る危険性が一番多いのは一杯飲んだ時である。とすると、酒が一番の原因ということになるのに、かんじんのアル中を除かれたことを遺憾に思う。

この案には、誰かも指摘されたように、積極面がない。おやじが一杯飲んでクダ巻いてる家と、おやじさんがごちそうでも買って来て愉快に晩餐をやっている家と比べたら、どちらの子どもがよく育つか。いま国家が一番要求している人間はこれであり、これなら一銭も使わずに国民素質の向上をはかり得ると、私は深く信じている。

全体、政府は酒をどう考えているのか。新聞を見ると、今年は酒飢饉で困っているが、多少配給できるようになったと、凱歌を奏したようなことを書いているが、これでは酒は生活の必需品だという考えを植えつけるようなものだ。せっかく厚生省が出来ても、こんな気持ちでは政府は何を目指そうとしているのか。

第二に、酒をどうするおつもりか。厚生省もご承知のとおり、酒にうんと水を混ぜる。そのため腐らぬようメチール・アルコールを入れるので、盲目になった人が出ている。経済警察は小商人を闇取引きで引っ張るが、彼らは闇を止めてもらいたいと言っている。どこかに大きな奴がいる。それを押さえなければならない。酒は値上がりするだろうと見込んでいる大闇がどこかにいるのに、それを押さえないからメチールを入れることになる。年々この議会に上程される二十五歳禁酒法案をなぜ政府はおやりにならないのか。厚生省が新しく出来て、国民の医事行政、健康を憂うるというご親切と親心があるなら、ぜひこの際二十五歳禁酒法案をつくってほしい。今までは酒屋の反対があってできなかったが、今は酒そのものがない。絶好の機会である。総理大臣が「断乎何々」という声明を百遍お出しになるより、一つでいいから実行に移してほしい。世界に例のない体力管理法案もやがてお出しになるようだが、何万法律をお出しになっても、国民体力低下の源を防がなくては何にもならない」

多くの人が内心手を叩いたのではないかと思うこの名演説を、吉田厚相はやんわり受けて、「調査の段階にもいろいろございますが、政府と致しましては、相当の調査の基礎の上に、この法案を立案致したのでございまして、それらのことは他の機会に改めてお示し致すことにしたいと存じます。二十五歳禁酒法案は十分考究をさせていただきたい」

と、逃げます。

同じ時局同志会の弁護士、北浦圭太郎も鋭く追い討ちをかけます。

「①「国民優生法案」という名は立派だが、優生手術は人体を傷害するもので、臣民の身体自由権を侵害する。しかも、これを地方長官や厚生大臣が審判するのは憲法に違反する。逮捕・監禁・審問・処罰するのは、人民に反社会的行為があった時にのみ認められているのに、何らの反社会的行為のない者に傷害が加えられてよいのか。憲法では「日本臣民ハ法律ニ定メタル裁判官ノ裁判ヲ受クルノ権ヲ奪ハルルコトナシ」と規定している。親子・親族・夫婦・相続関係にまで重大な影響を及ぼすことを、牛や馬を処分する行政処分によって決定すべきではない。地方長官は畜産組合、牛馬検疫等ではいかような処分をされてもいいかもしれないが、子孫を絶滅する大事件を裁くのは憲法違反である。時勢が如何に変化しようとも、われわれは断固としてこれと戦わねばならない。

②刑法では、自然の分娩期に先立って胎児を母体外に排出すれば堕胎罪として処罰しているのに、この法案で三か月以内の胎児処理を奨励するとは何事か。堕胎は現在でも、糊口の困難などによってよく行われており、特に三重県山間部では昨年十一月、百名を超える被疑者が検挙され、いずれも有罪とされた。山間僻地で産物が足りないため、徳川時代から因習になっていたものを厳重に処罰する反面、堕胎及び堕胎以上のことを奨励するとは何事か。刑法上の処罰事項は刑法に規定しているからこれを罰し、本法案に於ては国家のためにこれを許すのだという簡単な説明では承知できない。人間の浅薄な知識で、奇形児の子は奇形児、精神病者の子は精神病者なりと断定するのは首肯できない。

③奇形児ほどかわいいのは親心の常なのに、この法案は人情にもとる。仁政ではない。

④本人が申請するのでは不徹底となり、実効は期しがたい。然らずとも法律命令の盛なること、今日より大なるはない。降り続く春雨の如く毎日毎日、あるいは商工省令、あるいは大蔵省令、あるいは各府県令等々、いかなる専門家といえども国民の頭に注がれる法律命令を理解し、知ることは困難な状況にある。本法案のように幾多の矛盾撞着を含むものを、会期切迫の今日提案せずとも、案を練り直して出直すことが賢明と信じる。

⑤本法案では故なく優生手術を行った時は一年以下の懲役、人を死に至らしめたる時は三年以下の懲役となっているが、故なく優生手術を行いたる者に今日まで処罰されなかったのか。

⑥近来厚生省は「産めよ殖やせよ」との通俗のスローガンを以て人口の増加を図ろうとしているが、

断種法の如き、わが民族の消長に関する、かつ人道上の重要な法案を提出する前に、全国の遺伝学者を動員して研究すべきだ。国立遺伝研究所を設立して大いに研究し、学問の基礎の上に立って後に提案すべきではないか」

この痛烈な質問も、しかし、至って簡単にかわされてしまいます。

「①悪質の遺伝性疾患の遺伝を防ぐ手術を行うことを法律を以て規定するのは憲法には反しない。裁判権を侵すものでもない。審査会の慎重な審議こそ妥当で、裁判所が取扱うべき事柄でない。
②本法案でも「故なき堕胎」を認めるわけではない。在来の法制との間に矛盾は一つもない。
④原則として本人の任意。任意によりがたい已むを得ざる場合に初めて強制の手段を履むという慎重な手続きとなっていることは、むしろ重要である。
⑤従来、判断基準が明瞭でなかったのを、今回の立法で明瞭にした。
⑥研究機関については十分考慮したい」(以上厚生大臣)
「②堕胎は弊風であり、今後、根絶したい」(内務政務次官)

こうして、細部の検討は委員会に付託されることになり、議長が即日十八名の委員を指名、翌日、委員長に八木逸郎を選出します。

最後までおおもめの委員会

舞台が「国民優生法案委員会」に移ってからも、議論は紛糾します。

①この法案では「子種を絶つ」ことになる。祖先の祭祀を重んじる我が国の家族制度に反するのではないか。(家族のうちの該当者だけに施す。家族全員に施行するわけではないから、血統は絶えない。現在でも、廃嫡、養子などの制度がある)

②遺伝病もいずれは治療が可能になる。現在でもある程度は治療できるのに、施術するのは残酷。(現在の医学では治療不可能な者だけを対象とする。治療によって症状を抑えることはできるが、遺伝素質そのものは変えられない)

③精神病は環境に影響される。中でも酒害と関係が深い。酒害防止で抑制できるのでは。(環境の影響もあるが、根源は遺伝素質にある。優生手術以外に根源的な方法はない)

④第三条の各疾患が、確実に遺伝病だという証拠はあるのか。(外国の文献と、厚生省の全国三千の精神病家系調査結果を提出)

⑤精神病・癩病等の収容施設の拡充が先ではないか。(もちろん拡充するが、本制度なしでは遺伝病対策は不十分)

⑥実効を期し難い。それよりも環境対策に力を注ぐべき。(短時間に効果をあげることは難しいが、国家将来の発展のため十分な効果がある)

⑦積極的方策として、結核、花柳病、癩、下痢・腸炎等に力を尽くすべき。(本年の予算にも計上、今後とも力を尽くす)

⑧優生手術を受けたことを秘密にすると、結婚相手が不都合。(秘密主義の原則はあくまで守るが、実際上の不都合な点は、施行に際し十分考慮する)

⑨性欲亢進、減退等の悪影響はないか。(すでに癩患者等に相当実施しており、外国の実例も多いが、ほとんど全く影響はない)

⑩第十四条の妊娠中絶は、百%疾患者だという証明がつかぬかぎり行き過ぎではないか。(優生手術に相当すると決定した以上は、一歩進めて行うのが当然。実際上の適用は極めて少数と思われる)

⑪第三条に該当する疾患は、それぞれ病名を列挙すべきではないか。(規定の方法については専門家の

意見を聞き、十分調査研究したうえで決定した。適当と思う）
⑫精神病はすべて遺伝という考えはおかしい。（ことごとく遺伝ではないが、相当の部分は遺伝病であることは確実）
朝十時から夕方六時七時まで、激論が重ねられること七回、三月十九日、ようやく修正案がまとまります。
①第四、五条の、父母の同意を必要とする年齢を、二十五歳から三十五歳に引き上げる。
②第十四条（妊娠中の者が適用者と指定された場合は人工中絶する）を全文削除。
③優生手術を受けた者が結婚しようとする時、先方から問い合わせを受けたら答えなければならないという「通告の義務」を加える。
最後に社会大衆党の杉山元次郎は、「慎重な施行を望む」ほか五つの希望条件を出しますが、決議には至らず、附帯決議「強い酒精中毒に対する施術の可否を権威ある調査機関を設けてすみやかに調査すること」を可決、翌三月二十日、衆議院を通過します。

最後の抵抗——建部遯吾

貴族院。戦後生まれの方には、ふしぎに響くでしょう。二院制と言っても、今の参議院とは全く別のもの。貴族またはそれに近い人びとだけが議員になれた特権階級擁護のための議会が、衆議院の上にあり、衆議院を牽制していたのです。
当時の議員名簿を開くと、まず皇族の名がずらり十六人、続いて公爵十六人、侯爵三十七人、以下、伯爵十八、子爵六十六、男爵六十六人、「多額納税者」が六十四人、そして学士院会員四人、「勅選」による学識経験者が百二十七人。八木逸郎が、「議員立法は貴族院に回っても、ほとんど握りつぶされる」と嘆いたのも、なるほどと思われます。

今回は「政府提案」とはいえ、「本邦初の」「重大な趣向」のこの案、成立するでしょうか。

三月二十二日、いよいよ第一読会です。吉田厚生大臣は、提案理由を説明、今度が六回目の提案であること、国民体力審議会の答申に基づくものであることなどを述べて、「会期切迫の折柄ではございますが、何卒御協賛あらむことを」と、切望します。

質問に立ったのは、勅選議員の建部遯吾（研究会）。社会学者。東大の教授から衆議院にも立った人。「十三の疑問がある」と口を切ります。

①個人の生命の延伸は年齢に関わるが、系統生命の延伸は世代に関わる。個人の生命は、自他殺、死刑などで、系統生命は避妊・堕胎・断種等で断絶し得る。死刑や断種でなく、まず感化とか病気の治療を優先すべきだ。死刑と言い、断種と言い、一度断ずれば取返しがつかない。

②良質と悪質は程度の差で、品質の正負ではない。強度かつ悪質な遺伝性身体疾患の例にあがっている盲目・唖・白子を見てもそれは明らかだ。盲唖は社会の損害ではない。有用のやや小なる者を有害と認めるのは論拠の誤りである。

③未完未成の学説を根拠とし、調査もすこぶる不完全なのに、それを以て取急ぎ実施に急ぐのは、その思想の奥底に不十分な欠陥があることを自ら暴露するものではないか。

④目的の二番目に「健全なる素質を有する者の増加を図る」とあるは人口増加策の意か。とすれば羊頭を掲げて狗肉を売るものである。

⑤目的の第二を表わすのは第十六条（注＝不妊手術の禁止）だけだが、これに第十七条（注＝不妊手術

または中絶を行う時は、他の医師の意見を聴き、かつ届出る）が続くのは、羊頭狗肉の一例と見られるおそれがある。
⑥産児制限の黙認、不取締まりは、衆議院の特別委員会でもしばしば応酬されたとおり。ある種の器具売薬は認められているのに、目的の二を掲げるのは矛盾する。
⑦社会心理を通しての社会的効果・社会的影響は、この問題では特に広い考慮を要する。雷同の心配はないのか。
⑧第二目的を掲げながら「生殖を不能にする手術」が六回、「妊娠中絶」が七回、「優生手術」が二十四回も出てくる。産児制限に火をつけるものではないか。
⑨最近三十五年間に各国の人口自然増加率の低下は著しい。人口一千につきイタリーは12・2が9・4、ドイツ15・5→7・1、米国14・4→6・1、英本国11・0→3・2、フランス1・2→マイナス0・4に減少しているが、各国で盛んに行われている断種法と関連していないか。
⑩この法律は、効果がないのに喧伝されているインシュリン療法を思わせる。マラリア療法よりも残酷猛烈な療法を思い浮かべる。
⑪質の悪い目的や策動に悪用されるおそれがある。
⑫医学の建設的進歩が困難な中で、消極破壊行為の頻発が社会的症候としてあるが、本案は国民の意気を阻喪させるものではないか。
⑬衆議院の速記録を拝見すると、（質疑は）痛切また適切と感じた。本問題の社会的・優生的問題と、人口問題についての政府委員の御答弁は、甚だ遺憾ながら、支離にしてかつ不徹底が多い。綿密な再検討のため十分な時日を費やし、十分な自信をもって出直す必要があるのでは。六度目の提案というのに、政府側答弁は、どう拝見しても完全ではない。本問題そのものがまだ十分成熟していないことを裏書き

するものではないか。
　衣の下のヨロイを鋭くついた質問に、厚生大臣は答えます。
①系統的生命を断つことに対し慎重に、とは、もとより政府も考え、自らも取調べ、審議会の意向も聞き、各方面の有識練達の士にはかったものである。
②良質悪質は必ずしも程度の差とは考えない。最も悪質な遺伝性盲人や聾唖は、本人の不幸はもとより、家族・国家社会の不幸であるから、生まれてくることを防止したい。
③本法案の基礎となる遺伝学・優生学は、この法案の基礎として活用に堪えるだけ発達している。しかし、実施については慎重を期したい。
④健全な素質の増加を図る条文としては第六条がある。今日優生手術と称せられる操作が理由なく行われ、人口減少の一因となっているが、法文を以て明らかにしていなかった。その濫用を厳禁し、厳重な制裁を以て臨む。
⑤十七条は十六条の手続きを規定している。その手続きをふまず、あるいは違背した者は厳重に取締り、処罰しようというものである。人口増加はこの法案だけでは図れない。保健衛生・国家経済・産業・教育政策・あらゆる面で図るよう全力を注ぐ。
⑥産児制限がむしろ社会の中以上の階級で行われているのは憂慮に堪えないが、法律を以て取締まるのは難しい。健全な次代の国民を多数得ることは、大切な御奉公の道だということを強化指導したい。
⑦新奇を好む、あるいは反動的反対には十分戒心を加えたい。その動きについての心配は私も同感。
⑧人口減少に連なる用語の頻発については注意したつもりだが、国民は現実に目をおおってはならないと思う。
⑨各国の人口減少と断種の関係は、各国とも考慮しているので、別の機会にお耳に入れたい。

⑩（回答せず）

⑪施行については悪用されぬよう、周到に配慮する。

⑫この種の事の断行には勇気がありながら、他（のことの実行）には勇気がないという印象を与えることはない。今日のような時世では、必要な事は万難を排しても行わねばならない。

⑬政府としては十分な検討をし、自信を以て提案した。

ここですかさず戸澤子爵が、「重要法案なので十五名の特別委員に委ねたい」と動議。その場で、公爵島津忠承など九人の華族と、下村海南ほか六人の勅選議員、多額納税者が任命されます。建部は加えられません。

悔いを千載に残さざらんことを

特別委員会の内容を、委員長、野村益三子爵は、三月二十六日、本会議で、次のように報告します。「①このような任意申請制度は外国にはない。②同意申請が原則。③申請及びその手続きに周到な規定を設けており、人権じゅうりんはない。④不妊手術、中絶を第十六、七条で禁止し、違反する者には相当の制裁を加えることとしたので、人口増加にも貢献する法案である。以上を認めたが、次のような質疑応答があった。

①今日の遺伝学で確認できるか。将来変わることはないか。

②遺伝説は定説か。（現在の学問の進歩に基礎を置いている）

③軽快した者にも科すのか。（軽快するなら遺伝ではない）

④ドイツではアル中や性的異常者も加えているようだが。（アル中を対象とするのは時期尚早。性的異常者は「病的性格」に含まれる）

⑤性能研究所のようなところで十分審査すべきでは。（国民の自覚による自主申請が原則）
⑥大本教の如きは、まさしく本法を適用してもよい。むしろ進んで去勢すべきだ。
⑦強制法にせよ。（現在強制去勢は七か国、申請と強制の併用は四か国。刑事政策としては研究の余地がある）
⑧優生家系は積極的に保護せよ。（人口問題研究所と近く開設の厚生科学研究所で研究する。各府県の教育会に依頼して資料は集まっている。百九十五人の専門医が三千家系を調査した。今後も引き続き調査する）
⑨術後の成績は。（手術は簡単で十分か十五分で完了。健康には無関係。男性はむしろ健康増進、性欲や性生活の心配はない。女性の大部分は変化がないが、好転、低下がそれぞれ少数みられた。癩患者一千三名に行った実績では、手術後不眠を訴えたもの41％、四日以上臥床したもの21％、健康状態に影響がなかったもの65％、健康状態を増進したもの2・6％、低下せるもの5・8％。性欲に対する影響は不変55・6％、増進したもの4・8％、減少したもの13・2％）
⑩現在、癩治療所はわずか十七か所、収容人員一万にすぎない。癩絶滅対策は。（鋭意努力中。御内帑金も仰いでいる）
⑪実施に慎重を期してほしい。（昭和十五年度は準備期間。施行は明年度から）
⑫外国のやき直しではない、日本の優生方策を。施行は慎重に。（精神病者、身体欠陥者は約百二十五万人だが、強度、悪質な者二十五万人のみを対象とする。本年度は予算計上三万円、来年度は百万円を計上、一度に二十五万人ではなく、順次実施する。初年度は約二千人）
最後に以上の討論をふまえて議決したという「希望決議」を読み上げます。
一、本法の重大性に鑑み政府は本法の実施に当り常にその社会に及ぼす影響につき深甚の注意を払い

又本法の目的を達成する方法につき一層の研究を為すべし

二、優生思想の啓発に当り本法制定の趣旨を周知せしめ徒らに社会に不安の念を抱かしめざるよう留意すべし

三、中央及び地方に設くべき優生審査会の組織につき慎重に注意し又委員の構成につきては特に考慮すべし

討議に入り、建部遯吾は、ふたたび、強烈に反対します。

①系統生命尊重観に大欠裂を与え、産児制限に拍車をかける。

②人口減衰は系統生命尊重観の衰滅によるもの。危険は倍加する。

③子の百%に遺伝されるのは、両親が全く同じ遺伝素因を持つ場合だけ。発現率は多くは四分の一以下。

④一人の悪質者を恐れて三人を失うのか。

⑤有用度が低いというだけで抹殺するのは人口政策と矛盾する。

⑥各国の断種と人口減衰は因果関係がある。

⑦未完成の学説を根拠とし、良質人口の増加を擬装している。社会心理の普遍法則を無視、欧米諸国の重要関係事実を閑却している。個人観に偏り、普遍的な社会認識に欠ける。優生案は何ら急遽制定する必要は全くない。むしろ癩ぼく滅にこそ全力を。

と、細かく理由を述べて、「広き視野、確かなる基礎に立ちて、悔いを千載に残すことなからんことを切に祈る」と結びます。

国策を支えた下村海南

ここで推進の力となるのが下村宏（通称海南。勅選議員。逓信官僚から台湾総督府民政長官へ。後に朝日新聞論説委員としても活躍）です。

「この問題は極めて重要なのにもかかわらず誤解されている。言うまでもなく、良質の人口増加は国力の飛躍となる。維新以後の躍進は人口増加に負うもの。停滞の徳川時代は人口も停滞していた。しかし近時増加率が漸減、平均寿命四十五歳は欧米より十五歳短い。人間にはプラスとマイナスがあり、マイナスの最たる者は精神病者、犯罪者で、多くは遺伝による。よって各国は優生法を施行しているが、最も成果をあげているのはドイツである。第一次の欧州大戦で二百万人の壮丁を失い、戦後八十万人の餓死者を出したドイツは、このままではポーランドにも劣ると、結婚と多子を奨励、体力増強、人口増加に励み、オリンピック参加五十余か国中第一位となった。これが前大戦の戦勝国英仏がドイツに脅威を感じている所以である。

ドイツは優生運動、断種法を一番手広くやっているが、それは「プラス人口」を増やし、「マイナス人口」を減らすものである。ここにドイツの断種法の趣意書を朗読する。（朗読）

私は二十年ほど前、『人口問題講話』でもこの問題を切言した。私が関心を持った契機は、少年時代、近隣の長男が発狂、長女は相思の人との結婚が望めなくなり自殺、相手の男も自殺、発狂者を出した家の母も入水したのを見たからである。

私に松波寅吉という親友がいた。私の妹をめあわせようとしたが、てんかんがあるからと固辞して独身を貫いた。彼は医者で、弟も医者だったが、弟は結婚し、普通の子女を得た。もしもこの断種法があったら、彼も人なみに結婚できたろう。このように上流階級で物の分った人ほど自制し、下級の者は無邪気にどんどん子を産む。断種は申請では生温い、強制せよとか、犯罪者の刑とせよ、断種でなく去勢を、の声も聞くが、一考に値する。

断種を避妊に悪用することは、十五条、十八条で規定され、従来の無制裁から前進した。家までが絶えるという心配に対しては、養子制度がある。どんな名家でも子孫がきちがいではしょうがない。

この重大法案が会期切迫の時期に提出されて十分論議されないのは遺憾だという建部博士の説はもっともだが、私の賛意は、来年なら、あるいは再来年なら変わるというものでもないし、遺伝性精神病が減少するものでもない。今回の事変（注＝日中戦争）で国民の中堅となるべき若い人たちが多数死に、あるいはいろいろな病気をもらって体位が低下したのみならず、内地には若人がいないため出生率が減っている。これは戦時には致し方ないことで、結婚年齢晩婚化の傾向を早婚に戻すのも一策だが、まず乳児死亡率を外国なみに下げたい。そのためには育児知識を普及させることである。次に小中学生の結核対策に留意すれば、平均寿命は五十歳にはなろう。

一方、雑草の根を絶つことである。ドイツもスウェーデンも、断種を始めてから出産率が向上した。悪質者は減らすべきである。

今回の法で避妊手術は罰することになったから、断種で人口が減る分は増えるだろう。しかし根底は国民全体が自覚し、思想的、肉体的に伸びなければ意味がない。民衆にこの趣旨をよく理解してもらいたい。あらゆるものには利害が伴うことを心得て、本案の成立を切望する」

吉田厚相がことばを添えます。「本法案の実施につきましては、政府は決してこれのみで成果をあげ得るとは思っていない。あわせて各種の積極的な方策をとる。委員会の決議を十分尊重したい」

もはや反論はありませんでした。

「これにて討論は終わりました。本案の採決を致します。同意の諸君の起立を請います」

「過半数と認めます」

議長、松平伯爵の宣言に、西大路子爵が「直ちに第二読会を」と呼びかけ、植村子爵が「賛成」と叫びます。

「本案の第二読会を開きます。ご異議がなければ、全部を問題に供します。本案全部、委員長の報告どおりでご異議はございませぬか」

(「異議ナシ」と叫ぶ者あり)

「御異議ないと認めます」

「直ちに第三読会を！」ふたたび西大路子爵の声。そしてまたも「賛成」と植村子爵。

「本案の第三読会を開きます。本案全部、第二読会の決議どおりでご異議はございませぬか」

(「異議ナシ」と叫ぶ者あり)

「ご異議ないと認めます」

議事録はここで終わっています。

一九四〇年三月二十六日、「国民優生法」はここに成立。五月一日、法律第百七号をもって公布されます。が、実施は、翌四一年七月一日。実施にあたり、第六条、強制断種の項が全文削除されたのは、貴族院の希望決議が生かされたのでしょうか。

ついに越えた〈点〉

この間と、その後の情況を、当時の『東京朝日新聞』に追ってみましょう。

〔**戦時色を彩る優生法案**〕(40年3月13日) 衆院本会議は国民優生法案の論戦に一日を費やした。本議会に少ない国社民福に関する法案の一つとしても、この法案は「断種」という人生の重大施術の当否を決する特殊な意味を持つ点が注目をひく。しばしば議員提出の形で提案されたと同性質の本案が、政府提出として議院に見えるに至ったのも、戦時下における人口問題の重要性がもたらせる情勢の変化であろう。四角四面な政治経済論が普通の議場では、人生の機微にふれるこの日の論題に、聴く者は肩をほぐして傾聴したが、田中養達氏（時局）の話の運びの巧さが特に面白かったのは、あながち同氏が医師出身というためでもあるまい。

〔**内閣初の議会を完了　国内態勢の整備成る　いよいよ新秩序建設に邁進**〕（同3月27日）　米内内閣初の第七十五議会は、会期を二日延長したが、二十六日中に、握りつぶしとなる「ガス用木炭会社法案」と「癩予防法中改正法律案」の二法案を除き全部成立を見、同日をもって聖戦下三度目の通常議会は結末を告げ、二十七日には閉院式が挙行されることになった。

最終日の二十六日は、定刻、貴族院本会議を開き、前日委員会で可決された臨時資金調整法改正案・公債追加発行法案、事変行賞交付公債法案・石炭配給統制法案を可決したのち一旦休憩、午後再開して、木炭受給調節特別会計法案・自動車交通事業法改正案・農産物検査法案・輸出農産物会社法案を逐次可決後、現内閣の政策を織り込んだ明年度第二次追加予算案を上程、二荒芳徳伯（研究）松本蒸治氏（無所属）の質問があって可決成立、最後に国民優生法案を上程、建部遯吾氏（研究）の反対論があるが多数をもって可決成立し、同院で審議中の追加予算案ならびに十件の政府提出法律案全部の審議を終了し、いずれも成立、午後五時終了の予定である。

かくて今議会は、百五億に達する一般会計ならびに臨時軍事費予算案および各特別会計予算案と、百十件にのぼる政府提出法律案中二件を除き百八件は貴衆両院を通過成立して、支那新中央政府（注＝汪政権）成立による新事態に即応すべき国内態勢の整備を完了し、東亜新秩序の建設に邁進すべき諸般の準備が整えられるに至った。

〔〝結婚難〟へ千円の補給　四児を産めば返却ご無用〕（41年3月24日）〝一億人口〟確保の国策に呼応し、厚生省では近く「人口局」を新設の上、強力な人口政策を展開することになり、かねて省内各局を督励して具体的施策の立案を命じていたが、独身者や子宝部隊長にはしごく耳よりな「婚費貸付」「子宝手当」の二制度の試案が社会局の手でまとまった。これは銃後国民の結婚奨励と出産増加をねらったナチス張りの制度で、従来の、単に〝産めよ殖やせよ〟の掛け声ばかりでなく、さらに一歩進んだ、国家がこれから結婚する若人や多子家庭に、必要に応じて資金を投げ出し、〝子宝翼賛〟に拍車をかけようというもの。

婚費貸付は、男子三十歳女子二十五歳未満で新世帯を持つ者に、千円まで無利子貸与、結婚後十年間に月賦償還させる。赤ちゃんが生まれれば一人につき四分の一ずつ、ごほうびに天引き、十年以内に四人産めば全額ご破算になるというありがたい仕組み。しかし無制限ではなく、男女とも心身健全で、悪質な遺伝性疾患や性病、中毒者など、いわゆる優生結婚に該当しないものはお断わり。

〔六人目から月十円　子宝手当〕（同3月24日）十五歳未満の子は六人目から一人につき十円を支給、また十五歳以上の進学希望者で優秀な者には「教育資金」を贈る。

〔「血の証明」なくば結婚を許さず　〝優生結婚法〟の準備〕（同5月13日）七月から実施される例の国民優生法は、悪質な遺伝性疾患を持つ者を任意に〝断種〟させ、国民素質の向上を図るのが目的だが、新しい優生結婚法は、一歩進んで結婚すべき男女をことごとく優生鉄則にはめこみ、銃後国民の血の純潔を確保するもくろみ。当局の案によれば、今後結婚届を出す場合、優生的に見て男女双方が健全な体質であることを証明する医師の「健康証明書」がなければ正式に認められないキツイ制度。悪質遺伝を持つ者は優生手術をすませなければ結婚できないのはもちろん、性病、アル中等も治療証明のない者は結婚できない。全国各地に「優生結婚指導所」を設け、優生結婚の相談、指導も行う。

〔展開される〝民族戦〟七月一日実施の「国民優生法」〕（同6月1日）大和民族の質的増強をめざす「国民優生法」はいよいよ七月から実施される。東亜共栄圏諸国の盟主として、〝民族戦〟の覇者たらんがためには、日本民族の量的増強とともに国民素質の強化も必要、この〝質〟を確保する画期的人口政策である。

（以下、内容を詳報）

〔これなら優生結婚　雛型示して若い男女を指導〕（同6月4日）厚生省優生課では吉岡弥生・竹内茂代氏ら、医学界の権威二十余名を招いて〝優生結婚指導協議会〟を開き、雛型を決定、『優生結婚指導書』を印刷、各結婚相談所、保健所、各種団体に頒布する。

〔産児制限にも鉄槌　七月一日実施の優生法〕（同6月7日）……同法は遺伝性疾患の追放ばかりでなく、人口政策の立場から、合法的な産児制限に鉄槌を下している点が注目される。従来とかく医師に断種手術やレントゲン照射を依頼する者少くなく、医師も自由に扱ってきたが、今後は「避妊」を目的とする行為は固く禁止される。また妊婦が病気で出産が危険な場合は、従来は医師一人の考えで妊娠中絶を行えたが、他の医師の意見を求めるとともに地元府県当局に届け出ることを規定。医師がなれあいで行う形跡があれば、直ちに指定医を派遣して確かめる。

〔国民優生法該当者は三十万人〕（同6月7日）国民優生法は七日公布、施行細則も十三日ごろ公布されることになった。第六条の強制申請による優生手術は当分施行を延期するが、現在優生手術に適当と認められる者は約三十万人、本年度は申請件数三千件に達すると当局では予想している。

戦争への〈道〉は、ある地点で、「引き返し不可能点」に達すると言います。

男性の「機能」にかかわるもの、「家系」にかかわるものとして最も憂慮された国民優生法は、こうして、反対、推進それぞれの人の思わくを越えたものとして機能していきます。法案通過の時期は、その、見えない「引き返し不可能点」の時期にあたっていたのではないでしょうか。成立の前日、聖戦貫徹議員連盟結成、四日後、汪兆銘国民政府樹立、四月、国民体力法公布、米穀強制出荷命令発動、六月、近衛新体制推進の決意表明、七月、大東亜新秩序・国防国家建設方針決定、八月、全政党の解党終了、九月、町内会整備、北部仏印侵略、日独伊三国同盟調印、十月、大政翼賛会発会、十一月、大日本産業報国会創立、十二月、情報局官制公布、翌四一年一月、戦陣訓、三月、国防保安法公布、四月、日ソ中立条約調印、日米交渉開始、五月、予防拘禁所官制公布、七月、南部仏印侵略、八月、重要産業団体令公布、九月、翼賛議員同盟創立、防衛総司令部設置、十月、第三次近衛内閣総辞職、そして十二月八日——。

議事録は、治安維持法下とはいえ、まだ議会の中に最後の言論の自由が、そして政党の残骸が残っていたことを物語っていますが、一つの関門が突破されたとき、あとは、なだれのように傾斜していったのでした。

多くの反対を押し切って強行されたこの法案は、しかし皮肉なことに、その第一の目的である〈悪質遺伝の防遏〉にはほとんど効用を果たさず、一九四七年、優生保護法に代わられるまで、〈優生手術〉の実施数は五百三十八人（申請数八百二、調査数二万一千五百八十）、また、第二の、最も主要な目的であった〈優良国民の増加〉は、多くの出征者、戦死者を続出する中で、増加どころか減少の一途をたどります。

そして、精神病は遺伝するものか、断種よりは環境整備こそ重要ではないか、との叫びを証明するように、この法の施行中も、また、この法を受け継いだ優生保護法が今も施行される中でも、精神性疾患は増えこそすれ、決して減少はしていません。

すべてを結んだ〈優生〉の糸

ところで第六十五議会のやや荒唐無稽な荒川案から一つの法案が出来ていく姿を見ますと、この間の、荒川案、八木案、政府案は、一本の糸で必ずしもつながっているわけではなく、それぞれの底流は少しずつちがっていることがわかります。大まかに分けると、次のようなことになるでしょうか。

(1)荒川——優秀な日本民族の発展をはかりたいという使命感。しかし、現実には、性病、ハンセン氏病・精神疾患等がまんえんしているというあせりと怒り。↓〈害虫〉〈ビールス〉にも相当する凶悪犯、精神疾患の除去が治療法。これらの病原は〈遺伝〉するゆえ、〈断種〉を行わなければ〈根治〉できない。病原菌を除去せずに〈教育〉を行っても、国費の濫費。(教育者、民族主義者の立場。根底にあるのは教育不信だが、自らは意識していない)

(2)八木——精神病者とその家族を救いたいという使命感。しかし、適切な治療法がないというあせり。精神病は遺伝という誤認。↓遺伝を絶ち切るためには〈断種〉が必要。(地域医療の臨床医の立場。根底に医療不信があり、自らもそれを認識している)

(3)村松——日本民族発展の願望(使命感ほど強くはない?)。性病・ハンセン氏病・精神病等のまんえん。〈劣等者〉ほど繁殖力が強いという〈逆淘汰〉の恐怖。↓〈断種〉による制圧。立法化の必要。(法律家の立場。法治主義)

(4)厚生省——疾病発生率減少の願望と責任。性病・結核・ハンセン氏病対策の急務と、治療法の確立していない精神病対策へのあせり。国家の要請としての出生率増加。↓次善の策としての〈断種〉(効果は必ずしも期待していない?)。出生数増加のための避妊手術と中絶の禁止。(臨時機関として特設された立場。衛生局以来の疫学的視点と、国民の増産及び品種改良の責任)

賛成者、推進者は、多くはこの混合型。混合の度合いはいろいろですが、そのニュアンスのちがいを統合していくのが〈優生〉です。しかも、反対論者もまた、基本的には、〈優生〉を支持している姿が見られます。それは戦後の優生保護法と、どのようにかかわっていくでしょう。

女性を含む社会党議員でつくった戦後の第一次案

現在の「優生保護法」ができたのは、ご承知のように一九四八（昭和二十三）年ですが、その前に、社会党案によるもう一つの「優生保護法案」があったと言います。

戦後、帝国議会から国会と名を変えた、その第一回国会に、それはたしかに提出されていました。提案者福田昌子外二名（加藤シヅエ、太田典礼）。一九四七（昭和二十二）年八月二十八日提出、十月一日、衆議院本会議の議題に上っています。

法案は六章二十七条。第一章総則第一条には、次のように〈目的〉が記されています。

「この法律は母体の生命健康を保護し、かつ不良な子孫の出生を防ぎ、以て文化国家建設に寄与することを目的とする」

目的の第一に、〈母体の生命健康の保護〉が掲げられ、国民優生法の主目的であった〈国民素質の向上〉は、〈文化国家建設〉に置き換えられています。

第二条は、国民優生法では「優生手術」とされていた手術の名称を、「断種手術」と改称し、具体的に内容を示します。

「この法律で断種手術とは、永久に生殖を不能にする手術を意味し、男子では精管、女子では卵管の切断又は結紮などを指す。放射線照射とは、永久に生殖を不能にするレントゲン線、ラヂウム線など放射線の照射を意味し、去勢量照射を指す」

第二章は「任意断種」。その対象の筆頭に掲げられているのが、「妊娠、分娩が母体の生命又は健康に危険を及ぼすおそれがあるとき」です。二、三、四、は、いわゆる「優生」で、「本人又は配偶者が悪質な遺伝性素質を持っているとき、本人たちにはなくても近親者に多く、子孫に遺伝の恐れがあるとき、遺伝性は明らかでなくても、悪質な病的性格、酒精中毒、根治しがたい黴毒をもち、生まれ出る子に悪影響を及ぼすおそれのあるとき」を対象にしていますが、五に、「病弱者、多産者又は貧困者で、生まれ出る子が病弱化し、あるいは不良な環境のために劣悪化するおそれあるとき」が加わっているのが注目されます。そして第四条で、本人と配偶者の同意が必要であること、未成年又は心神喪失者の場合は親権者又は後見人の同意をもって代えうることを規定しています。

第三章は「強制断種」。常習性犯罪者、精神病者、癩患者のうち、裁判所、精神病院長、癩収容所が必要を認めた者は、それぞれの長が申請し、優生委員会が判定すること。判定が下った時は、本人と配偶者の同意がなくても施術できること。その費用は国費とすることなどを定めています。

第四章「届出並禁止」では、手術は医師のみが行い得ること、医師といえど理由なくして行ってはならないこと、術後に保健所に報告する義務があること、などを定めると同時に、被施術者が結婚しようとする時は、相手に要求されれば事実を告げなければならないとしています。

第五章「一時的避妊」は、永久避妊である断種に対し、いわゆる「避妊」の自由化を認めたものです。医師の施術を認めると同時に、医師以外の者の避妊と、衛生上有害な避妊器具の製造・販売・貯蔵を禁止し、行政庁が取締まるとしています。

第六章「妊娠中絶」では、次の二つの理由がある者に、中絶を認めています。一つは、「胎児の父が、任意断種または強制断種に該当する者であり、母体の生命または健康に危険を及ぼすおそれがあるとき」、第二は「強姦その他不当な原因に基づいて自由な意志に反して受胎した場合で、生まれ出る子が必然的に不幸な環境に置かれ、劣悪化するおそれがあるとき」で、いずれも、本人と配偶者の同意を義務づけていますが、強姦が登場するのは、戦後の世相を物語っています。

第七章は、この法律に違反した医師と、医師でない者が施術した場合などの罰則であり、最後に附則として、国会通過一か月後に施行すること、施行と同時に、国民優生法ならびに有害避妊用器具取締規則は廃止することをうたっています。

敗戦の翌々年らしい、平明な口語体の文章ですが、ここで新しく主張されているのは、「避妊の全面的な自由化」と、「母体の生命・健康に危険がある時、病弱者・多産者又は貧困者で、生まれ出る子の病弱、劣悪のおそれがある時」に、「永久避妊手術＝断種」を、また、「強姦その他自由意志に反する不幸な妊娠」に「中絶」を認めたことです。

子どもができると生きていけない

提案者のうちの二人、加藤シヅエさんと太田典礼さんは共に八十歳を超えるご高齢ながらご健康で、ご記憶もたしかですが、お二人にうかがったこの間の事情として、「避妊や中絶を認めなければ、どうにも暮らしていけなかった」世相があったという点では一致していました。

一挙に四割も狭くなった国土にあふれる復員兵と引揚者。復員ベビーは続々誕生する一方、町はパンパンと呼ばれる街娼で原色にいろどられていた当時の風景は、私の目にも鮮やかに残っています。住宅難は今日ではどんなに想像しようとしてもできないほど。親子六、七人で一と間暮らしなどというのはザラでした。家主は神様で、赤ちゃんが生まれようものなら追い出されるのが当然。京都の産婦人科医として日夜中絶を依頼される太田さんと、戦前から弾圧に抗して産児制限運動を続けていた加藤さんが、まず、避妊と中絶の合法化に立ち上がったお気持ちは、よくわかります。お二人は、戦前の産制運動の同志で、太田さんは〈太田リング〉の開発者としても知られる人です。

筆頭提案者の福田昌子さん（故人）は、太田さんも加藤さんも、「立案の途中から加わった」と言っておられます。この方は、大阪の済生会病院の産婦人科医、手術の名手として聞こえた方ですが、郷里福岡の県知事（社会党）のたっての懇願で立ったという政治には全くのしろうと。太田さん同様、臨床医としての経験から、やむにやまれず加わられたものでしょう。ご遺族の話では、毎晩深夜まで議員会館にこもり、法律書と首っ引きで、「わからないわからない」を連発しながら、原案作成に悪戦苦闘していた姿が忘れられないということです。

法律専門家が加わってなかったからでしょうか、条文はどれもたいへんわかりやすく、医学者の手に成るものだけに、率直、簡潔です。しかし今日の私たちの目から見ると、戦前の〈優生〉が依然として残っていること、しかも強制断種に強化されているのがふしぎです。

その理由を、太田氏は「あくまで国民優生法の代案として出し、これによって堕胎罪を空文化したかったからだ。世界に中絶法がないあの時期、新しい法律をつくるのは不可能だった」と述懐しておられます。「優生保護法」という名は太田氏の命名だそうで、〈優生〉と〈母性保護〉の二つの要素を盛り込んだことを示した、と、太田氏は〈優生〉を「自分は中絶自由化同様、重要と考えた」と、誇らしげに語ります。太田氏ほどの思いではないにしても、議場での加藤さんの提案理由説明にも、それはうかがわれます。

今は子どもを産みたくない！

十月六日厚生委員会に付託された優生保護法案の実質審議は十二月一日開始。加藤さんは、次のように訴えています。「この優生保護法案は、他の多くの法案と違いまして議員提出であるということに非常に意義があると存じます。

ご承知のように、戦争中に国民優生法という法律が出ました。これは名は優生法と申しておりますけれども、立案の精神は、軍国主義的な産めよ殖やせよの精神によってできた法律であることはご承知のとおりであります。その手続きが非常に煩雑で、実際には悪質の遺伝防止の目的を達することがほとんどできないでいるということは、この国民優生法ができてから今日まで、実際どのくらいの人がこの法律を利用したかという報告を見ますと、よくわかることでございます。

また、現行法の国民優生法は、むしろ出産を強要することを目的と致しておりますために、実際に出産が適当でない人が出産を逃れるようないろいろの医学的な処置を医師に求めることを不可能にする結果、国民、殊に妊娠、出産を致さなくてはならない婦人たちが、非常に苦しんでおるという現状でございます。

殊に現行法ではその第十六条においては、断種手術並びに妊娠中絶の届出制を致しておりますので、断種を受けるべき者、あるいは中絶の処置を医師に受ける当然の理由があると思われる者でも、その医学的な適応症が非常に煩雑な届出を必要とすることになっておりますので、その結果、非常に婦人たちは苦しんでおるというのが現状でございます。

この法案提出の目的は、第一章の総則に書いてある簡単な条項がすべてを説明しております。すなわち第一条に、「この法律は、母体の生命健康を保護し、かつ不良な子孫の出生を防ぎ、以て文化国家建設に寄与することを目的とする」と申しておりますが、これはこの法案すべてを説明しておると思います。

元来、今までも、母体の生命・健康を保護するとか、不良な子孫の出生を防ぐというようなことは広く言われておったのでございます。けれども、実際の母体の保護の方法をどういうふうにするか、あるいは不良な子孫の出生を防ぐ方法はどうするかということになると、非常に消極的な方法のみを選んでおったのでございます。

今日、世界の医学は非常に進歩しておりまして、衛生の見地からは、すべて事が起こってから処置するというやり方は、非常に旧式なことになっておりまして、生命の健康を保護するためには、むしろ予防医学の見地から処置をしなければならないというのが、文化国家の諸外国においてやっておるところでございます。我が国の医学界の現状は、予防医学に非常に立ちおくれております。したがいまして私どもは、あくまでもこの予防医学を全面的に採用して、母体を保護し、優良な子孫を産みたいということを主張いたすものでございます」

加藤さんは続いて、「目的はそうだが、事柄が断種手術や妊娠中絶に及び、また避妊処置は医師のみが指導することを特に明記している関係上、この優生保護法案は産児調節案だと世間で見られており、必然的に日本の人口問題と多くの関連をもって考えられているが、提案者としては、日本の将来の人口を減らすとか増やすという結論を下すことは決してできないと信じている」と強調し、「ただ、日本が人口過剰なのは誰しも認めている事実であり、欧米の民主主義国家が、文化国家の建前として、人口問題に一定の計画性を持っている反面、非文化国家ではふえようと減ろうと何ら計画性をもっていない状況を見るにつけ、この法律が日本の将来の人口に一種の計画性を与える文化国家の建前を、日本に備える一つの方法ともなると信じる」とつけ加えたあとで、「しかし私どもは、人口問題との結びつきよりも、むしろ如実に迫っている母体の生命保護、健康増進と、生まれてくる幼児の優良を求めたものであり、その点に重点を置いてご審議あらんことを」と、特に念を押します。そして、「今日、食糧は決して足りず、四百万世帯近いものが住むに家なく、家のある者も、屋根の下に住んでいるとはいえ、四畳半や六畳という狭い部屋に、二家族あるいは三世帯も雑居している。燃料も繊維製品もほとんど見るべき配給もない状態のもとで婦人が妊娠し、出産し、育児をしなければならない」と訴えた加藤さんは、「多くの婦人たちが声をあげて、今は子どもを産みたくない、でき得るならばもう少し、住居や燃料、食糧の問題等に余裕ができてから、愛するわが子を産みたいと言っている」と、切々と結びます。

ここにあふれているのは、庶民、ことに女性の立場に立ちながら、窮状を救いたいという切なる思いであり、国家による人口政策をあくまで排除しようという姿勢も、はっきりと示されています。しかし同時に「優生」に対する認識も、傍点の部分に明らかです。

加藤さんの記憶によれば、この説明には、さぞたくさん質問が出るだろう、出ればああも言おう、こうも答えようと、三人で大張り切りで待機していたのに、質問は一つも出なかった、ということですが、議事録を調べますと、この日は午前十一時十五分開議、優生保護法案だけを討議する予定だったのが、主食代替の砂糖の配給に関する緊急質疑が先に入り、これに時間を費やし、加藤スピーチが終わった時は十二時十五分。時間切れで、議長が次回を約し、そのまま審議未了になっています。

もしも、ここで質疑応答が繰り返されていたら、提案者の意図はもっと明らかにされ、あるいは相対的に「優生」の部分がかすんだかもしれませんし、逆に、敗戦国日本だからこそ、その必要性が強調されたかもしれませんが、記録が残されていない今となっては、推測も不可能です。

マッカーサー司令部の干渉

ところで、提案に至る裏話として、加藤さんは「総司令部の圧力」を伝えています。「総司令部公衆衛生福祉部長のサムス大佐が、日本の人口対策として①移民②食糧増産③産児制限を発表したところ、マッカーサーのもとに米国のカトリック信者たちから抗議が山のように舞い込んだ。次期大統領選出馬を目指すマッカーサーは、驚いて、サムス大佐に圧力をかけ、同大佐は、家族計画問題はもう手を切ったと述べた。この影響で、政府関係者もおびえるようになった」というのですが、太田氏の記憶は違います。「司令部の圧力はない。むしろ協力的だった。なぜ二つの要素を盛り込んだ法をつくるのか、二つを別々にすればよい、というアドバイスを受けたが、新しい法律をつくるのは非常に困難だったので、国民優生法を変えるというかたちで、提案した」というのです。今となっては〈藪の中〉ですが、総司令部に対する気兼ねを「厚生大臣に人口問題で質問したのに、一言の回答もなかった」と例証する加藤さんの記憶が、必ずしも的を射ているかどうかは疑問な気もします。

一松定吉厚相は、十一月二十八日の本会議で、多賀安郎議員の「人口問題に関する緊急質問」に、かなりの時間を費やして答えているのです。「今日の食糧事情では産児制限問題が起こることは言うまでもない。しかし現在十五歳から六十歳が人口の八割を占めている状況では、産児制限をしても十五万から六十万減るだけで、十四、五年経たなければ効果がなく、人口問題の解決にはあまり期待をかけられない。学者の意見も分かれているが、等閑に付すべきものではなく、厚生省としては十分研究調査を続けている」と述べて、「産児制限と受胎の調節、堕胎を誤解しているようだが、現在、受胎の調節は放任、堕胎は法律で禁じられ、断種は、国民優生法で認められている。が、今日、人口問題と産児制限を直ちに緊急対策とすることは政府としては考えていない」と公式見解を発表しています。消極的姿勢ではありますが、といって、総司令部に対する決定的な遠慮を示すと断定するのは難しいのではないでしょうか。

参議院の保守系議員にのっとられた優生保護法

ともかく太田典礼氏は、第二回国会へ向けて、着々準備していたと言います。「司令部の諒解を得ていたし、当時は司令部のOKをもらっていれば必ず国会は通ることになっていた」と。

ところが提出直前、参議院の谷口弥三郎議員（民主党、熊本、産婦人科医）が、産児制限に関する質問書を内閣に提出したうえ、「あなた方の案には原則的には賛成だから、通過するように協力したい。しかし急進的すぎる点もあるし、参議院で出した方が通りやすいと思う」と交渉を受けたと証言します。

審議未了になったとはいえ、人の法案を横どりするとは、と、太田氏は、あきれもし、憤慨もしたそうですが、中に立つ人もあり、超党派で衆参両院に同時提出し、参議院先議とすることに、やっと同意したというのです。

当時のヤミ堕胎は目に余るものがあり、危険を防ぐことは、誰の目にも急務でした。「医師のみを合法」とすることは、医師の生活を守ることでもありましたから、参議院でも医師出身議員たちが法案を練っており、結局それに力負けしたというところでしょうか。「とにかく通して、だんだんに改正していけばいいと最後には思うようになった」という太田氏のことばは真実だと思いますが、ここに大きな問題が残ったのではないかという気がします。

「国民優生法」を強化した「優生保護法」

ともかくこうして社会党案を修正した優生保護法案は、一九四八年六月十二日、衆参両院に提出されます。

提案者は、参議院が谷口弥三郎（民）竹中七郎（民）中山寿彦（民）藤森真治（緑風会）の四名、衆議院が福田昌子（社）太田典礼（社）加藤シヅエ（社）武田キヨ（民）柳原亨（民自）大原博夫（協同党）の六名で、加藤、武田氏以外は全員医師です。十名の共同提案と言っても、中心は谷口氏ら産婦人科医。国民優生法による中絶や避妊手術の非合法化で、戦中、戦後、堕胎罪にふれる危険にさらされた医師たちが、医師の手術を合法化することに何よりも重点をおいたものでした。

原案の修正は、参議院厚生専門調査会委員中原武夫氏によって練られたということですが、保守系議員の提案が軸になったためか、第一回国会の社会党案よりは、国民優生法に近いものになっています。

目的の第一に掲げられていた「母体の生命健康を保護」は第二に下がり、「優生上の見地から不良な子孫の出生を防止する」ことが第一目的となりました。しかも、社会党案で出した「強制断種」は残され、「近親者にその素質を持っている者が多く、子孫に遺伝の恐れがある者」という表現は、「四親等以内に悪質遺伝を持つ者」という、「優生強化法」になったのでした。

国家による出産管理の確立

提案理由を、参議院本会議と衆参両院厚生委員会では谷口弥三郎、衆議院本会議では福田昌子が説明していますが、両者の説明はほとんど同じで、第一回国会の委員会で訴えた加藤シヅエの、「今この時期には産みたくない、と婦人たちは叫んでいます」という切々たる響きは消えています。

一九四八年六月十九日、参議院厚生委員会で、谷口弥三郎は、次のように述べます。

「我が国は敗戦によりその領土の四割強を失いました結果、甚しく狭められた国土の上に八千万からの国民が生活しておるため、食糧不足が今後も当分持続するのは当然であります。総司令部のアッカーマン氏は、「日本の天然資源はまだ十分開発利用されていない。科学を発達利用すれば、八千万人口までは自給自足し得る」と言っております。現在我が国の人口は、昨年十月一日調査では七千八百十四万人余、本年の人口自然増加は百二十万人、本年度の引揚者総数は七十万人のため、その総計は八千四万人となり、すでに飽和状態です。

しからばいかなる方法を以て政治的に対処するか。第一に考え得ることは移民の懇請ですが、毎年百万人以上の移民を望むことは到底不可能ですので、その幾分かずつでもよろしいから大いに努力して懇請すべきであります。

第二の対策は未開墾地開拓、水産漁業の発達による食糧増産、第三の対策は産児制限問題でありますが、これはよほど注意せんと、子どもの将来を考えるような比較的優秀な階級の人々が普通産児制限を行い、無自覚者や低能者などはこれを行わないために、国民素質の低下、すなわち民族の逆淘汰のおそれがあります。すでに逆淘汰の傾向が現われ始め、たとえば精神病患者は昭和六年約六万人、人口一万に対し九・九八、昭和十二年には約九万人、人口一万に対し十二・七七にふえ、失明者も同様の傾向です。また浮浪児にしても、従前は、その半数が精神薄弱すなわち低能であると言われていたのが、福岡・佐賀の浮浪児収容所の調査成績を見ますと、おのおの八〇％に増加しております。したがってかかる先天性の遺伝病者の出生を抑制することが、国民の急速なる増加を防ぐ上からも、また民族の逆淘汰を防止する点からも極めて必要であると思いますので、ここに優生保護法案を提出した次第であります」

お気づきのように、理由①②③はサムス提言と同じ。そして次に展開される〈逆淘汰〉の理論は、あの荒川五郎以来のもの。ちがっているのは、帝国議会時代の「国民の増加を図る」が「急速な増加を防止する」になったことだけです。

「決して人口対策として提出するのではない」と、声をからした加藤さんや福田さんの思いは、〈民族優生〉〈国家による人口管理〉に、みごとに変わっています。提案者に加藤・福田・太田の三氏も、もちろん加わっているのですが。

厚生委員会での審議は、参議院は六月十九日、衆議院は六月二十四日から始まりますが、委員会はどちらも、二、三回。ほとんど形式的な討議に終わっています。

主な質疑応答を拾ってみましょう。

〔参議院〕

◆医師は医師会が指定するのではなく、優生保護委員会が指定すべきでは。（医師会は任意加入だが、医師の技術、施設を最もよく掌握している。委員会は審査をすればよい）

◆医師会に公的医療機関の人が加わらないと審査が偏ることにならないか。（役員には官公署からも入っている）
◆手術の結果も知らせるのか。（事実の報告にとどまる）
◆それでは国民の信頼はおけない。（医者は月報で、入院、外来を全部届け出ることになっている）
◆秘密保持義務に医師が入っていない。（以上姫井伊介、緑）（医師や弁護士は職業上の秘密を黙秘する義務がある）
◆強姦まで審査を要するのでは、申請しないだろう。他人に知られるのを好まないはず。（三木治朗、社）（医師一人の認定だと、範囲が広がるおそれがある。強姦かどうかは、医師にはわからない）
◆妊娠または分娩が母体の生命にかかわるというのは、うその申請もできる。また配偶者が知れない時は本人の同意だけでよいというのは私生児を意味する。やすやすと手術するのは風紀上問題。（小杉イ子、緑）（まず民生委員が証明し申請をする。そのうえ委員会で審議する。委員会には判検事もいる）

〔衆議院〕

冒頭、谷口議員が、国民優生法は任意断種のため目的を達していない。また戦時中は母性を犠牲にして健康を問題にせず、出生増加を第一にしたが、新憲法のもと、人権尊重の意味から母体の健康を保護するということが極めて必要であると思い、ある程度中絶を認めることにした。また各地に優生結婚相談所を置き、優生上の見地から不良な子孫の出生を防止し、受胎制限の知識を普及したい。と、趣旨を説明。
◆両親とも健康で、子だくさんの場合は。（身体的適応症として非常に考えたが、貧困という理由は加えなかった。何人も産んで母体が弱った場合は適応となる）
◆容色が衰えるというので、金持ちは何万円出しても避妊手術や中絶を実行している。貧困者対策は。

（以上、田中松月、社）（その点も深く考えたが、貧困を理由に認めている国は世界のどこにもない。一昨年、ノルウェー、スウェーデンにも中絶法が出たが、貧困は削られ、身体的適応だけになった。この法案が通ると各地に優生相談所が出来る。長屋にまで出かけて行って、受胎調節指導する）

衆参両院とも、以上のような枝葉末節の質問に終わっています。そのほか、「不良な子孫とは何か」（優生上の不良＝悪質な遺伝性疾患を指す）「白痴は絶対的に遺伝か」（両親とも白痴なら七二％は遺伝する）が出ただけで、六月二十二日参議院を通過、二十八日衆議院で可決成立します。議事録は二万字に満たぬ短かさ。四十万字を超える帝国議会のそれと比べ、審議がいかに簡単だったかを物語っています。

この第二回国会は、政治資金規正法、人身保護法、軽犯罪法、麻薬取締法、公衆浴場法、旅館業法、興行場法、医師法、薬事法など、重要法案が目白押し、会期延長に延長を重ねています。そのいよいよ会期切れ寸前に提出されたわけですから、審議が急がれたのもわかりますが、当時の新聞を見ても、優生保護法のことは全く出てないんですね。女の問題に非常に先鋭な婦人民主新聞でさえ、ほかの法案とコミで簡単な紹介があるだけ。いよいよ施行という時にも、一段分で五センチ程度の短い記事が出ているだけです。当時婦人少年局にお勤めだった田中寿美子さんも、当時のことは全く記憶がないとのこと。女に深いかかわりのあるこの問題が、女の視点なしに論議されたことは、委員会での女性議員の発言が、「生命の危険があるなどというのは口実にも使える」とか、「配偶者が不明の場合は本人の同意のみでよいでは風紀びん乱になる」などという悲しいものであること（しかも本人は助産婦）からもうかがえます。

この年七月十三日公布、九月十一日施行と、成立から一年三か月、実施に慎重を期した国民優生法とは比較にならぬ早さで実施されたこの優生保護法が、翌四九年の第五回国会で、妊娠中絶の適用範囲を「本人または配偶者が精神病または精神薄弱である者」「妊娠の継続または分娩が身体的又は経済的理由により母体の健康を著しく害するおそれのある者」に拡大されたこと、さらに三年後の第十三回国会で、

「中絶は指定医師の認定だけで行える」「婦人に手術を行うことができない場合は、その配偶者に優生手術を行える」ように改正され、事実上ほとんど中絶や避妊手術が自由化されたことは、ご承知のとおりと思います。

その後、いくつかの小さな改正はありましたが、基本的な変更はなく、「堕胎罪」によって本来罰されるはずの中絶と、「傷害罪」に該当するはずの永久不妊手術が、この法律によって合法化されるというかたちで、日本の女の中絶は罪を免れてきました。

一つの法で罪となるはずのものを、他の特別法で救済することを法律用語では「違法性を阻却する」と言うそうです。簡単に言えば、酸をアルカリで中和するようなもの、ということになりましょうか。そんなめんどうなことをしなくても、堕胎罪を廃止すればよさそうなもの。占領下とは言え、キリストが七つの大罪に数えた姦通罪さえ廃止された戦後日本の刑法大改正に、なぜ便乗できなかったろう、というのが、優生保護法のもう一つの大きななぞですが、ちょうど、社会党案が提出されたところ、提出されており、逆に言えば、優生保護法が準備されていたからこそ、堕胎罪にはあえて手をつけなかったとも考えられるのではないかと思います。政治のかけひきに不慣れだったと言えばそれまでですが、考えてみれば、姦通罪の廃止も、大もめの末成立したこと。堕胎罪が確実に廃止されるというメドはなく、「優生保護法によって堕胎罪を事実上空文化しようと思った」という太田氏のことばには、とにかく一刻も早く立法を、という当時の情勢が偲ばれます。

また、太田氏が総司令部にふしぎがられたという、〈二つの目的をもった法〉の先例は、すでに国民優生法に示されているのですね。この法律が〈国民優生〉と〈人口増加＝中絶、避妊手術の禁止〉の二つの側面を持っているばかりでなく、第二の目的が実は〈傷害罪の違法性を阻却する〉ものであったことは、第七十三帝国議会特別委員会での長い応酬に明らかなとおり。「別の法によって違法性を阻却する」ことと、「一つの法に二つの顔を持たせる」（建部遯吾の言う羊頭狗肉）知恵を、先例によって学んでいたわけで、太田氏たちに、特別の抵抗感がなかったのも、わかる気がします。

しかし、一番根本的なのは、全員がそろって、何の疑問も挟まなかったばかりか、戦後の立法ではむしろ強化した〈優生〉の考え方です。荒川五郎以来連綿と続く〈優生〉を、ここで考えてみたいと思います。

よりよいものを目指す〈優生〉

辞書をひもとくと、「優生」は、本来の日本語ではなく、eugenic の訳、とあります。eugenic を英語の辞書であたってみると、これがまた、本来の英語ではないんですね。ギリシャ語の eu（良、善）と、genic（発生）を組み合わせた「造語」となっています。このことばを造り出したのは、英国人フランシス・ゴルトン（一八二二―一九一一）。進化論で知られるチャールズ・ダーウィンの従弟です。

ご承知のように、「進化論」は、キリスト教の根強い西欧諸国では、神を冒とくするものとして、激しい非難を受けたのですが、ゴルトンは、「自然淘汰」の考え方に、強い感銘を受けたと伝えられます。彼は、自然淘汰の法則を見つければ、「人工淘汰」が可能になるのではないかと考えました。そして、ヒトの法則を解明するために、家系調査に手をそめました。「優秀な」家系と、「劣悪な」家系の差はどこにあるのか、平凡な夫が優秀な妻との間には優秀な子どもたちをもうけたのに、平凡な後妻との間には、平凡な子しか得られなかったのはなぜか……。これらの研究の結果、彼はカギが「結婚」にあること、「よい」結婚を重ねれば、「よい」ヒトを「発生」させることができる、と考えつき、それを、ユージェニックス（優生学）と名づけたのです。「優生」はもちろん当て字ですが、絶妙の訳と言えます。

彼がユージェニックスの文字を初めて使ったのは、一八八三（明治十六）年の『人間能力の研究』

“Inquiries into the Human Faculty”の中ですが、「優生」の考え方そのものは、一八六五（慶応元）年の『遺伝的才能と天才』“Hereditary Faculty and Genius”に、すでに示されていたようです。六九年には、『天才遺伝論』“Hereditary Genius”で、それをいっそう明確にしています。

ところが、この思想は、明治の初期に早くも日本に入っているんですね。紹介者は福沢諭吉。明治十四年（一八八一）の、福沢諭吉著『時事小言』には、すぐれた人、知恵の遅れた人の例をあげて、「……人生の天賦に斯く強弱の差あるは決して偶然に非ず。父母祖先の血統に由来するものとして、草木の種子、魚鳥の卵、種馬、種牛の事実を見て証す可し。人類生々の理も之に異なるなきや明なり。……余は多年此に所見ありて、血統婚姻論の材料を集めて特に一書を著さんとする其際に当て、偶々英国の学士「ガルトン」氏所著の能力遺伝論の一冊を得て之を閲するに、先づ吾心を得たるものなり」と、『天才遺伝論』の概要を早くも紹介しています。

この文章を読むと、諭吉は、ゴルトンの影響というより、もともと、「血統と能力」に関心があり、ゴルトンの説に、我が意を得たり、と喜んだようすが伺われますが、あの有名な、「天は人の上に人をつくらず、人の下に人をつくらず」（『学問のすすめ』一八七二）が書かれたわずか九年後に、「人生の天賦に斯く強弱の差あるは決して偶然に非ず」ということばが出ていることに胸をつかれます。

「自分はもともと能力と遺伝とのかかわりに関心があった」と、彼が自称するとおり、実は彼はこれより六年前、「人の上に人をつくらず」を書いた三年後に、早くも、「能力遺伝限界説」を唱えているのです。

「……人間の能力には天賦遺伝の際限ありて、決して其以上に上るべからず、牛馬の如き其良否は二、三歳のときに識別すること易しといふ、人生の遺伝に異ならず」（『教育の力』一八七五―六）と断定し、ただ、知恵は外形では判断できないため、「人学べば智なり」と、勉強さえすれば能力が伸びるもののように考える人が多いが「是は大なる間違いにて、人の子の天賦に智慧の定度あるは、馬の子が良否に約束ある如く、力士の昇進に際限ある如くにして、いやしくも其の達すべきに達したる上は毫も其の以上に出づるべからず」と、言い切っているんですね。

この「能力限界説」「能力遺伝論」は、後の『福翁百話』にも繰り返して出て来ます。そしてそれは、「人種改良論」と結びついていきます。

「……近年家畜類の養法次第に進歩して就中その体格性質を改良すること甚だ難からず、要は唯血統を選ぶにあるのみ……扨人間の体格性質も……其世々遺伝の約束に於て些少の差ある可らず。人畜正同一様にして、薄弱の父母に薄弱の子あり、強壮の子に強壮の父母あり、……此事実果して違ふことなしとすれば、爰に人間の婚姻法を家畜改良法に則とり、良父母を選択して良児を産ましむの新工風あるべし」(『福翁百話』「人種改良」一八九六(明治二十九)年)

この年、荒川五郎は三十二歳。すでに日本大学を出て教職に脂が乗っていたころ。福沢諭吉と言えば神様のように思われていた当時のこと、荒川が読んだとしても、ふしぎではありません。

しかし、福沢諭吉は、断種にまで言及しているわけではもちろんありません。断種と結びつけた荒川式優生学には、「民族優生思想」が色濃く感じられます。これはどこから伝わったものでしょう。

利用された「科学」

ゴルトンの「優生学」は思想というよりは、本来、あくまで科学でした。家系調査を繰り返すうち、彼は、「祖先遺伝の法則」「子孫復帰の法則」を考え出しました。子は親の血の0・5、祖父の0・25、曽祖父の0・125を受け継ぐことを、正規分布曲線や相関係数を使って研究したわけです。遺伝の研究に双生児が意味をもつことに最初に注目したのも彼です。

しかし、科学は、「発展」とか「進歩」の名で、常に政治に利用されるもの。ゴルトンが家系調査の中でおかした最も基本的な誤り、「優秀」と「劣等」の判定は、それぞれの国の「政治」が、勝手に拡大再生産することになりました。

ゴルトンは、「優秀」の例を数学者の家系に、「劣等」を犯罪者や売春婦の家系に求めたのですが、犯罪や売春は遺伝より環境に影響されるのではないかという批判は、発表の当初から強かったのです。

しかし、ゴルトンの「優生学」は、メンデルの法則（奇しくも彼はゴルトンと同じ一八六五年に発表していました）が、一九〇〇年に評価されるようになったとき、広い支持を受けるようになり、「優秀」なのは上流階級、「劣等」なのは下層階級、すぐれているのは白色人種、といった考え方を吹き込むのに利用されるようになりました。同時に「遺伝」の強調によって、精神薄弱、精神性疾患、犯罪性癖などが「遺伝するもの」として、忌みきらわれるようにもなってきたのです。

一九〇七年三月、インディアナ州でつくられた「断種法」は、アメリカ各州だけでなく、広く世界に広がり、三〇年代には、英仏を除く主だった国々で採用されていたことは、荒川演説や衛生局長の答弁にもみられるとおりですが、アメリカでは、特に人種差別に露骨に利用され、北欧諸国は結婚禁止法を早くから採用して、「階級的優位」や「人種的優位」を保つことに利用しました。

しかし、三〇年代になって急激に断種法が普及したことと、世界に満ち満ちた軍拡路線が無関係とは言えないことは、荒川五郎が「これでは世界に後れをとる」と痛憤している姿からも、十分想像できると思います。

「優生」への思いが、個人の血統にとどまる間は、まだしも無難でしたけれども、「民族の血統」の「優生」を図ろうとする〈民族優生〉になったとき、それは、軍事大国化と必然的に結びつくものになったのではないでしょうか。

根深い日本の中の優生思想

私は最初、福沢の『人種改良論』を知ったとき、ある種のショックを受けましたが、しかし考えてみると、彼は、「人の上に人をつくらず」と言ったからこそ、容易に「人種改良」に移行し得たのではないかと思うようになりました。

維新に先がけて渡米した福沢は、恐らくそこで大きなコンプレックスも経験したことでしょう。「人の上に人をつくらず」は、本来、人種差別、階級差別をはじめとするあらゆる差別の解消を目指すはずのことばでしたが、その時すでに彼の中に、「下の者も上の者と入れ替わりうる」という発想が芽生えていたとしたら、彼の尚商富国論が、富国強兵論を結果的に支えていった過程も、うなずける気がします。欧米に学ぶことによって近代化を図ろうとした日本は、その最も手っとり早い方法として「混血」を考えたことは、津田梅子らを派遣させる際の「混血よりは優秀な女性の教育を」と唱えた森有礼のことばからも偲ばれます。その森も、教育した女性を登用するということでは決してなく、いわば、「いい子種のためのいい女性」が目標だったわけですから、思想としての〈優生〉は、すでに内在していたのではないでしょうか。

「優生保護法の源流をたずねる旅の途中で、何度もくじけそうになった」と、私は最初に申しましたが、それは、調べれば調べるほど根強い、私たちの内側の〈優生〉思想に、いやでもつきあわなければならなかったからです。今日、GNP世界二位となった日本の高度成長も、まさしくこの意識があったからこそ可能だったと言えそうです。明治以来の「追いつき追い越せ」意識を可能にするものとして、多くの日本人がとびついた〈優生学〉に、複雑な思いを抱かずにはいられません。

後に国民体力審議会委員として、国民優生法起草の中心となった東大教授永井潜は、一九一五（大正四）年には『人種改善学の理論』でゴルトンの説を紹介、三〇（昭和五）年には日本民族衛生学会をつくり、雑誌『民族衛生』と『優生』を発刊しています。さらに三五（昭和十）年には日本優生結婚普及会をつくり、「ナチスドイツの血の純潔に習って大和民族の純潔を」と提唱しています。

一方、後藤龍吉らによっては、大正末期に日本優生学協会がつくられ、一九二四（大正十三）年には、雑誌『ユージェニックス』（翌年『優生学』と改題）を発刊、後には『優生運動』も発行しています。

家畜や植物の品種改良に威力を発揮した「優生学」に、人種改良による国力増強の夢を、民族主義者荒川らが託したとしても無理からぬこと、それは冷害、不景気に悩む当時の日本人にとって、受け容れられやすい思想でもあったのでしょう。

国会における長い討論の中にも、残念ながら〈優生〉そのものへの疑問は出ず、遺伝学ないしは優生学の信憑性が問われたに過ぎませんでした。「優劣は程度の問題ではないか」と問いかけた建部遯吾にしても、基本的には人口政策（国益優先）を肯定しており、恐らくクリスチャンとしての立場から、断種に抵抗したのではないでしょうか。

優生保護法の基礎をつくった加藤・福田・太田の三氏も、それぞれ、いわゆる「名家」の出。「よい結婚」を重ねてきた家柄であり、〈優生〉には何の疑問もさしはさまなかったのは、当時の平均的日本人としてむしろ当然だったかもしれません。太田氏は、今もむしろ積極的な優生論者で、「精神病質その他の悪性遺伝を人工淘汰することこそ、ヒューマニズム」という固い信念を持ち続けておられます。

私は最初、なぜ社会党の婦人議員が加わりながら、あの優生保護法を、と疑問でしたが、平等を望む社会主義者だからこそ、優生を志向した意味が、少しずつ見えてきた思いがします。たとえば加藤氏にとって、平等は、貧者が救済されることでした。

貧富の差が解消することは、究極的にはもちろん望ましいことですが、それは、貧困が〈悪〉だから打破するのではなく、等しく人間である条件として、〈貧〉が問われるべきではないのでしょうか。長い彷徨の末に、私は今、〈平等〉とは〈共に生きること〉と、ようやく思い至っています。それは、弱者は弱者としての、みにくい者はみにくい者としての美しさを認めることであり、自らの〈負〉の部分を、決して恥じないことであろうと。

「経済的条項」の保守に、どうしても納得できない気持ちが残るのも、ここに起因しています。人は経済的条件が満たされれば、限りなく産むべきものでしょうか。自然に放置するとき、人は二十人の子を産み得るということですが、そのとき、人は〈人〉たり得るのでしょうか。一九四〇年の女性の平均年齢は四九・六歳、四・五人の子を持っていました。末子が小学校を卒業するとまもなく死んでいった日本の母たち。いま、平均二・一人、末子の結婚を祝福し、自らの老後を生きる女たち。——どちらが人の名に値いする生活でしょうか。

私は、避妊技術の開発は、蒸気機関の開発にまさるとも劣らない〈文化〉だと思います。かつて避妊は特権階級の秘法であり、避妊術を知らない者は〈間引き〉(嬰児殺し)をするほかありませんでした。その避妊にしても、誤った行使の中で多くの女たちの命が奪われてきました。多産多死から多産少死、そして少産少死への歴史は、多くの母と子の命の犠牲の上に築かれたものであることを忘れてはならないと思います。

多産も少産も、日本では今は個人の自由にまかされていますが、それはたとえば隣国中国で、少産が強いられる中での自由であること、インドでは多くの男たちが「断種」を強制されていることも、同時に決して忘れたくないことです。

女が、子の数と出産の時期を選択する権利は、世界人権宣言にも、女性差別撤廃条約にも明記されていますが、それは女が自分の人生を選択し、自らのいのちを守ることを、最低の線で守ろうとしているものです。

しかし、出産をコントロールする技術は、あくまでも〈科学〉です。科学の人体への適用という、最もきびしい倫理をともなうものであることも、また忘れてはならないと思います。

かつて遺伝と称された病気が遺伝ではないことが次々に証明されていく反面、肝炎ビールスが母から子へ伝わる経路など、新しい事実も日々解明されています。ここに、万が一にも〈優生〉の思想が入り込めば、遺伝子操作や精子銀行・卵子銀行は当然の事実になっていくでしょう。その時、人は〈人〉たりうるのでしょうか。優生保護法をめぐる問題は、また、すぐれて科学と人間の問題でもあるのです。

ナチスドイツのまねではない

「国民優生法はナチスドイツの断種法の模倣」ということばも、使われて久しくなり、私自身も安易に流用していましたが、二つを厳密に比べるとき、多くの類似はありますが、模倣とは言い切れない相違点も数多く発見します。ドイツの断種法（以下ドイツ法と略称）には、その目的に「国民素質の向上を期する」といった〈民族優生〉思想は掲げていませんし、本人の申請制を原則としています。

国民優生法制定にあたって、諸外国の類似の法律を各委員に配布したことは議事録にもあり、ドイツ法そのものの模倣というよりは、同時代の多くの法の一つとしてドイツ法も参照した、というほうが、より正確ではないかという気がするのです。ドイツ法自体が欧米では後発であり、あるいは他国の法律に学んだものと想像されます（同時代の各国の同種の法を、私はまだ入手していませんので、断定はできませんが）。

ナチスドイツのこの断種法は、その後五次にわたる施行令で改められ、たとえば施術の医師はアーリア人に限るなど、人種差別の色を濃くしていきますが、それとても法律の条文としては、目をそばだてるほど苛酷なものではありません。
私はむしろ、このような法のもとに、年間五万六千人もの断種が強行されたことに恐しさを感じます。運用され得る法があるとき、〈政治〉は、それをどのようにも利用する実例を、ナチスドイツは示してくれたように思います。「ナチスドイツの断種法をまねしたもの」ということばは、いかにも説得力に富んでいますが、私は、今後はこれを使わないつもりです。優生保護法は、「何かの〈悪〉に似ているゆえに」〈悪〉なのではなく、その内包する思想のゆえに問題にしていかなければならないと思うからです。

もしも、差別の風土がなかったら

「優生保護法の源流をたずねる旅」は、こうしてはからずも「戦争への道をたずねる旅」になりました。一見、ちがうことのように見える法律が、一つの目的に利用されていく生きた例もここに見ました。厚生省の局長が心配した、「一つの法の存在そのものが社会に影響を与える」ことの重さもまた知った旅でした。

旅が、最初の小さな宿場にたどり着こうとする日、私は、衆参両院それぞれの議事録の終わりに、法案に可決した人びとの署名があるのをみつけました。

〔衆議院〕　福田昌子（社）武田キヨ（民）山崎道子（社）松谷天光光（社）最上英子（民）近藤鶴代（自）太田典礼（社）有田二郎（自）山崎岩男（民）榊原亨（自）師岡栄一（社）大石武一（自）野本品吉（国民協同）松本真一（社）

〔参議院〕　河崎ナツ（社）井上なつゑ（緑）小杉イ子（緑）木内キャウ（民）宮城タマヨ（緑）谷口弥三郎（民）今泉政喜（自）田中利勝（社）三木治朗（社）池田宇右衛門（自）小林勝馬（民）山

下義信（緑）米倉龍也（緑）草葉隆円（自）藤森真治（民）中平常太郎（社）姫井伊介（緑）千田正（無所属懇談会）中山壽彦（自）（民は民主党、自は民主自由党、緑は緑風会、社は社会党）

そして、本会議で可決した日、それに賛成した人びとの名も。――高良とみ、赤松常子、奥むめを、尾崎行雄、羽仁五郎、荒畑寒村、金子洋文……。なつかしい人びとの名が見えました。

この人びとに、私は自分のいのちを託したことを、ずしんと、腹に沁みて思い浮かべました。一票は、「いのちを託す」ということだったことが、今こそ胸に落ちました。

最高裁の判事の投票の際には、必ず、それぞれの判事がかかわった判決が公布されます。選挙公報にも、前・元議員の場合は、かかわった法律と、その賛否を必ず書くことにしたら、一票の重さは、私たちにとってほんとうに痛切なものになるのではないでしょうか。たとえばいま、サラ金規制法がつくられようとしているけれど、それは金融資本がサラ金に融資し、より利益を得るためのもの、そして、結果として、毎日のように多くの自殺、他殺、強盗、放火を出していること……。あなたはそれを見過ごしていられるのか、あなたは平気で加担できるのか……。もし成立したとき、「力及ばなかった」とか、「何々党の独走」などと責任を転嫁することなく、どこまでもどこまでもあなたは追い続けるのか……。一人ひとりの議員さんの胸ぐらつかまえて、聞いてみたい気持ちになりました。「いのちを守る」「民族を守る」演説を、いやというほど繰り返し読んだ後だったからでしょうか。

最後に、もう一つ、浮かんだ顔があります。顔と言っても、その顔写真を見たわけではないのですけど、十九歳の少女です。冒頭にふれた浮浪者殺しの記事がのった、同じ紙面に出ていた人です。

被ばく孤老と同棲、そして殺人。死体と何日か同居。どう考えても凶悪犯。救いのないひと。でも、その子の中学時代の女教師は、テレビで、ぽつりぽつりと語りました。「あの子は、ハンカチの洗い方も知ってなかったですね。……自分の髪の洗い方さえ。……家庭訪問してもね、どうしても、ただ、そこの家にいる、というだけで、イヌかネコほどにも思われてませんでしたね」

父親が「外で生ませた」子だそうです。「本妻」に引き取られて、ポチとかミケほどにも情けをかけてもらえなかった子ども。

老人と仲よくしたくて、まちがえて殺したのかもしれませんね。トラがじゃれるようにして。

こんな子は、生まれてこなかったほうがよかったのでしょうか。「凶悪な血」は、あるいは「精神薄弱」は、父親か母親の「遺伝」でしょうか。「遺伝学」とか「優生学」は、それほど確かなものなのでしょうか。生みの母は、どこで、何をしているのでしょう。その父と、どういうかかわり方をしたのでしょう。その時、男を拒める体力、拒める情況があったのでしょうか。

産んで、自分で育てていけたら、乳飲み子をかかえた女が働ける職場があったら、十分な収入が得られたら……、手放すことはなかったろう、という気がします。

それよりも何よりも、未婚の母をあなどらない、「標準的な暮らし」だけが「良い」とされる社会でなかったら、母と子は一緒に暮らせたかもしれませんね。そして、精神病やハンセン氏病が「家系」として忌み嫌われる風土でなかったら、八木逸郎も、身命を賭してまで、民族優生法の成立を願うことはなかったでしょう。

長い長い苦しい戦いの末に、部落解放運動の人たちが、「しない、させない、許すまい、心の奥のその差別」を新しいスローガンに掲げた気持ちが、しみじみと伝わってきました。

狂気と正気

（78号 1983/10）

戦争中、「精神障害者」はどのような待遇を受けたか――。

四十年前にさかのぼる記録を掘り起こした若い精神科医がいる。

入院中の患者の、家族の、看護婦、看護士の、医師の……ぼう大な聞き書きを読み終えて、しばし呆然とした。

食糧危機のもと、あらゆる手だてをつくして人びとが生き延びたなかで、「治安」と「社会防衛」のために隔離収容され、善良であるがゆえに、非合法をなし得ず、「配給」だけで暮らしたこの人びとは、戦局が進むにつれ、からだがふくれ上がり、やがて激しい下痢。糞尿にまみれて死んでいった。――その数、最低二万とも、三万とも。

＊

関係者の多くが亡くなり、あるいは老いたなか、掘り起こしの難事業を重ねたこの精神科医は、澄んだ目で語った。

「戦争を可能にするような社会がつくられたとき、すでに抹殺されている存在があったこと。差別の構造そのものが戦争の前段階であることを問いたかった」と。

そして、小さな声でつけ加えた。

「本当なら、もっと前に、関係者自らの手で書かれているべきだったと思いますが」

それは「戦前」のこととは思えない、と、彼は言う。「戦後」の、そして「現在」の医療は、まさにその継承の中にあるのではないか、と。告発は、精神科医としての自分自身に突き刺す刃である。この人、塚崎直樹氏。〈あごら京都〉塚崎美和子さんの相棒。

＊

ナチスドイツは、精神「障害者」を「強制断種」し、やがて「抹殺」した。日本では「優生手術」は施したが、「抹殺」には至らなかった。ドイツに比し、日本のベッド数は十分の一以下。収容化の未熟が、抹殺計画を不可能にした、とも推測されている。

戦時下の沖縄で、言動のおかしい「障害者」は、スパイ視され、抹殺された。関東大震災で、「朝鮮人」と「主義者」は「危険な人間」として虐殺された。「有事」の際に、人間の猜疑心は果てしない狂気となる。「兇暴」なのはどちらの側であったのか……。「優生保護法強化」「精神障害者実態調査」「拘禁二法」――の動きを、一環、一連の「戦争前段階」と感じる人間は「狂気」と断定される日が来ないとも限らない、と、ふと思う。

（79号 1983/11）

もっと聞きたかった現場からの声
――真に役立つ男女雇用平等法をつくらせよう！

お仕着せの雇用平等法ではなく、私たち自身が本当に望む男女雇用平等法をつくっていきたい――平等法をめぐる動きが風雲急ないま、女たちの声を結集させようと、５００人集会を目指した10・22集会に、多くの期待を抱いて参加した。

少し遅れて会場の主婦之友文化センターに着くと、もう余す席は2、3だけ。名古屋、新潟、京都などの見知った顔も見える。

「女の働く権利の確立は、働く女だけではなく、すべての女にとっての全生涯の問題」を共通認識として広げたい、政府の平等法政策の本質を明らかにしたい、保護と平等の問題を明らかにし、女子差別撤廃条約に基づく有効な雇用平等法をつくりたい、の3点を揚げて、三井マリ子、梅原真紀子さんの司会で、まず5人のパネリスト（清水澄子、中島通子、金谷千鶴子、森冬美、中嶋里美さん）が、問題点を要領よく説明、〈グループどくだみ〉の歌を挟んで、各分野で働く女たちが、それぞれの立場に立って平等法の必要性を主張した。

「民放で働く女は、男のわずか8％、制作現場では5％にすぎない、とくにTBSは63年以来20年間採用ゼロ、アナウンサー、交換手の欠員を一部補充するだけのため、いまや平均年齢は42歳」と訴えた民放労連の佐々木さん。

差別を労政事務所に訴えても、「あなたたちのようにアタマのある人は、こんなところに頼らず裁判でも何でも起こしなさい」とあしらわれた経験を重ねて、「独立した救済機関がぜひとも必要」と強調した〈行動の会〉「働く女性の相談室」の斉藤さん。

一方、その裁判に訴えて5年、一審の判決の見とおしもまだ立たないなか、「女と男は仕事の質がちがう」と言われ続けていると嘆く〈鉄連裁判〉の村松さん。

「深夜労働は認められていないのに、実質的には夜勤がある。それは子を持つ母にとっては致命的」「女が長期間働き続けることだけが問題の解決になるだろうか」と、問題を投げかけた朝日新聞校閲部の竹信さん。

労基法で深夜勤務が認められているために、〝男なみの〟3交代が強いられる。それは現実にはどんなことか、と、15年間の重い体験を吐き出した専売公社病院看護婦の宮口さん。パート労働10年7か月。1日7時間20分就労しながら、〈パート〉であるがゆえに時給470円、ついに工場閉鎖を理由にクビを切られた新白砂電機の速部さん。

6人のリポーターの報告は、どれも心の奥深く迫るもので、男女雇用平等法が必要だという、どんな解説よりも説得力があった。

続く会場発言は、残り時間がほとんどなく林立する挙手を見ながら、この一人一人の声を全部聞きたい……と、残念だった。

見事に計算された時間配分、的確な司会、まことに鮮やかな進行だったが、心にかかることもあった。その心にかかっていた、全く同じことを、会場発言の冒頭、田中寿美子さんが口にされた。

「とくに現場からの発言は心に沁みた。しかし、きょう、〈保護と平等〉という問題の立て方をなさったのは納得できない。両者は対立概念ではないはずです。また〈機会の平等〉ではなく〈結果の平等〉を、が強調されたけれども、これまた対立的にとらえるのはおかしい。〈機会の平等〉も必要です」

そして田中さんは、「こんなに女たちの思いはあふれているのに、残念ながら国会には女の要求が反映できない仕組みになっている。議員立法は無視され、政府立法でなくては成立しない。しかもその原案をつくる審議会のメンバーの人選は公正ではない。一方、経営側はアドバルーンをあげて各企業を心理的におどかす。女たちの運動が有効に働く方法を考えなくては。それぞれの党に要求していかなければならない」と、理路整然と、しかも情感をこめてしみじみと語られた。雇用平等法の実現に、誰よりもいのちをかけ、からだを張ってきた方の重いことばは、胸の奥に深く沈んだ。《日本の国会は、帝国議会時代そのままではないか》と、国民優生法成立過程を調べながら思っていただけに、後段にもまた深く共感した。田中さんの重いことばと、現場の血のしたたるような声を聞けただけでも、からだの不調をおして参加した甲斐があったと思った。

終わり近く、アジア太平洋資料センターの方が、「名古屋工場を閉鎖した新白砂電機は台湾の高雄に進出、現地女性を搾取して問題を起こしている」と発言したが、これも、私のまさに一番心配していることだった。時間切れぎりぎり、30秒をやっと得て、私は二点の提案をした。「私たちが〈平等〉をかちとることが、アジアの女たちを侵害することに決してならないよう、歯止めをかける必要がある。また、必要なのは〈男女平等法〉だけだろうか。障害・人種・出身・学歴・経歴・年齢・労働時間を口実に差別を受け、しかもそのことを公言できない立場の人も含めた、〈雇用平等法〉が必要なのではないか。少なくとも女たちの運動に、そこまでの展望を含めていることを、ぜひ決議文に入れてほしい」討議の時間もなく、結局、決議には加えられなかったが、この二つは、この何年か、ずっと心にかかってならないことであった。

新白砂の速部さんが、「私たちにとって必要なのは、男女平等法というよりも……」と言いかけてことばをのみこんだとき、〈女女平等法〉と言おうとした彼女の気持ちが、痛いほど伝わった。〈男女平等法〉から〈人人平等法〉へ、この何年かの間に、私の心も変わってきている。障害・出身・労働条件で差別する、その差別の根の深さこそ、男女不平等をもたらしている何よりの原因、という気がしてならないのだ。

この日の女たちの、堂々としたすばらしい発言に感動しただけに、私は、こんなふうになめらかには発言できない「障害者」のことや、部落・沖縄・朝鮮などの出生や、戸籍上の問題、貧困などを隠して働いている人たちのことを、ひときわ思わずにはいられなかった。

大会宣言とか決議文は、いつも幕切れにあわただしく拍手で可決されるが、雇用平等法が本当にコンセンサスを得ていくためには、まだまだ討論しなければならないことがたくさんある。男女雇用平等法の推進に最も力を入れている3団体（行動する会、平等法をつくる会、日本婦人会議）が主張してさえも、〈母性保護〉と言い、平等の基盤としての〈母性保障〉が問われないという現状がある。宣言や決議文が、開会ぎりぎりまで討論されるため印刷物が間に合わないという事情はよくわかるが、私たちが集会を持つとしたら、できるかぎり事前に用意し、その内容を討論する会にしたい、そして、遠路はるばる駆けつけた人びとの声を、可能なかぎり聞く会にしたい、と自戒したことであった。

女たちの会であるからには、他のグループが主催する会であろうと、会をよりよくするための発言は勇気をもってあえてしよう、それが女たちへの友情だとは思っていたものの、心はやはり重かった。重い足を引きずって帰ろうとする私を、思いがけず、婦人会議の清水さんが呼びとめた。「いいことを言ってくださって、ありがとう。本当に、あの視点が必要でしたね」と。うれしかった。4年前、〈労基法改悪反対集会〉で、〈平等〉の声が出るとたちまち騒然たる野次となり、立ち往生した鉄連の菊橋さん、ついに泣き出した〈つくる会〉の面々の顔など思い出しながら、この4年が、女たちにとって実り多いものであったことを思った。

（80号 1983/12）

保障も平等も

「向こうは勝手な自分の生活ができる。こっちは向こうに合わせて暮らさなければならない。そういう細かいことなんですけど、それは決して小さなことではないんです。今、自分は仕事を続けたいのに、食事ということがあるから仕事をやめて、それに時間を与える。日常的にそれに類したことがたくさんあります」

自伝『年譜の行間』のなかで、佐多稲子さんは『くれなゐ』に書かれなかった行間を、このように語っている。むつまじく愛し合っていた二人が別れる、そのいちばん深い根に、「女と仕事」の問題があったと。

それから五十年、「女と仕事」の問題は、今も重い。

たとえば雇用平等法をめぐって「保護か平等か」がまたも蒸し返されているが、「仕事もしたい、子どももほしい」という人間としてごくあたりまえのことが、なぜ論争となるのだろう。

子を産んだばかりにパートになると、賃金はたちまち半減する。パートに出られず内職をすれば「時収」はさらに半減する。女の平均賃金は男の半分、内職者は男の1/8である。

子産みが社会の機能として保障されていないばかりに不平等が発生する。「保護」と言えば、「平等」の対立概念となるが、女たちが求めているのは「保障」である。「保障」なくして「平等」はない。それは、人間としての最低の要求であり、「障害」「出身」「人種」などを口実とするあらゆる差別撤廃の突破口ともなるものである。

こんな自明のことが、審議会で大もめにもめているという。もしも女に平等を与えたら、日本の経済社会は成り立たなくなると経営者代表は言うが、その言葉ほど、いまの高度成長が、女の犠牲の上に築かれたことを告白しているものはない。

おかしな議論がまかりとおる根源に、審議会のメンバーが著しく偏っているという現実がある。そして、その審議を受ける国会議員は、さらに偏っている。

12月18日、偏りを正すまたとない機会が訪れる。権利の上に眠るまい。

（85号1984/04）

リンカーンとリー将軍の間

〝平等と引き換えに保護撤廃を〟と聞いたとき、反射的に頭に浮かんだのは、1871（明治4）年の〝解放令〟だった。〝四民平等〟をうたい、〝非人〟を〝平民〟とした代償に、皮革の占有権その他、部落の特権は奪われた。その〝御仁政〟と同じことがまた……。

同じ人間でありながら、女を人間として扱わなかった歴史を、深く恥じてこそ、〝平等〟の未来はひらける。過去の弁償を要求してもいいほどの問題である。払わなければならない対価は何もないはずだ。

そもそも〝保護〟という発想がおかしい。労働時間の規制は、使用者が守らなければならない〝規制〟であって、〝保護〟ではない。産業革命以後の工業化社会は、太陽とともに働き、日没とともに眠る農耕社会とちがって、夜間作業も招来した。その歯止めが工場法以来の〝労働時間の制限〟である。FA・OAなど、高度の情報機器が職場をオートメ化した今日の情報化社会では、労働時間は工業化社会時代以上にきびしく監視されなければならないのに、日本は60年前のILO第1号条約さえも批准していない。週48時間労働どころか、三六協定で残業野放しという男子労働の情況こそが〝異常〟なのであって、女子を〝異常〟に近づけるのは、どんなに考えても異常なことであろう。

法案は婦少審と中労基審で審議されることとなるが、今度こそ公益側委員は、〝公益〟の名に恥じない判断を示してほしい。女が〝平等〟に扱われる、ということは、奴隷解放にも似ている。解放するかしないかの二者択一であって、財界と労働側の主張を足して二で割る算術は、両方の怒りと混乱を招くだけである。リンカーンとリー将軍の中間の立場はあり得まい。

（85号 1984/04）

ハンストには参加できなかったけど

「真の男女雇用平等法をめざしてハンストをする」と聞いたとき、私は躊躇なく参加しようと思った。職場の日程表にも、「17―20日ハンスト」と書き込んだ。ESCAPの大づめを迎え、体力の消耗は極力避けたかったが、私の内側から噴き上げるものを、おさえようもなかった。

けれども、ついにハンストはしなかった。できなかった。ハンストのスローガンが「骨抜き〝平等法〟上程阻止」と聞いたとき、やはり私はふみきれなかった。どんな上の句がつくにせよ、「上程阻止」はひっかかった。

公益試案のショックはもちろん大きかった。いわゆる〝入口の差別〟――募集採用差別禁止が努力義務に終わるのでは、〝差別促進法〟になりかねない。しかも、それと引きかえに、残業・深夜業規制等を撤廃する！　私たちがあんなにも長い間求め続けてきたものが、こんな形で示されるとは!!

〈あごら〉は「女の情報活動」を掲げてきた。何号か繰り返し平等法とも取り組んできた。しかし、私たちの〝情報〟は、どれだけの力になり得たのだろう。深い挫折感の中で私はハンストは断念した。

できなかった。一点の疑念もない状況でなければ私にはハンストはできない。いまここで「国会上程阻止」を訴えるのが最上の方法かどうか……。「真の平等法」成立を目指し、最後の努力をすべきなのではないか……。

運動の先頭に立つ者は、火の見やぐらに登って火勢を見る人にも似ている。火の勢いをお前は見定められるのか。逃げる方向、消す方法を指示できるのか。胸を張ってイエス！　と言い切れるときが、私にとってハンストができるときだった。

事務局の嶋田さんは支援に出かけた。重い気持ちで急ぎの仕事を片づけているとき、「テントが撤去されそう……、人が少ない」と嶋田さんから電話。夕暮の雨にぬれながら現地に急いだ。支援の人は少し増え、テントは支柱を低くして、まだあった。暗いテントの中に、横たわる人びとが見えた。

福本さんはテントを出たところだった。トイレにいきます、と、生き生きと走り去った（ように見えたが、そのころ彼女は、時期の狂った生理で困っていた、と後に知った）。

19日の昼、決起集会に集まったときには、雨は横なぐりに激しく、テントの人びとは車内に移動していた。ホッとした。テントの人びともさることながら、支援に立ちつくす人びとの健康が心配でたまらなかったから。

集会は、威勢のいいアピールが相ついだ。「〈あごら〉も後でお願いします」と、司会の浜田さんが言う。私にはとても話せない。嶋田さん、向後さん、月江さんなど、〈あごら〉のメンバーに依頼しても、みんな首を振る。

「〈あごら〉さんお願いします」と、ついに声がかかる。やむなく前に出た。

「私は、勇ましいこともカッコいいことも話せません。この冷たい雨に打たれながら思っていたのは、これからが大変だなあ、これからが長いなあ、という、ただそのことだけでした。でも、どんなに大変でも、どんなに長くても、必ずやりぬこう、そして真の平等法を成立させよう、それだけは誓って言えます。雨よもっと降れ、寒さよ骨の髄まで沁みとおれ、その寒さをバネにたたかおう、と思っています」

「断乎たたかいぬく」意思表明の数々の中で、いかにもカッコウが悪い。でも、私にはやっぱり、それしか言いようがなかった。

「また、一からやり直すのね」

隣にいたヤンソンさんにささやいた。

「そういうことよね」

ヤンソンさんが大きな目でうなずいた。

長い寒い〝女の氷河期〟に、でも、いま、私たちには仲間がいる、と思った。

（86号 1984/05）

蟷螂の斧

蟷螂。トーローと読みます。カマキリのことです。

「自分の微弱な力量をはからずに強敵に反抗することで、はかない抵抗のたとえ。平家物語 七＝蟷螂の斧を怒らかして隆車に向ふが如し」と、広辞苑にはあります。隆車とは、高く大きく堂々とした車のこと。カマキリの斧をふり上げて隆車にたち向かうのは、風車に挑むドン・キホーテ以上の喜劇でしょう。

女の運動を続けながら、私はこの言葉を何度か想い浮かべました。女を生き難くしている巨大な権力と、それに立ち向かう女たち。蟷螂の斧と隆車の比ではないことを知りながら、なお蟷螂の斧を振り上げずにはいられない心情――。

自嘲をこめてトーローの斧を振り上げつつ、立ち向かうとすればトーローなりの知恵をめぐらし、風車に立ち向かう愚は避けたいと思うこともありました。

しかし、その私も4月19日に発表された「機会均等法」を読んだとき、今こそトーローの斧を振り上げるべき時、と感じました。7年の歳月を費やして出された婦少審の建議は不満の多いものではありましたが、使用者側さえも、それは「雇用平等法」と信じていました。それをなぜ突如、「勤労婦人福祉法」の改正案として上程しなければならないのか。理由は、内容がみごとにすり替えられてしまったからです。すでに判例の確定している定年・退職・解雇以外は〝努力義務〟。これでは「福祉法」であって、仮にも「平等法」とは言えない。7年間審議した人びと、20年以上も運動し続けてきた人びとの心を公然とふみにじる権力。このような欺瞞と不正と人権の蹂躙を黙視するとき、それは、次の〝強権〟を容認することになる。

〈あごら〉は、できるかぎり穏やかで着実な運動を、と呼びかけ続けてきましたが、一寸のトーローにも五分の魂があることを、それぞれの斧を振り上げることによって示したいと思います。「平等法」を突如「奇怪均等法」に変えた権力のすさまじさは、はかり知れないものがありますが、対するトーローたちがその斧をいま振り上げることこそ「真の平等法」をかちとる力になる。仮に万やむなく「均等法」が成立したとしても、その内容を変質させるエネルギーになる、と信じます。

マハトマ・ガンジーは言いました。「差別は容易に解消するものではない。しかし決してそれを容認してはならない」と。

ぐったり疲れ、いらだち、考え込み……
――見ました! 〝禁等法〟攻防戦

(88号 1984/07)

「均等な機会と待遇の確保は、女子労働者の福祉と理解している」――問題の中曽根発言を受けて、いよいよ社労委での実質審議が始まる。この歴史的な審議を我が目、我が耳で確かめなくては……。開会に先立つ三十分前、議員面会所にはすでに数十人の女たちが集まっていた。長年女の問題に関わってきた旧知も多い。傍聴席を女で埋めて無言の圧力を、との思いである。一分でも早く議場に入りたい。が、開会予定の十時を過ぎても傍聴券は配られなかった。傍聴受付が十時からという。次第に焦燥の色が濃くなる。

券が配られ〝傍聴人入口〟にたどりついたのは、もう十時半近かった。しかし、行列はここでまたストップ。前方に〝検問所〟があって、五人ずつ〝検査〟を受けているという。長蛇の列はほとんど動かない。

つれづれなるままに、傍聴券の裏の「傍聴人心得」を読んでみる。

一、本券を所持する者は、表記委員会の傍聴席に入ることができる。但し取締の必要上傍聴人の員数を制限したとき、又は傍聴席に余裕がないときは、傍聴券を所持する者でも入場できないことがある。

二、傍聴人は、傍聴券にその住所、氏名及び年令を記入する。

三、傍聴券所持者は、傍聴人受付において、衛視又は警察官の身体検査を受け、傍聴券に衛視の検印を受ける。
四、傍聴人は傍聴席以外の場所に入ることができない。
五、銃器その他危険なものを持っている者、酒気を帯びている者その他取締上必要があると認める者は、傍聴席に入ることができない。
六、傍聴人が傍聴席にあるときは、左の事項を守らなければならない。
1、異様な服装をしないこと。
2、帽子、外とう、かさ、つえ、かばん、包物等を着用又は携帯しないこと。
3、飲食又は喫煙しないこと。
4、委員会の言論に対して賛否を表明し、又は拍手をしないこと。
5、静粛を旨とし議事の妨害になるような行為をしないこと。
6、他人に迷惑をかけ、又は不体裁な行為をしないこと。
七、すべて傍聴人は、衛視の指示に従わなければならない。
まさか戦前の規定のままではないだろう。何度も目をこすって読み返す。

周りでもヒソヒソ声。

「これ、異様な服装に見えるかしら」

「かばん、包物はいけないらしいけど、手帳やペンは持って入れるんでしょうね」

「それもだめなんですって。時計とメガネとお財布以外は」

「とにかく髪の毛までさわって全身調べるの。箱根の関の人見女よ」

「へーえ、それにしても待たせるわね」

「女の衛視さんは一人だから」

なるほど、その間に男性傍聴者はスーイスイ。

「ここで腹立てて帰ると〝権利の放棄〟にされちゃうんだから……」

ジリジリと待って待って。〝人身改め〟を終えて議場にたどりついたときはもう十一時すぎ。自民党愛知和男氏の質問は終わり、社会党の金子みつさんが、汗をふきふき、「勤労婦人福祉法」にすり替えられた経過を質問しているところだった。傍聴席はすでに満席。百人で打ち切られ、「心得」どおり、「傍聴券を所持する者でも入場できない」人も出た。〝たまたま男であったがゆえに〟優先入場した人に、結果的には席を占められてしまった不公正さ。

やっと入って立ちんぼう

議場は、金子さんたちの奔走で、いつもより大きな会場に変えてもらったというが、一般傍聴席は十六席だけ。入場前、すでに一時間余も立ち続けてきただけに、一人また一人としゃがみこむ。すかさず衛視さんが、「別室にお連れします」

せっかくの金子さんの熱弁も頭の上を素通りしていく。立ちんぼの傍聴者たち、次々に靴を脱ぎ捨て、ひたすら「おしん」。「聞かせていただく」屈辱にあえて耐えるのは、ただただ法案のゆくえを見守りたい一心。

階上の熱い視線を浴びて、金子さんは野党第一党の責任を負いながら、「なぜ福祉法にすり替わったのか」と基本的理念をくり返し追求するが、「目指すべき方向ははっきりさせた」と、ぬらりくらり、答にならない答が返るだけ。

午後一時再開後は、七条以降の細部に関する質問。とくに労基法関連では、怒りをこめて、切れ味鋭くなる。

「残業・深夜業規制撤廃は、労基法八条の適用除外で十分ではないか」「本人の申し出があれば認めるというのは恐ろしい」

「本人が希望しているのに認めないのは民主主義に反する」（労働基準監督課長）

すかさず、「アホ！　食えないから残業するんじゃないか」の野次。衛視、発言者の方向にツカツカ。

金子さん、「当方の質問に対する回答になっていない。なぜ適用除外にできないのか」。課長「他の運輸機関すべてに波及する」。労相「陳情にほだされた」――思わずドッと笑い声。衛視「意見表明は許されませんッ！」

（それにしても知らなかったなァ、労相がそんなに情にほだされるお方だったとは……。あの雨の中のハンストには涙されなかったのだろうか）

金子さん、言うことなし、といった表情で長い質問を終わる。

女性は働いてきた実績がない、と坂本さん

野党側質問二番手、公明党の沼川洋一さんは、先月、『あごら』を注文してこられた方。冒頭、「〝禁等法〟などと呼ばれてたいへん評判が悪い」と、『あごら』仕込み（？）の質問。

「こちら側で評判の悪いものは〝あちら側〟では評判がいいもの」と労相はにんまり。

「審議会段階までは〝平等法〟だったのに、突然〝平等〟が消えたのはなぜか。労基法改悪をなぜセットにしたか」。赤松局長「たしかに新聞ではそうなってるが私どもが正式に〝平等法〟と言ったことは一度もない。均等も平等も同じ意味。労働法関係では均等と言っている。セットにしたのは、日本の現状では均等・平等促進のためには家庭生活との調和が重要だから」

（ウム、ここで、「それならなぜ家庭生活を破壊する残業、深夜業規制解除を？」と一本打ち込んで！）と手に汗握るが、敵失は残念ながら見のがされて次に。

「労相は、そこに山がある。とにかくみんなで登ろうと本会議で言われたが、これはけわしい山。いい加減なスタートでは困る」

「山を見て道を探す人も、道を探して山に至る人もいる。スタートしないかぎりたどりつけない」

「労働の機会均等は生存権、福祉権ではないはず」

「福祉には広義な福祉もある。ここでうたっているのは〝労働福祉〟。公明党の提案の平等法には敬服しているし、公明党案に比べればスッキリしないが、強行規定より努力義務のほうが日本の現状になじむ」（赤松）

「裁判でたたかいにくくなる」

「努力義務でも公序良俗の一般的論理を排除するものではない。民法九〇条には影響しない」（赤松）

「審議会の一部に強行論はあったが、大半は現状では無理という指摘だった。女性が働いてきた実績がない。日本の企業も悪いだけではない」（野次騒然）

（〝大半は無理と指摘〟とは何が根拠か。女性の実績がないとは！　ここでボディをねらえ！　それアッパー！）と、はるか階上から無言の声援を送るが、残念！　沼川氏はジャブに終わる。

キリキリ舞いをスルリとかわされる

沼川さんはそれでも懸命の闘い、「廃案」を主張したが、民社の塚田延充さんは、母性保護の立ちおくれを指摘して、「この法案で改善した」と、軽くいなされる。「苦情処理機関を必ず設置して」と追いすがれば、「機関というほど大げさなものは不要」「せめて調査権を」「行政指導なので強い権限を与えると均衡を損なう」「全国一六八名の婦人少年室員では不十分」「最終的には裁判で争うことになる。簡単迅速な苦情処理のための行政サービスを提供するのが目的」等々、次々と赤松局長に手玉にとられて、必殺パンチはついに不発。

議席から男性議員顔負けの野次を連発していた共産党・革新共同の田中美智子さんがマイクの前にようやく立ったのは四時すぎ。開口一番、「この議席は何ですか」指さす彼方の自民党席はガラガラ、わずか四名。「この熱意のなさ!」ハッタと場内をにらみつけて、「女子労働者の不満の第二位は〝残業が多く休日が少ないこと〟」「勤労婦人の死・流産は専業主婦の二、三倍」など、細かいデータを並べ立てると、「調査はいろいろな要素が集まって結果が出るもの。別の要素が入れば別の数字も」(赤松)、「そういう悪い状況を変えようとしているのがこの法案」(労相)など、スルリとかわされる。

「何一つ胸を張って答えない。財界からの圧力があったのでは」「赤松さん、ケツをまくったらどうです。辞表を叩きつけたら」(田中)

「辞める必要はありません」(赤松)

「赤松君はベストを尽くした。責任はすべて私にある」――〝情の坂本さん〟の笑顔に、振りあげたこぶしは、むなしく空を切る。傍聴席からは、思わずすすり泣きも。

外務省の〝言質〟をかちとった江田さん

最終質問者、江田五月さん(社民連)は、「小会派なので持ち時間が少ないから」と、静かな口調で重点質問。

「赤松さんも、本当はこの法案の欠点がわかっているはず」と、しんみり迫ると、

「シンとします。私が辞めればいいものが出来るとは思えませんでした」

「法案は十分と思いますか」

「百点とは思ってません。現実と遊離したのではワークしないと思った。今後とも見直しが必要」

「差別撤廃条約が目指すものと同じか」

「目指すところは同じと思うが、一挙に実現はできない」

「二条に、女子労働者を、〝経済社会の発展に寄与し、家庭の一員として次代を担う者〟と規定しているが、男子も同じこと。また、〝性別により差別されることなくその能力を有効に発揮して充実した職業生活を営むことができる〟ことも、男子にも望まれる。あえて女子労働者にのみ求め、かつ〝配慮する〟とは何事か」

「前段では家庭生活を含めた女子の役割を、後段では〝配慮〟を規定した。こうしないと法律として〝座りが悪く〟なる」

ついに馬脚を露し始めた赤松さんに、江田さんも「気の毒になりますね」と苦笑。

ついで、鉾先は外務省に。

「労基法の手直しは、男子の規制という形では行えないのか」

「条約の目的は差別の撤廃にある。男女差別の解消は、どの方法でも行える」

「男も家庭責任を果たすためには、深夜・残業規制を女子と同じくすることが望ましい」

「外務省としては、どの方法で差別を解消してもよい。どの手段で実現するかは労働政策の問題」（以上、遠藤審議官）

「家庭責任を共有するのか、働け働けか」

ここで赤松さんも、「労働者の福祉向上を目的にしている。男女の平等がより高い水準で果たされることが望ましい」と、初めて婦人局長らしい答弁。ヤッタァ！　と思わず机を叩いたら、衛視さんに肩を叩かれました。

傍聴して感じたこと

1　まず、「なるべく傍聴するな」と言わんばかりのシステムに驚嘆。裁判の傍聴でもあんなひどいことはしない。危険物をどうしてもチェックしなければならないのなら、空港にあるような感知器を用意してほしい。女性衛視をふやしてほしい。

2　「できるかぎり知らせるな」システムにも驚嘆。せめて筆記具の携帯は認めるのが当然。備え付け用具しか使えないのなら、最低、鉛筆三本、紙は十枚は必要（鉛筆一本、B5大ワラ半紙2枚、つまりワラ半紙一枚分しか貸与しない）。

3　情報公開の意思が感じられない。傍聴席をもっと広くすること。傍聴券は前日に配布し、検問所は開会一時間前には開き、会議の冒頭から聞けるようにすること。最低、議員会館、官報発売所等には有線放送で議場の状況を映すこと。そうすれば、田中美智子さんに指摘された自民党席の空白、会議中新聞を拡げ、質問者に耳も貸さぬ状況など、百聞にまさる一見の効果が表われ、会期延長による税金のムダ使いも自然に解消する。

また、速記だけでなく、ビデオ録画も必要。ビデオやテープレコーダーのなかった時代のままの記録方式は、ニューメディアを推進する政府の方針にも反するのでは？

ビデオ録画すれば、乱闘も起こるまい。

4　傍聴者用に弁当販売など考慮してほしい。食堂に行くためにはまたも〝箱根の関〟。往復に二、三十分空費する。食堂の席、店員も不足で、ここも長蛇の列。要するに傍聴者に対する配慮が全くない。

5　関連審議会の委員には、特別席を設けること。婦少審の山野和子さんも立ちんぼだった。「鼻くそみたいなものよ」と自嘲しておられたが、委員が答申のゆくえを見守ってこそ、よい答申もできよう。立ちんぼではひどすぎる。

6　野党各党の対応は、相互に支援しあい、野党共闘のイメージを与えて、よかった。

しかし、おか目八目で言えば、質問はもう少し必殺パンチがほしかった。予定した原稿を読み上げるのではなく、敵失にすかさずつけ入る臨機応変の対応が望まれる。中西珠子・久保田真苗・土井たか子さんなどもせっかく同席しておられたこと、メモを回すなど、党派を超えて随時アドバイスしてあげると、質問者にも余裕が生まれ、敵失を見のがすことが少なくなるのでは……。

7　いたずらに攻撃的になるよりは、時にはからめ手に回ることが必要、と、江田発言を聞きながら思った。アメリカの裁判のように、やりとりの中で、とにかく〝言質〟を引き出したほうがトクなようだ。

〝結果の勝利〟〝実質的勝利〟を目指す高度の配慮が必要。

8　それにしても、もっと女性議員がほしい。それも実力派が。参院比例代表制ゴリ押しのお蔭で、中西さんや久保田さんが議員になれたのは、結果的にはよかった。次の選挙には女性議員擁立をもっともっと真剣に推進したい。

最後に赤松さんに一言

私がこの傍聴で最も期待していたのは赤松さんの答弁でした。田中美智子さん同様、実は私も、「職をなげうって抗議しないのか」と、あなたに進言しに行こうかと思ったことがあります。多くの非難・攻撃の中で、あなたがあえて現職にとどまっているのは、あなたなりの〝配慮〟だろうと、あえて好意的に考えてきました。駒尺喜美・田辺聖子など、大阪女の土性骨に、私はいつも敬服しています。あなたも大阪女らしい気骨と機智で、表はもめんでも裏は絹というか、政府側答弁らしく見えても多くのニュアンスを含めた答弁を、いかに見事にみせてくださるかと、楽しみにしていたのです。

しかし、きょうのあなたの〝能吏〟ぶりには呆然としました。ことばのレトリックで問題点をすり替え、坂本大臣に対する質問でも進んで挙手して回答、「大臣の答弁を」という再三再四の声にも耳傾けず、忠臣ぶりを発揮されました。傍聴席から「だからエリート女はイヤだ」という声が思わずあがりました。私は、〈高級官僚＝エリート女＝敵〉という式の切り方には常日頃疑問を抱いてきましたが、きょうのご答弁を傍聴するかぎり、そんな図式でとらえられてもやむを得ないと、残念な気がしました。

とくに残念だったのは、田中美智子さんが住宅資金との関連で〝主たる生計を担う者〟の定義を問い、あなたの「一円でも多い収入を得ている側」との回答に、「男は飲酒・ばくちなどで家にお金を入れないことが多いが、その場合でも主たる生計担当者になるのか」と、さらに質問したとき、あっさりと、「女だってマージャン狂いはいます」と答えて満場爆笑、論点がそらされたことです。率直に言って、きょうのあなたのご態度は、終始不まじめに見えました。婦人問題三十余年のあなたと、非専門家の質問者とでは横綱と序の口ほどの差があることは傍聴者にもみえみえでしたが、だといって鼻先であしらうのではなく、その応酬の中で、あなたご自身「不完全」とお認めになった法案が、よりよい方向に正されていくことに力を貸していただきたかったと思います。

私の本心は本心、立場上はピエロになるほかない、という、あなたの底深い絶望や自嘲もよくわかります。抜群の頭脳の持ち主だけに演技に徹されるお気持ちも、わからないではありません。しかし、婦人局長という立場で、国会答弁ができるのは、六千五百万の日本の女性の中で、あなたただ一人なのです。せめて、論点には論をもって立ち向かってください。あの奇怪至極な禁等法は、つつかれれば答弁のしようがない、目くらまし術でいくほかかない。答弁の中に示される自己矛盾を質問者が鋭く突いてほしい、と、もしかしてお思いになったのかもしれませんが、その日その日、生きることに追われ、平等法を砂漠の水のように求めている女たちの前では、どうか仮装をしないでください。

初代婦人局長の月給は百三十万、ほかにボーナスもあります。私たち零細企業で働く者の十人分の給料です。それに何よりも、私たちはどんなに切歯扼腕しても、あなたのように、直接的に平等法にかかわることはできないのです。あなたは何のために三十余年婦人問題を考えてこられたのですか。それは、誰よりもあなたがご存じだと思います。婦人問題は〝研究〟だけではなく、〝実践〟と深くかかわっていることも、もちろん重々ご承知でしょう。あえて現職にとどまっていらっしゃるのには、深い理由と大きなご覚悟がおありでしょう。そのご覚悟を、ハッキリ示してください。あなたはそれができる能力も勇気もお持ちのはずです。

たった一つの救いは、江田質問に寄せられたあなたの真情でした。あの部分では、変わりない〝赤松良子〟を感じました。参議院では久保田さんや中西さんが質問なさるでしょう。それに対しては、まさかきょうのような投げやりで不まじめな回答はなさらないでしょう。六千五百万分の一の特権を持つあなたが、どんな見事な答弁をなさるか、そしてきょうの悪いイメージを、悪い影響を、どんなふうに変えてくださるか、心から期待しています。

（7月3日衆議院社会労働委員会）

（97号 1985/04）

〝奇怪禁等法〟と名づけたわけ

91号に中村麻人さんが「〝奇怪均等法〟なるニックネームにもの申す」という貴重な「一言」をご投

稿くださり、中村さんにご賛成の八木江里さん（92号）金田佳枝さん（95号）、批判的な野田みち子さん（92号）森川万智子さん（95号）の賛否両論が「あごらのあごら」をにぎわせました。〝名づけ親（？）〟として私も「一言」申しあげなくては、と思いながら、病気のため失礼しましたことをおわびします。今となっては気のぬけたビールのようですが、これはかなり重大な問題ではないかと思いますので、おそまきながら、私なりの思いを申し上げます。

〝奇怪禁等法〟という呼び方は、私が生涯で発したことばの中でも最も過激なことばで、今後生涯二度と、これほど過激なことばを使うことは、もしかしたらないのではないかと思うほどです。

日ごろ「静かで穏やかな運動」をモットーとしている〈あごら〉にはふさわしくない、と受け止めた方が多かったのもむりもないことです。〈あごら〉にとって、また日本の女性運動にとって良識を疑われることではないかという中村さんのご心配もよくわかります。

中村さんからはその後、「自分の原稿は、この一年、わたくしがマンション管理組合の長としてご奉仕したなまなましい実生活の中からの叫び。決して元婦人少年局職員であったがゆえの敢然たる発言と受け取られては困るのです。純粋に一市井人としての生活実感・見聞が、わたくしを駆り立てたのです。その意味で、末尾の肩書きはたいへん不本意な……。自由業とか、せめて元公務員とでも記していただきたかった。これでは読者に対して、一種不当な先入観を与え、したがって、公平かつ適正な反応は期待できないでしょう」という抗議のおてがみをいただきました。これは重要なご指摘です。まず、肩書きについては深くおわびします。配慮の至らなさを心から反省しております。また前段の「市井人としてのなまなましい実生活の中からの叫び」というおことばも、重く心に受け止めます。

「〈あごら〉は〝奇怪禁等法〟と呼ぶことにしては」と、事務局会議に提案したとき、私はもちろんその〝悪影響〟を考えなかったわけではありません。また、どんな形にせよ〝均等法〟を上程させるまでの労働省の皆さんのご苦労がわからなかったわけではありません。赤松良子さんはじめ、婦人少年局の皆さん、お一人おひとりのお顔を思い浮かべ、大きな圧力の中で、差別撤廃条約の批准へ向けて、耐えがたきを耐え、忍びがたきを忍んで、原案をおまとめになったであろうご苦労も十分に推察しました。それでも、〝非礼〟と糾弾されることも覚悟の上で〝奇怪〟の二字を、私はかぶせずにはいられませんでした。

中村さんがご心配くださったように、〝平等〟も〝均等〟も、一般の男女の生活実感にはまだ十分なじんでいない概念です。その中で〝奇怪〟の二字を冠することは平等法そのものへの疑念を増大させる可能性も、もちろんあります。政府の某氏は、〝均等法〟の審議の停滞を、「野党が反対するものを通しても仕方がない」と理由づけ、「これが成立しないなら差別撤廃条約の批准もしない」とほのめかしているようですが、このように〝疑念〟や〝反対〟を逆手にとられる危険性も常に存在します。

しかし、だからといって、あの条文を、だまって見のがすことは、私にはどうしてもできませんでした。事務局の全員が私の申し出に賛成したのも同じ思いからだったと思います。

〝平等〟は、私たちの長い長い夢でした。それだけに、一九七九年、女性差別撤廃条約が国連で可決されたとき、どんなにうれしかったことでしょう。〝女の憲法〟と言ってもいいこの条約の中で、私たちが最も注目したのは、その思想性でした。女性に対するあらゆる差別は人権の侵害であることを高らかに歌い上げた条文は、私たちをどれほど勇気づけたかわかりません。そして、当然、この条約を批准するための条件整備としての国内法の整備は、条約の精神を基本とするもの、と期待しました。

しかし、発表された〝均等法〟は、残念ながら条約の基本的精神とはあまりにもかけ隔たったものでした。そこに顕著なのは、〝人的資源〟としての〝女性の活用〟でした。労働基準法の再検討がいずれは必要にしても、この時期にこのような形で、なぜ〝均等法〟とセットにして出さなければならないのか。〝均等〟の美名の下に仕組まれた巧妙なトリックを感じないではいられませんでした。

〝平等〟が罰則を伴うものとして規定されたとしても、それが実効を発揮するのにはかなりの歳月を必要とします。しかし、労働基準法の改訂、たとえば時間外労働の規制の廃除は、法律が施行されるその日から実生活に影響します。「こんな平等法ならいらない」という声が一斉に上がったのも、むりもないことです。

平等法を実効あるものとするための罰則がないこと、とくに雇用上の機会均等の要とも言える就職の入り口での差別禁止が〝努力〟義務に終わっていることも大きな問題ですが、それだけならば、〝奇怪禁等法〟というはげしいニックネームはつけなかったでしょう。私自身はどちらかと言えば漸進的な変革を求めて来た人間ですし、あまりにも急激な変化はかえって深く根づかない場合もあると考えています。また、〝平等〟が実現した後には、労基法の、母性保障以外の部分の再検討は必要だとも思っています。〝均等〟を保障しない法律を〝均等法〟と称することは〝奇怪〟ではありますが、これほどのどぎついことばを使うのは躊躇したかもしれません。

私が提唱を決意したのは、〝均等法〟にこめられている基本的思想がすり替わっていたからです。「女性も（男性と）同じように能力を発揮できる社会を」ということは、もちろん私たちも求めつづけてきたことです。しかし、その根本は〝平等に生きる〟〝共に生きる〟ということにあります。平等に生き、共に生きる結果として〝能力を発揮できる〟ことを願うのであって、〝能力を発揮できるようにするために〟何かを手直しすることではないのです。

差別撤廃条約批准のための条件整備であるならば、新しく生まれる〝平等法〟は、条約が最も大切にしている思想性を盛り込んだものになる、と私たちは信じていました。

思想性を正面から掲げた差別撤廃条約は、日本の法的センスに合わないという意見もあります。たしかに、あの思想性を、条文として〝平等法〟に盛り込むことはむずかしいことでしょう。しかし、少なくとも、条約の思想性に反することは、していただきたくなかったのです。

〝均等〟を〝与える〟代わりに〝母性保障の撤廃を〟、という〝均等法〟の姿勢を読みとったとき、私は、一八七一（明治四）年の「解放令」を思い出しました。特殊な名で呼ばれていた部落民を〝四民平等〟の扱いとすることと引きかえに、当時の部落民が権利として持っていた皮革などの処分の権益を奪った「解放令」は、〝解放〟の名のもとに、部落民を貧窮の底に落とし入れました。同和対策の一つとして今日でも識字教育が行われていますが、〝国民皆教育〟の陰に、貧しさゆえに小学校にも通えなかった人びとがいるという現実の根源を、どう受け止めていったらいいのでしょう。四民平等の〝平等〟が、もっと本質的な意味で考えられていたら、今日の〝均等法〟もああいう形では生まれなかったのではないでしょうか。

〝平等〟と底深い部分で質的に違う〝均等法〟を読んだとき、私は、それを〝奇怪〟と感じました。問題の本質が奇妙にすり替えられていることを、声を大にして叫ばなければならないと感じました。これは、〝侵略〟を〝聖戦〟と言い替えたのにも似ている、と。

現在の国会の勢力分布では、〝禁等法〟が〝均等法〟として成立するのは、残念ながら時間の問題でしょう。しかし、これを〝禁等法〟と認識したうえでその経過を見まもるのと、〝均等法〟として歓喜して迎え入れるのとでは、全く違ったものになりましょう。これはゆるがせにできないことだと、私は思っています。

「〝均等〟を与えるから労基法は変えろ」と迫った力は、いま、「均等法に反対するなら批准はしてやらない」という迫り方をしています。女たちがゼネストに立ち上がる力がないと見くびった迫り方です。

私は、『あごら』というこの小さい媒体を通してだけでもこのことを訴えていきたい。それが、それぞれの胸の奥深く、〝平等〟を考え、その実現を目指すエネルギーにつながると信じるからです。
金田佳枝さん、〝奇怪禁等法〟は、決してふざけて使ったわけではありません。それが「ふまじめな印象を与える」というご指摘は、運動に関わる者としてしっかり受け止めていきますが、私は、森川万智子さんが述べておられるように、「男性にとっても企業にとっても〝奇怪禁等法〟」と感じていますし、このような〝奇怪禁等法〟がまかりとおるようであれば、〝障害者〟や〝老人〟や特定の背景を持つ者に対する差別はなくならないと思っています。

(101号 1985/09)

私たちが見たナイロビNGOフォーラム

ナイロビから帰った関東・東海・関西地区の〈あごら〉のメンバー七名は、八月九日、東京・新宿区婦人情報センターで、帰国後第一回の報告会を開いた。(編者注・斎藤の報告のみ)

自立と自炊の貧乏旅行

〈あごら〉としてのツアーを組んだのは二十名。七月五日に出発して二十一日に帰国、三名はその後十日ほど残って国連本会議のほうも傍聴して帰った。終わってみると、あれもこれも、こうすればよかったのに、と思うことばかりだが、ともかくみんな元気で参加できたことを感謝している。

今回は出発前から「日本の女は参加自粛を」みたいな声が大きく、疲れたが、私たちは、五年前から今度は南北問題が主流になるだろうと考え、アフリカで行われる会議に経済大国日本の女が参加する意味を一人一人の胸に問いながら、少しずつお金を積み立てて出発した。

現地の宿泊施設が不足だということは聞いていたので、大学の寮を五人分のほか現地にアパートを借り、自炊した。りっぱなスーパーもあったが、私たちは現地の方が利用するシティマーケットや、小さな雑貨屋などで、なるべく現地の方と同じようなものを買って炊事した。アフリカを知るということを、そういうことから始めたいと思ったのである。

アパートを借りたもう一つの理由は、会議場だけでは多分時間的に十分な交流はできないので、少し突っ込んだ話をしたい方などをアパートに招こうというねらいだった。予定したほどの招待はできなかったが、現地の方のほか、インドネシア、フィリピン、キューバなどの方をお招きして交流できたのは幸せだったと思う。

日本からの飛行機便は大手の旅行社の買占めでなかなか取れず、結局、英国航空とパキスタン航空の二派に分かれたが、七日には全員到着、会期前に一泊二日でサファリにも行った。サファリのことはずいぶん問題があり、行くべきかどうかみんなでさんざん迷ったが、「ケニアが一番見せたがっているところ、ケニア人が本来生活していた大自然をまずは見てほしい」という現地の方の熱心なすすめもあり、現地の女性を五人お招きして、車中で交流しながら行った。キリマンジャロのふもと、話に違わぬ雄大な風景に感銘を受けた。

また十日から始まったNGOフォーラムの土日は休日とわかっていたので、バスをチャーターしてナイロビ近郊の農村を訪ね、キクユ族の方々と交流した。いまスライドでお目にかけたような大変心温まる歓迎を受けて、世界は一つの思いを深くした。そのほか孤児院と小学校を見学した。

それ以外はワークショップに専念、十日の開会式から十九日の閉会まで参加する予定だったが、飛行機の都合で突然帰国が早まり、十八日にナイロビを発たなければならなくなったのは残念だった。しかし、できるかぎりワークショップに参加すると同時に、夜は遅くまで話し合い、時にはディスコで踊って、それぞれ充実した時間を過ごしたと思う。

日本語でやりとおしたワークショップ

〈あごら〉としてのワークショップは、十一日に「職場の中の女性差別」、十二日に「中絶と優生思想」「フェミニストのための情報ネットワークを」、十六日に「戦争と差別」の四つを実施。またメンバーの一人、〈85沖縄女たちの会〉の「沖縄の買春」を十七日にサポートしたので、合計五つ持ったようなもので、結果的には企画が少し多すぎたのではと反省している。どれも大変盛況で、職場差別のワークショップなど、どの人の発言も熱い拍手で迎えられた。ただ残念だったのは、会場が狭く、入場者の三倍近い来場者の入場を、お断わりせざるを得なかったこと、時間がたりず、質疑応答に十分な時間がさけなかったこと。特に「中絶と優生思想」は時間がたりず、最後に「ぜひもう一度この続きのワークショップを」という声が参加者からあがったのに、会場その他の手配がつかず打ち切りになったのは残念だった。

私たちが企画した四つの分科会は、すべて日本語でやりとおした。というのは、英語では、どうしても日本の参加者の層が限られてしまうが、ごく平均的な日本の女が参加することが大切ではないかと考えたからである。アフリカの方などは日本語をあまり聞く機会もないだろうし、日本語を聞いていただくだけでもいい、世界にいろんな国があり、いろんなことばが使われていることを知っていただくのもNGOの意味ではないかとも考えた。

もう一つ、〈あごら〉からのアピールとして、「世界のどのことばからも等距離の、〝フェミニスト言語〃をつくろう」という一項を入れていたからでもある。英語やフランス語、スペイン語は国際語ではあるが、国際語になったのは植民地化と深い関係があるうえ、日常的に英仏語を使っている人とそうでない人とでは、どうしても母国語の人の発言が強くなることを、せめてフェミニストの方たちには考えてもらいたいと思ったからである。通訳は私たちの仲間の甲木さん、羽後さん、渡辺さん、ナンシーさんなどがしたが、後で外国の方から聞いた話では、それぞれの人がむりをしてわかりにくい英語で話すよりはよく理解できてよかったということだった。日本人も国際語を一つは覚える必要はあると思うが、〃フェミニスト言語〃へ向けての一つの問題提起をこういう形でしたつもりだ。

四つの分科会のテーマはバラバラのように見えるかもしれないが、〈あごら〉が一貫して追い求めてきた平和への希いと意識変革の問題を盛り込んだものだった。埼玉から沖縄まで参加者の居住地が分散していたので出発前に打ち合わせる時間が全くなく、どうなることかと思ったが、つけ焼刃で何とかやれたのは、雑誌『あごら』を通しての共通の学習があったからではないかと思っている。

ただ、一日目と二日目に合計三つものワークショップが集中してしまったので、ポスターや資料づくりに午前二時、三時までかかり、大変だった。ポスターは各人各様の個性的なものを作り、ちぎり紙細工などとても手のこんだものを用意したので、どれも大好評で、貼るはじから持っていかれてしまったほど。ここに貼ってあるのはわずかに残った分で、もっとすばらしい傑作がたくさんあったのにお目にかけられなくて残念だ。なお、私たちのワークショップや諸外国のワークショップその他のくわしい内容については、いま制作中の特集32号『ナイロビ会議』をごらんいただきたい。

十年間の積み重ねの上に

私はメキシコとコペンハーゲンと、二つの会議を経験し、今度はメキシコ会議に似たものになるだろう、つまり南北問題を鋭く突きつけられるだろうと予測していたが、予測に反して南北問題は浮上しなかった。ケニアはじめアフリカ諸国は新興国家の意気に燃え、はちきれるようなエネルギーと自信にあふれ、工業化諸国、旧宗主国に対しても寛容だった。しかもケニアの人びとは争い事がきらいだそうで、たとえばシオニストとアラブ人の抗争が始まると、「ケニアではけんかをしないでほしい」と、ケニアの人たちが仲裁に入ったという。といって抗争が皆無だったわけではなく、特にアラブ諸国主催のワークショップはいつも大変なエキサイトぶりで、早く行かなければとても入場できないほど。入口にも入れない人たちが黒山をなしていた。「妨害が入ったので中断したが妨害がなくなったら再開する」という貼り紙の貼られた会場もあったが、いずれにせよ、メキシコやコペンハーゲンの時のような激突は見られなかった。

女の問題に政治が入り込んだという報道もされていたようだが、国連はまさに政治の場であり、あらゆる機会をとらえてあらゆるプロパガンダが行われるのはむしろ当然だと思う。会議事務局長のシャハニさんは、「政治とは日常生活の小さな積み重ね。だから女の問題と政治は決して無縁ではない」と言っておられたが、生活の基盤をゆるがす政治の問題に無関心で女の問題が解決できるわけもない。シオニズムの問題にしても、アラブの女性たちにとってはまさに死活の問題で、決してイデオロギーの問題ではない。また南アのアパルトヘイトは、「人種隔離」ということばで日本では考えられがちだが、ANC（アフリカ民族会議）はじめさまざまな訴えを聞くと、これは人権抑圧の最たるもの、全地球の恥だと感じた。最後の植民地、南アフリカの問題が二〇〇〇年までに解消するか、深い利権と結びつくだけに前途の困難は測り知れないものがあるが、いま世界の問題の中でも最も緊急な問題だと強く感じた。

第一回世界母親大会といった趣きのメキシコ会議に比べ、コペンハーゲン会議は、北欧のフェミニストたちが組織した会議らしい大変静かで内容の充実した話し合いの会で、世界的なネットワークもたくさんつくられた。それを受けた今度の会議は、外国から見ると話し合いよりは祭りの要素が優先したようにも思われたし、ヨーロッパのフェミニストたちの会議ボイコットによって、話し合いの要素がやや薄れたのは残念だったが、この十年間の各国の成果と、国際的なネットワークの積み重ねを反映した幅も厚みもあるものだったと思う。

二十一世紀はブラックの世紀

私は今度はアフリカの人たちとできるかぎり接触することに最重点を置いたが、アフリカの人たちの物を見る目の鋭さ、判断力の正確さにはほんとうに感心した。たとえば小学校を訪ねると、三年生くらいの子どもたちが「あなた方はなぜ会議に来たのか、会議で何を得たのか」といったことをパッと質問する。若い女性も、自分はいまどの辺の位置におり、これから何をしようとするのかという自己確認をきちんとしていて、日本の同世代とは比べようもないほどしっかりしている。世界的に皮膚の色が黒いほど劣等、というような誤解があるが、アフリカの人たちの頭の良さはすばらしく、二十一世紀はブラックパワーとアジア、そして女性の世紀になるだろうと感じた。文明とは何だろうということをそれぞれの人が胸に問い直した会議でもあったが、それだけにヨーロッパからの参加者が少なかったのが惜しまれた。一つは奴隷貿易とは何だったかを知る、またとない機会でもあった。アメリカの方が「ケニアに来たらアメリカの黒人とみんな全く同じ顔をしている。キンタクンテの話が真実であることを感じた。自分たちが何をしていたのかが本当にわかった」と言ったが、旧宗主国であるヨーロッパの人たちにも、ぜひ見てもらいたかった。それは日本がアジアに何をしたかを深く胸に問い直すことでもあったと思う。

「沖縄の買春」のワークショップをサポートし、その後フィリピンなどアジアの方々をアパートに招いて深更まで話し合う中で、私は戦争が終わっていないことを改めて感じた。沖縄で地上戦をしたばかりに、日本の基地の七五％はいま沖縄につくられている。同様に激しい地上戦のあったフィリピンは基地化し、軍勢力は現政権と結びついて人びとを圧迫している。その安全保障に立っている日本の経済繁栄を享受していいのか。ナイロビはまさに自分自身を問う旅でもあった。自治体がどうの、どのグループがどうのといった枝葉末節の話はやめて、それぞれの人が胸の底に受けとめたものを考えていきたいと思う。

「明日」と言わず「いま」

最後に一つだけ言いたいのは、日本の女の人は本当に恵まれているということである。帰って見る日本の女の人たちは服装も自由だし、顔つきも自信に満ちている。千人も出かけるエネルギーを日本の女が持っていることを世界の人たちは見たわけだが、水がない、食糧がない、思想信仰の自由がない、移動の自由さえないといった中で、世界の女の人たちが、あんなにけなげに行動しているとき、日本の女が自らの壁を破れないとしたら、それは恥ずかしいことではないだろうか。自分自身を呪縛している自己規制を破り、思いきってやってみよう。その後ろ盾として、あの長い苦しい闘いの後に私たちはいま女性差別撤廃条約を獲得していることを、決して忘れてはなるまいと思う。

私たちにはいま自由があるが、未来永劫不変という保障はない。国家機密法は見え隠れしており、均等法に続いて派遣法、年金・児童扶養手当・健康保険……と、私たちの周りには〝戦後政治の見直し〟が着々と進んでいる。いま言える時に何をするか考え、明日と言わず今日、実行していきたいと思う。

Ⅲ

1986年〜1990年・105号〜158号

ありがとう！　鉄連の七人の輪

（114号 1986/12）

勝・訴・お・め・で・と・ぅ

一字一字を書き込んだ七つのかわいいリンゴが並び、七本のローソクに灯がともった。が、鉄連・七人の女たちを祝う熱い拍手の中で、佐々木元子さんは、どこか浮かぬ風情に見えた。

「一勝一敗一引き分けという感じです」

「基幹職と補助職に分けるコース別賃金は憲法十四条違反」と、六十九万円の支払いを鉄連側に命じながら、「コース別採用や、司書から事務職への配転は、八年前の当時としては公序良俗に反するとまでは言い切れない」とした判決に、松岡三郎明大名誉教授は、「憲法にまで踏み込んだ画期的判決の割には法的な救済が不十分」と、企業側にも働く側にも「よい顔」を見せるにとどまった判決の本質を評した。あれほどの長い闘いを思うと、松岡氏の指摘どおり判決は不満足なものではあったが、胸の内から熱いものがこみあげた。

ご苦労さま！　ありがとう!!　それだけを言いたかった。

現在の勤務先を訴える——それはどんなに至難なことだったろう。欠勤遅刻はもとより、毎日の勤務ぶりにまで人一倍の監視の目が光る。その中を耐えぬいた八年の辛さは、他者には到底推測できないものと思う。その辛さを耐えに耐えた重みが、ついに「コース別賃金は憲法違反」をかちとったことを、働く女の一人としてどんなに感謝してもしたりない気がする。

告訴に踏み切ったとき、彼女たちはまだ二十歳そこそこ。「おかしいぞ」と感じた英知と、どんな圧力にも屈しなかった勁さが、均等法元年の最大の収穫を獲得したのだ。

しかし鉄連側は控訴、彼女たちも配転については控訴するという。気の遠くなるような日々がまたも続く。彼女たちを支える一助に、私たちも、日々の差別に抵抗していきたい。「すべての差別は公序良俗に反する」という高裁勝訴をかちとれるかどうかは、私たち自身の責任だと思う。

（125号 1987/12）

新聞切り抜きに見る女の16年 Ⅰ

一九七二年二月、「女の問題を考える資料誌」として出発した『あごら』は、創刊号から「新聞切り抜き」をのせ続けてきました。しかし切り抜きをのせることについては繰り返し繰り返し賛否両論がたたかわされ、編集会議での激論の末、敗者復活のような形でやっと命脈を保ってきたことを思い出します。

『あごら』は、女たちがお金を出しあってつくっている雑誌です。横から横へのミディメディアを目指す雑誌の貴重なページを費やして、あえてマスメディアの要約をのせる必要があるのか、記事になったことだけが事実か、等々の疑問も、当然のことでした。

しかし、社会が女を受容した尺度として、マスメディアの記事が資料的価値を持つことも事実です。

祖母たちや母たちが、『青鞜』や、女博士や女校長の出現の記事に欣喜雀躍したように、一つ一つの記事を切り抜きながら、私たちはさまざまな思いを語り合いました。記事にハサミを入れて切り取るとき、その記事が血となり肉となるような思いもありました。相も変わらぬ母子心中、子殺しに涙しながら、サッチャー首相出現の記事に喜ぶよりも、このような記事がなくなる日を祈り続けてきました。

『あごら』創刊満十五年にあたり、さかのぼって一九七〇年からの切り抜きをまとめてみました。十六年分をまとめてみると、小さな点がつながって線となり面となって見えてきたものもあります。女たちのたしかな足どりが聞こえ、その女たちの背後にある、何百万、何千万の、決して記事にならない女たちの暮らしに、改めて熱い思いがあふれます。記事になった女、記事を書いた女、記事にならなかった女、切り抜いた女、要約した女、それぞれの女たちへ深い感謝をこめて、まずは第一集をお届けします。

（131号 1988/06）

日本型フェミニズムと〈あごら〉

——十五周年記念の集い

いまお二人のお話を伺いながら、改めてしみじみと「ありがたいなあ」と思いました。

〈あごら〉は、たくさんの方が物心両面で支えてくださったからこそ、今日まで続いてきたのですが、わけても福田さんと高橋さんからは、大きなはげましを受けました。

〈あごら〉には、情報活動としての『あごら』の発行に象徴される活動と、高橋さんがいま盛り立てていらっしゃる〈ＢＯＣ〉の活動の、二つの面がありますが、福田さんは雑誌『あごら』に、高橋さんは〈ＢＯＣ〉に入れ込んでくださいました。

『あごら』を出し続ける気力も失せかけたとき、福田さんが集会で、「明治の『女学雑誌』、昭和の『あごら』でございます！」と気迫をこめて売り込んでおられる、という情報が入って、もう一度気力をふるいたたせたときもありました。率直に申しますと、私には『女学雑誌』と『あごら』の関係ははっきりとは見えないし、『あごら』が昭和を代表する女の雑誌というのもおこがましく思えるのですが、あの控え目な福田さんが、そこまでおっしゃったかと思うと、胸の内が熱くなったものです。

高橋さんは、私がやりかけて、あえて小休止した〈ＢＯＣ〉を、見事に花ひらかせてくださいました。夢にほれこむ人は多いのですが、夢を現実に変える人は少ない。その困難な仕事を成就なさったのです。もしも高橋さんが大輪の花を咲かせてくださらなかったら、私は多分、未完の〈ＢＯＣ〉が気がかりで、『あごら』に集中できなかったろうと思います。お二人に、改めて心からのお礼を申し上げます。

ところで、私はもともと〈ＢＯＣ〉から出発して〈あごら〉を呼びかけた人間ですから、この二つは、私の中ではどんなにしても分けられないひと続きのものです。しかし〈あごら〉が〈ＢＯＣ〉と雑誌『あごら』の二面を持っていることは、外側の方々に〈あごら〉を不鮮明なものとして印象づけている一因でもあるようです。

いまこうして福田さんのお話と高橋さんのお話を別々にお聞きになりますと、それぞれについて納得してくださったと思いますが、二つは同根、というふうに申し上げると混乱なさる方もおありでしょう。でも、その二つを結ぶものが見えたら、〈あごら〉と、〈あごら〉の目指すフェミニズムを、皆さんはもっと立体的に理解してくださるのではないかと思います。きょうは時間があまりにも短いのでむりかと思いますが、時間が許せばそこまでふれたいと思っています。

ところで、プログラムに書きました私の題は、「日本型フェミニズムと〈あごら〉」です。何とも気恥ずかしい大げさな題ですし、本来ならこういう題ではまだ何一つ話せないのですが、これからの「第二世代」を考えていくうえで、〈あごら〉と「フェミニズム」を問い直すひとつのきっかけになれば、と、あえて挑発的な題をつけてみました。

「日本型」ということばが私の頭をかすめるようになったのは、女の運動にかかわっている海外の方、とくにアメリカの方から、「〈あごら〉はアメリカのウィミンズ・リベレーションの影響を受けて生まれたのか」という質問を、ほとんど例外なく受けるためです。「〈あごら〉の前身の〈BOC〉の前駆的な活動が始まったのが一九六〇年。六〇年代の日本に多発した無名の主婦の反戦・市民運動の一つとして出発したわけで、直接的な影響はない」と答えることにしていますが、こういう質問者がフェミニズムを「輸出品」として考えているところがたいへんおもしろく感じられます。

実は、イギリス人の友人も、「アメリカ人から、アメリカのリブの影響で運動を始めたのかと言われた」、と笑っていましたが、フランス人に聞けば、恐らくフェミニズム発祥の地はフランスだと答えるのではないでしょうか。

情報は移動するもの。フェミニズムについての情報は「輸出」も「輸入」ももちろんできますし、その輸出入された情報が各国のフェミニズムに大きな影響を与え合っていることは疑いもありませんが、輸入された情報が行動をともなう思想として根づくのには、それなりの土壌が必要でしょう。フェミニズムの源流と流れについて、いちどきちんと考える時期に入ったように思われます。

ところで、女性たちの間ではもうかなり耳慣れたことばになった「フェミニズム」ですが、あなたは、日本語でどんなふうにお訳しになりますか？　フェミニズム、フェミニズム、と口にするわりには定義があいまいな感じがしますので、とりあえず手近な辞書ではどんな説明になっているか、事務局の方たちに調べていただきました。

まず、日本の代表的な辞書『広辞苑』（岩波書店刊、一九八三年、第三版）では、「婦人の社会上・政治上・法律上の権利の拡張を主張する説。女性解放論。女権拡張論。女性尊重論」（ついでながらフェミニストは「①女性解放論者。女権拡張論者。男女同権主義者。②俗に、女に甘い男。女性崇拝家」）という、たいへん古典的な解説です。

また日本の代表的な百科事典の『世界大百科事典』（平凡社刊、一九六七年版）は、「女権主義、男女同権主義などと訳されている。ラテン語のフェミナ femina（女性）から発生した言葉。フェミニズムには明確な理論体系があるわけでなく、時代とともに変化し、また国によっても変化する女性尊重の思想または運動である。それゆえに他の理論・世界観ならびに運動によってささえられ、裏打ちをされて発展するものである。したがって、いろいろの色合いをもったフェミニズムがあることになる。けれども近代的なフェミニズムには、大別して二つの潮流があった。その一つは女権主義、すなわち両性の平等を基礎とする社会組織の建設を求める思想ならびに運動であり、他の一つは母性の擁護を目的とする思想ならびに運動である。もっとも、この二つの潮流は判然と区別されうるものではなくて、おのおのが互いに関連し合って発展したのである。けれどもそのうちのいずれが主流となっているかは、時代と国によってかなりの差異がある。女権主義はフランス革命の影響をうけてイギリス、アメリカ合衆国などに盛んになったもので、その代表的な運動は婦人参政権運動であった。この流れのフェミニズム運動は、性的立場による各人のあらゆる不平等を排除し、あらゆる性的特権と、あらゆる性的な過重負担を廃止して、法律および習慣の基礎を男女共通の人間性に置こうとする運動である。イギリスのM・ウォルストンクラフトの『女性の権利の擁護』とか、J・S・ミルの『婦人の隷従』などによる主張は、この流れに添うものである。また母性の擁護はドイツやスカンディナヴィア諸国に盛んになったもので、女権主義の発展よりもややのちの時期のものである。この派の特徴は男性と女性の平等を求めるというよりも、むしろ女性の立場を男性の立場に対立させたままで、女性としての自由、すなわち子をそだてる自由、母権の確立、恋愛および結婚の自由などを主張するものである。この派に属する代表者はエレン・ケイで、その母性擁護の主張はドイツおよびスカンディナヴィア系のフェミニズムの典型である。このようにして発達した二つの流れも、社会主義を基調とする婦人解放運動によって統一された。なぜならば、それは男女の法律的・政治的・経済的不平等を廃止して、両性を共通の人間性に置こうとするものであると同時に、子をそだてる自由、母権の確立、恋愛および結婚の自由の事実上の確立をも目的とするからである。しかし社会主義を基調とする婦人解放運動は、たんに婦人の解放をめざすのではなくて、搾取され、圧迫されているプロレタリアートの階級的解放運動の一環としてのみ意味をもつ点が特徴である。すなわち従来のフェミニズムが男性と女性との対立および不平等から出発して、男性に対する女性の解放運動という色彩が強かったこととは全く基調を異にするものというべきである。(玉城肇)」と、古典的な女権論・母性論の両論を紹介し、それらが「社会主義フェミニズムに統一された」と紹介しています。

これは一九八五年版では次のように訂正されています。

「一八三〇年代のフランスで生まれて欧米に広がった男女同権主義に基づく女権拡張の思想と運動を意味する言葉。またフェミニストは、女性および女権を尊重する人びとの呼び名とされてきた。しかし一九六〇年代末以来の女性解放運動のなかで、それは性差別の克服という広い意味をもつものとされ、

「女性による人間解放主義」という定義があたえられ、それを主張する人びとをフェミニストと呼ぶようになった。(水田珠枝)」

フェミニズム発祥の地、フランスの辞書“Grand Larousse de la Langue Française”(一九七三年版)では「①社会のなかで女性の役割拡大をめざす人たちのドクトリン、運動。②きわだった女性らしさの特性を多少とも表わす男性個人の立場」

“Dictionnairé du Française contemporain”(一九七六年版)は「男性と平等の権利を女性にあたえることを目指す主義・主張」

またフランスの代表的な百科事典“Grand Dictionnaire Encyclopédique Larousse”(一九八三年版)は、「①社会における女性の役割と権利の改善・拡大のための戦闘的な運動。②女性の役割と権利拡大をめざす人びと・立場」と、あっさりした記述です。

イギリスの代表的な辞書“The Concise Oxford Dictionary”(一九八二年版)は、「両性の平等を根拠に女性の権利を主張すること」

アメリカの辞書では“The Concise Columbia Encyclopedia”(一九八三年版)が、「女性の政治的、社会的および教育の平等をめざす運動」

“The Merriam-Webster Dictionary”(一九七四年版)が、「①両性の政治的、経済的および社会的平等の理論。②女性の権利と利益を目標として組織化された活動」となっています。

イギリスからアメリカに渡った百科事典“Encyclopedia Britanica”(一九七〇年版)には、「→参政権運動→女性解放運動」と記されているだけで、フェミニズムについての記述はありません(ついでながらブリタニカの日本語版『ブリタニカ国際大百科事典』(一九七五年版)には、項目そのものもありませんでした)。

最後に見た“Encyclopedia Americana”でやっと少し納得のいく説明に出会いました。一九六四年版ながら、『アメリカーナ』は、アダムとイブに始まり、A4判十一ページにわたって、各国の事情までくわしくふれていますが、まとめとしては次のように言っています。

「フェミニズムは全世界的な文化的運動で、すべての人権、すなわち、道徳的・宗教的・社会的・政治的・教育的・法的・経済的権利に関して、男性と完全に平等の権利を女性に保証することを目的とするものである」(以上、日本語訳は、いずれも寺沢恵美子さん)

しかし、この説明でも、皆さんは多分納得なさらないでしょう。

この二、三年、日本の国内でもフェミニズム論争が盛んで、雑誌『現代思想』誌上での青木やよひ・上野千鶴子論争、それを受けた京都の日本女性学会を中心に八五年と八六年に行われた論争については、皆さんもご記憶に新しいことと思います。

八五年の十一月に京都で開かれた『フェミニズムの最前線』という講演会で、上野千鶴子さんは、『フェミニズムの最前線』なんて恐ろしい題をもらったが、そういうタイトルの講演会があれば私のほうがお金を払って聞きに行きたいくらいだ」と前置きして、次のように語っておられます。

「この前、十一月三日に社会主義理論フォーラムという大きな集まりが東京でありまして、そこで女性部会というのがありました。そこにちょっとのぞきに行ってきたんですけれども、朝九時から夜の九時まで、停電をものともせず、延々と熱気の中で続けられたフォーラムでしたが、そのフォーラムの女性部会のメインセッションのテーマが「さまざまなフェミニズム」というものでした。ということは、フェミニズムはもう一つじゃないんです。いろいろあるんですね。ああ言ってる人もいれば、全く正反対のことを言ってる人もいる。そのそれぞれが、自分のことをフェミニストと名乗ってる。じゃあフェミニズムっていったい何なのかしら、と、だんだん混乱してくるっていう時代です。

そういうことがなぜ起きてるかというのをちょっとまあ考えますと、第一の理由は、フェミニズムが多様化するほど成熟してきたという現状認識があります。それだけフェミニズムの層が厚くなってきたから、いろんなものが出て来たという、これは歓迎すべき事態です。それが第一。だけども、ほんまかいなという気持ちもありまして、一つは理論が要求されるような時代というのは、世の中がどんづまりになって、ちょっとどうやら動きがつかなくなってきたらしい。そうするとせめて世の中を変えることができなければ、物の見方を変えるということぐらいしかやれないというんで、これはむしろ理論に対する要請や理論の多様化がでてきた。ということはフェミニズムが運動として行きづまってきた証拠じゃないか、という考え方もあるわけですね。昔から孔子さんに「大道すたれて仁義あり」なんていう言葉がありますが、「運動すたれて理論あり」みたいな感じになりかねないところがあります。そうすると私なんか理論家としては、責任を問われかねないんですが、そういう状況に来ている可能性がある。具体的にその中で、今どう動きをとればいいか、フェミニストがわからなくなってるということなんですね。

そのうえ、理論が多様化しただけじゃなくて、解放戦略、つまり今どうすることが女性解放につながるのかという戦略について、全く正反対に分かれた方向性が出ています。一つは、女性が職場進出をどんどんやってくことこそが解放であるんだという考え方。この考え方は長い間続いてきたわけですけれども、それに対して最近、エコロジカルフェミニストと称する人たちが正反対のことを言っています。「労働への参加による解放」ではなくて、むしろ「労働の拒否による解放」こそが女性の解放なんだと。だから、職場から女は総撤退しよう、なんてことをいう人がいるわけですね。職場に出れば出るほど、資本制への加担と抑圧が強まる。だから、それを拒否することこそ解放だ、なんて正反対のことを言う。

そうなると、いま職場に出ようか出まいか迷っている女の人は、もう行き暮れて、ディレンマの中で立ち往生せざるを得ない。どうすればいいかわからなくなるわけですね。この社会主義理論フォーラム女性部会の副題が「行くも地獄、のこるも地獄の中で」という恐ろしいコピーでしたが、職場に出ても地獄、とどまっても地獄というそういう状態で、こっちが正しい、いやあっちが正しいという正反対の意見が出ています。

それからもう一つは、例えば、女性性というふうなことを考えましても、私たちが青木やよひさんを呼んでやりました五月のシンポジウム（日本女性学会主催のシンポジウム）の中でもやっぱり、その女性原理というものをむしろ積極的に強調していくことが女性解放につながるんだという立場と、私のようにそういうことを言ってもらっちゃ迷惑極まりないんだという立場と、全く正反対の立場が現れて、両方ともがフェミニストと名乗るという、こういう状況です。だから、いったいどっちが正しいのか、自分が個人的に現在ただ今どうすればいいのかっていうことが、だんだんわかんなくなっている、というそういう状態になってきてるだろうというふうに思うんですね」（松香堂刊『フェミニストの最前線』）

このあと、「こういう事態は日本だけではない」という話が続くわけですが、いま世界的に百家争鳴的な状態にあることは間違いなく、「第三波フェミニズムの時代に入った」などという見方をしている人もいるようです。

ひと口にフェミニズムと言っても、ラディカル・フェミニズム、マルクス主義フェミニズム、エコロジカル・フェミニズムなどがすでに日本語化しており、こういう「ことば」を知らないとフェミニストの潮流からはずれると思わせられるような悪しき傾向さえ生まれかけていますが、ことばの意味は、青木やよひさんや金井淑子さん、江原由美子さん、上野千鶴子さん、井上輝子さんなどのご著書にくわしく出ていますので、ここではあえてふれません。

しかし、フェミニズムの内容が、六〇年代、七〇年代、八〇年代と、どんどん変わってきているというか、新しい考え方が次々に生まれているのは事実です。

六七年版の平凡社『世界大百科事典』の記述のように、「明確な理論体系があるわけではなく」ではなくて、今や、「明確な理論化を目指して」大論争中というところでしょう。

ともかく、こういうわけで、フェミニズムを定義するのはたいへん難しいし、定義を私は本来好まないのですが、物事を考えていく手続きの一つとして、もしも、「あなたは辞書風に言うならどう定義するか」と聞かれたら、いま現在の私は、「いま現在のフェミニズムは」と前置きしたうえで、多分概略次のように答えると思います。

「男性的視点に立つ過去の価値観とは異なった女性的視点に立って、諸現象・諸科学を洗い直そうとする全世界的な文化運動・人権運動。生産第一の効率重視主義に反対し、人間の生と性を尊重。性別・貧富・人種・民族・学歴等に起因するあらゆ差別の解消を目的とする」

お断りしたように、これは「いま現在」の答えで、「将来は」変わるかもしれません。そしてもちろんこれは私の独断と偏見に満ち満ちていますので、大いに反論していただきたいと思います。

私見としては、私は、第一波のフェミニズムは思想史的にはヒューマニズムの系譜に立って生まれたものだと思っていますが、ヒューマニズムとフェミニズムの関係を考えていくと、一冊の本でも言いつくせません。人前で話せるだけの勉強を私はまだしていませんので、ここではお話しできませんが、一般に考えられているよりは、その源流は古いと思います。

「フェミニズム」ということばがいつごろから使い出されたかについては諸説があり、公式に使われたのは、フランスの劇作家アレキサンダー・デュマ・フィスが一八七二年に自作の『男—女』に

Homme-Femme"』の中で女性の権利を求める当時の運動を名づけて使ったのが最初という説が一般に流布されていますが、カレン・オッフェンさんの論文「フェミニズムとフェミニストの語源について」("Revue d' Histoire Moderne et Comtemporaine"vol.34. July/Sept.1987『日米女性ジャーナル1号』に所収)によりますと、「ことばの創造はシャルル・フーリエ(一七七二―一八三七)と思われるけれども、著書に最初に登場する年は確定できない」とされています。ジャン・ラボーの『フェミニズムの歴史』(一九七八)(日本語訳・加藤康子・新評論社)では、近代的なフェミニズムの発生をフランス革命前夜に位置づけ、一七七〇年代の終わりに、すでに女性の権利を内容とするパンフレット類が三十種類以上も出ていること、オランプ・ド・グージュのペンネームで知られる女性は、一七九一年に十七箇条から成る女性宣言――『女性と女性市民の権利の宣言』を刊行し、第一条に「女性は生まれながらにして自由、かつ男性と同等の権利を有する。社会的身分の区別は、公共の福祉に基づいてのみなされ得るものである」とうたい、女性の投票権の確立や、すべての高位、官職、公職に就任する権利の承認、租税負担における男女の平等などを求め、「男女の社会契約」という婚姻契約観さえ示した、と述べています。

一七八九年のヴェルサイユへの行進に多数の女たちが参加したことは、多くの文や絵画にも残されていますが、「自由、平等、博愛」の「博愛」は、「fratérnité(兄弟愛)」で「sororité(姉妹愛)」は含まれていませんでした(英語のsisterhoodにあたるsororitéは、今でもフランス語として公認されているわけではなく、一部のフェミニストたちが使っているのにすぎないようです)。

ルネサンスは、人間の発見、人間の復権と言われますが、ルネサンスにしても、フランス革命にしても、その「人間」の中に「女性」は含まれなかった。その含まれなかった者たちの復権運動の一つがフェミニズムである、と言うと大胆すぎるかもしれませんが、いま現在の私は、そういう印象を持っています。

フェミニズムも、最初は政治・教育・法制・経済・社会的権利の男女平等を目指しましたから、「女性解放論」「女権拡張論」といった定義が一般化したのだと思いますが、六〇年代アメリカのベトナム反戦運動、公民権運動の中から生まれたとされるいわゆるラディカル・フェミニズム、フェミニズム運動の第二波は、それまでのフェミニズム運動に、質的な大きな転換を迫るものだったと言っても過言ではないと思います。

女性運動が、女権拡大運動だけでいいものか、産む主体としての女に光をあてようという母性性を核とする論は、十九世紀にすでに見られますが、ラディカル・フェミニズムは、それをさらに一歩すすめて、女が生と性の主体となることを高らかに謳い上げただけでなく、すべての固定的な価値観や従来の社会通念を女性的な視点で洗い直すことを打ち出したうえに、路面を埋めつくすほどの大デモを繰り返してその実行を迫ったわけですから、アメリカの女性たちが、アメリカこそフェミニズムの発祥地、と自負するのもわからないではありません。

この、目の覚めるような女性解放運動、ウィミンズ・リベレーションは、〝リブ〟の略称でたちまち全世界に波及しましたが、条件闘争を前面に打ち出したり、女性性のある面を強調した古典的なフェミニズムに対し、「生きる主体としてのトータルな己れの確立」を果敢に主張したところに、ラディカル・フェミニズムのすごさがあったと思います。

「存在が意識を規定する」という社会主義フェミニズムに対して、これは「社会通念」の規制を訴え、その変革を迫り、社会通念の主流となっていた「男性論理」を問い直し、「女性論理」を打ち出しました。私たちは、北極を上に置き、南半球を北半球の下に置いた地図を見慣れていますが、南極を上に置き、オーストラリアの「下」に日本や中国が位置する地図を示したようなものです。

したがってそのインパクトは、女性問題だけでなく、人類学、哲学、心理学、生態学、動物行動学等の学問にまで及んだわけですが、それだけにまだ完全に成熟しきってない面があり、それが今日の多様なフェミニズムを産み出しているかと思います。

上野さんは、成熟期に入ったので多様なフェミニズムが生まれたと言われました。たしかに長いフェミニズムの歴史を考えると、成熟期に入ったと言えるし、そういう言い方もできると思いますが、長いフェミニズムの基盤があるところにラディカル・フェミニズムが生まれ、それがなお成熟途上というか開発途上にある。だからこそ百家争鳴なのだし、これからもますます百花繚乱の時代が続くと私は思っています。

男社会の中に女の住む場も広げていこうという古典的な第一波フェミニズムに対して、ラディカル・フェミニズム以降の第二波フェミニズムは、男社会の論理そのものを洗い直そうとしているわけですから、これは二十年や三十年でできる仕事ではないと、私は読んでいます。

多様性を生み出す別の原因として、私は、フェミニズムそのものが、常に「運動」を伴っている面も見のがしてはいけないのではないかと思っています。

フェミニズムの思想は常に机上の空論ではなく、実効を目的とする戦術・戦略です。したがって、国により、地域により、時代により、その背景となる社会事情を反映しつつ、千変万化していくのではないかと思うのです。

六〇年代のアメリカのラディカル・フェミニズムは、「ベトナム反戦運動の中でさえ、固定的な男役割、女役割を強制された女たちの反発から生まれた」という説がありますが、私は、それは恐らく「きっかけ」で、「何のためにベトナムまで出かけて戦うのか」を問いつめたとき、そこに差別と戦争の構造が見えてきたのではないか、と推測しています。五〇年代から六〇年代にかけて、「黒人はなぜバスに席がないのか、なぜ別の学校で学ばねばならないのか」の「なぜ」が問われたとき、女たちにも席がない実態がはっきりと見えてきた。それは「正義」をうたうアメリカの憲法に反するものではないのか……と。だからこそ公民権運動、ベトナム反戦運動同様、ウィミンズ・リベレーションは大衆運動となり、男たちの心に眠る男性原理をも洗い直す力になったのではないかと推測します。

運動は「原則」を重視する部分がある反面、常に「現実」と対峙し対応します。フェミニズムにかかわる人びとは、「現実」の中で繰り返し軌道修正を迫られてきたと思うのです。その中で考えた軌道修正が一つずつ新しい理論になっていったのではないでしょうか。

ですから私は、「運動すたれて理論あり」という上野説に対し、あえて「運動盛んにして理論盛んなり」と言いたいと思います。「出歩く女」がふえればふえるほど、フェミニズム論議はますます活発になる、と私は予測しています。（ただ、上野さんが「運動すたれて理論あり」とおっしゃったことにもとても共感できます。「どんづまりになってきた世の中を変えることができなければ、せめて物の見方を変えることぐらいしかやれないんで、理論に対する要請や理論の多様化がでてきた」には共感する部分も多いし、「あの人はエコ・フェミ（エコロジカル・フェミニズム）」とか、「あの人はラジカル・リブ」といった区分けを耳にするとき、理論が理論として深められずに、知識のラベル貼りになったら運動もおしまいだな、という感想を持ってしまいますので）。

ところで、「運動」と「フェミニズム」は表裏一体とすれば、フェミニズムへのかかわりは、常に現実的な情動を起点にしているのではないでしょうか。これもフェミニズムを多様化している一因のように思われます。

労働の場での被差別から出発した人もいれば、家制度の桎梏に苦しんだ人もいる。子連れ女の再就職の難しさから考え始めた人もいる。戦争体験のような極限的な体験が基の人もいる。心身の障害や、出身差別の痛みに発した人もいる。食品公害や原発などから気がつき始めた人もいる。中には宗教的な愛から出発した人もいる。というように、実にさまざまです。一九八二年のニューヨーク「平和大行進」に参加したとき、私は「フェミニスト」の集結地点に行き（アメリカのデモでは、それぞれのジャンル別に集結点が決まっており、新聞に発表されます）できるだけいろいろなグループの人に会いましたが、放射能を含む雨による牛乳汚染で立ち上がった母親運動系の人もいれば、黒人運動で出発した人、第三世界との連帯から始まった人、アメリカの中の少数民族運動の人、レズビアンなど、その出発点は実に多種多様でした。だからこそ、戦術・戦略も、「家父長制の解体」「階級制度の解消」「性の解放」「生態系を見直す」「からだを考える」「男性原理の告発」「第三世界との連帯」等々から、「ホンネで話そうね」「リラックス」等々まで、無限に広がっていっているのではないかと思います。

もう一つ見のがせない要素として、フェミニズムそのものが内包する多様性もあります。フェミニズムは、自分の感性・感覚が原点です。統制や画一化をきらいます。画一的な「女は家庭、男は職業」という、性別役割分業の「固定化」に疑問をいだきます。ヘテロセクシズム（異性愛強制主義）を批判し、同性愛にも異性愛と全く同等の権利を、というレズビアニズムも生まれます。

権利を拡大しなければならないのは女性だけか、という疑問も生まれます。そして、人種、民族、出生、障害などあらゆる差別にまで視線はひろがっていきます。

そして、人間という「類」も問題になってきます。生産第一の産業主義ではないオルタナティブな生き方が求められ、人類の存在条件を問う、エコロジカル・フェミニズムも重要な課題になります。

こうした多様性の結果として、それぞれが時として激しく火花を発してぶつかり合いがちですが、一方が他方を「調伏する」という形をとらず、互いの刺激の中で、また新しい思想と行動が生まれていくところが、フェミニズムの限りないおもしろさではないか、多様性はますます多様性を生んでいくだろう、と私は見ています。

さて、最初の「日本型フェミニズム」に戻りましょう。

先ほどから申し上げた「多様性」をフェミニズムの一つの特徴とするなら、地域により、時代により、情況により、たくさんのフェミニズムがあってもいいのではないか。日本には日本式のフェミニズムが育つだろうし、それでいいのではないか、というのが、実は私の考え方です。

私が話し合った海外のフェミニストは、まだ百人に満たないのですが、それでも、アジア、アフリカ、中東、中南米、北米、オーストラリア、北欧、西欧、東欧諸国等々、地域によって、またその中の国によって、それぞれ微妙に色あいが違うのを感じます。それぞれの生活の背景になっている条件が違うのですから、色調や色相が違うのは、むしろ当然でしょう。

よく、アメリカのリブは過激で、北欧のフェミニズムは成熟しているといった言い方を耳にしますが、同じアメリカの中にもさまざまなフェミニズムがありますし、取り囲む現実と、それを受けとめる個人の感性がフェミニズムの原点ですから、「アメリカ型」とか「北欧型」といったくくり方はおかしいのではないでしょうか。そういう意味では「日本型フェミニズム」ということばもおかしいのです。同じ日本の中に、「あごら型」やら「行動の会型」やら、「パド・ウイメンズ型」やら、いろんなタイプがあっていいし、ますますいろんなタイプやいろんな議論が出てほしいと願っています。

しかし別の意味では、「日本型フェミニズム」を、逆にどこまでも固執して考えたいと、私はこのごろ思っています。

というのは、第一波フェミニズムは、ほとんど欧米に端を発するものですが、日本には日本のフェミニズムがあったのか、なかったのか、そのあたりがたいへん気になっているからです。フェミニズムを「女権拡張主義」というように狭義に解釈すると、日本には近代以降にしか見られませんし、欧米の思想に影響を受けたことはたしかだと思いますが、「名利を求めず、貴賤を分たず、脚もとを見つめて、自分も他者も受容していく」、という禅の思想などは、まさにフェミニズムとぴったり合致するのではないか、という気がしてなりません。同じように、現在はまだ情報の発信地にあまりなっていない地域にも、固有のフェミニズムがあるかもしれない、世界の各地で、それぞれ独自のフェミニズム研究がもっとされてもいい、という気がしているからです。

現在の多様なフェミニズムの「多様性」の背景の一つは、世界的に価値観が多様化している時代の反映でもありますが、価値観が多様化したというのは、今まで情報の発信者ではなかった弱小階層が発信するようになった、あるいは弱小諸階層の情報が吸い上げられるようになったのも一因ではないかという仮設を私は立てています。また、集団に対する個人という小さな存在も発信できるようになった。そして、マスとしての「正論」に対する個々の「異論」が、「異論」として排除されることが少なくなった時代背景があり、発信者の多様化が、社会そのものをますます変えていく力になっているように思われます。そういう意味でも、従来のフェミニズム理論に対してはほとんど受信者にとどまっていた、アジア、アフリカ、中東、中南米などの諸地域から、積極的な発言をしていくことが、世界のフェミニズムに示唆を与えるのではないか。特に母性原理を風土とするといわれる地域からの発言は、非常に大きな意味を持つのではないかと私は考えています。

もう一つは、宗教的・思想的な背景です。欧米のフェミニストたちと話していますと、私は、その基盤のところで、どうしても違う部分を感じることが多いのです。

欧米のフェミニストたちの「解放」は、英語で言えば「free from 何々」となるわけですが、その free from に続くことばは、要約すると、どうも patriarchy というふうに聞こえるのです。

このペイトリアーキーを辞書で引いて、家父長制、などと日本語で考えると間違ってしまう。男性論理というか、父性原理というか、今までのすべての固定観念というか……。

あえて言えば、その中に、ヒューマニストたちが言い続けてきた「神（キリスト教）のイントレランス（不寛容）からの解放」という響きも私は感じてしまうのです。神に対する愛が深いからこそ拘束される、そこからいかに自由になりうるかという、キリスト教圏の人びとの、命を削るような自問自答と、その中から生まれた運動を、私たちはどこまで理解できるでしょうか。

たとえばひと口に「中絶問題」と言っても、キリスト教圏、とくにカトリック圏のフェミニストたちのたたかってきた軌跡を、日本人は本当の意味では追体験できないのではないかという気がしてならないのです。言ってみれば議事堂ほどのコンクリートの建物にアリが手向かうようなものだったろう、そしてついに、アリがアリの論理を打ち立てた！

そのすごさに胸を打たれるのです。

対して、日本には宗教がない、などと言われます。たしかにキリスト者たちのように、深く宗教に埋没した人が少ないのは事実ですし、網野善彦さんが言われたように、人びとの生活倫理まで規制する宗教もありません。しかし、日本人として日本に生活しているかぎり、私たちは日本の神様や仏様に、否応なしにどこかで多かれ少なかれ影響を受けているのではないでしょうか。

「神の前に人は等しく〝平等〟である」と説くキリスト教に対し、仏教では、「女も男も含めたすべての人間だけでなく、虫でも魚でも鳥でも、すべて仏になれる」という〝平等〟観を持っています。

「神の前に人は平等である」というとき、崇め拝まねばならない神と、ひざまずく人間の問題が生まれます。そこに苦しんだからこそ、「自由」や「平等」についての欧米の人びとの思想は、底深く、さらに深くなっていったのでしょう。

日常の思考の基本になる言語にしても、欧米では he と she が常に明白です。単数と複数も峻別します。そして、主語と述語と目的語が明確なことが文章の基本です。「何が何して何とやら」で、何となく通じてしまう日本、「姿変われど、ものみな同じ」式に包み込んでいく私たちの風土を、母性原理などと簡単に言ってしまっていいのかどうかわかりませんが、そういう風土の日本で育っていく日本のフェミニズムは、アフリカやアジア、中南米、中東諸国のフェミニズムとともに欧米のフェミニズムとは違った地平を開くかもしれない、という予感を私は持ちます。同時に、父性原理の本当の厳しさを経ていない私たち日本のフェミニズムが、どこまで深く広く根を張り得るだろうかという微かな不安を感じるのです。

網野さんは、「日本には、人びとの生活倫理まで規制する宗教がなかったから、ヨーロッパに比べてはるかに古くからの習俗が残っている」という見解を述べられましたが、私は、このあたりにたいへん関心があります。

網野さんは、それを、いわゆるアジールにつながる肯定的な面と、南京大虐殺にもかかわる否定的な面の両面にわたって言及されました。私も、その二面性を感じます。日本の母たちの、大地に根を張ったしたたかさ、大らかさ。その一方の、根強い差別の社会通念をどう考えていけばいいのか。

生活倫理まで規制するキリスト教の「力」は、明確な形で見えましたから、反権力運動のエネルギーが生まれました。しかし「習俗」という、一見やわらかな規制は、もしかしたら、とりもちのように、私たちを見えない形で縛っているのかもしれない。そのあたりを一つ一つ洗い直していくと、日本のフェミニズムの過去も未来も少しずつ見えて来、ほんとうの意味の変革の力になるのかもしれない。既成の学問から締め出されてきた女たちの新鮮な視点が、新しい光を投げかけるかもしれない――。そんな漠然とした印象を、今の私は持っています。

＊

というのは、私たち〈あごら〉がいちばん大切にしてきたのは、もしかすると「多様性」と「あいまいさ」ではないか、と私には思えるからです。

きのうのパーティのスピーチで、〈婦人問題懇話会〉の木下ユキヱさんが、〈あごら〉という名のユニークさにふれられ、「女とか婦人とか女性という字もなければ、会とか団体とかセンターという字もない」と評しておられたのを、なるほど女性史家の目だなァと感心してうかがいましたが、一九七二年二月の、雑誌『あごら』創刊号は、次のように呼びかけています。

小さなあごらが生まれました
あごらは　あなたを待っています
AGORAは　ぎりしあのひろば
ぎろん・ざわめき・かいもの・ゆうべん
そこからぽりすのぽりしーが生まれました
この小さな〈あごら〉には
学者もなく、市場もなく、

ただ　あなたを待つ心だけがあります
全国ちりぢりにはたらき
全国ちりぢりに考えている皆さん
あごらに声をお寄せください
小さな点が線となり面となって
働く女性のしあわせにひびいてくる日まで
あごらは　あなたを待ちつづけます

そしてその下に、「多発する草の根の運動が自然消滅に終わらず、より強く広い根を張る力となるように、この誌上で、できるだけ多くの運動、できるだけ幅広い考え方を紹介し、多様な現実をみつめることの中から前進をはかりたいと思います」と記しています。「多様性」と「あいまいさ」をここからすでにお感じになる方もおありかと思います。

「あいまい」でありたかった〈あごら〉は、あえて「会則」を設けませんでしたが、「それでは混乱のもと」という声が起き、六、七年前でしたでしょうか、「方向性」は明記することにしました。

次の十項です。

1　自分も他人もかけがえのない存在として尊重し、人権を侵害するあらゆる差別・戦争・公害に反対する。
2　イデオロギーを先行させず、現実に根ざし、地域に密着した運動を行う。
3　個人の意識変革を中心に、着実で持続的な運動を。
4　ゆるやかな連帯。ゆるやかな方向性。
5　「人はすべて可能性を持つ」を信条に、女性の可能性の開花に力をつくし、社会的活動と結びつける。

6　フェミニズム運動の中で、特に情報部門を専門的に受け持つ。
7　どの政党・企業・団体とも関係なく、自主独立を続ける。
8　会費・基金および事業収益を資金とする。
9　会員は、自分の情況と、さき得る時間や力に応じて運動する。絵を描く人は絵を、歌を歌う人は歌を…。「病床でもできる運動」が基本。
10　どの部門にも「長」は置かない。運営の最終責任は、運営会議とする。

これらは、それまで「あいまいに」何となく不文律としてきたことを文字化したものですが、6、7、8、10を除けば、やはりあいまいな大わくでしょう。

男性社会では、「あいまい」は好まれません。実は、女性の仲間からも、〈あごら〉のあいまいさについて、何度も非難を受けました。

でも私は、なぜかこの「あいまい」な部分が気に入っています。世の中は白と黒で分けられるものだろうか、白から黒までの限りないグラデーションこそ、もしかしたらいちばんたいせつな部分ではないか、そこをたいせつにしたときに、異端の排除はなくなるのではないか、という気が、私はどうしてもしてならないのです。

科学の中でもシステム工学は、あいまいさを最も嫌う工学です。事象をできるかぎり細分化してこれ以上ない厳密な論理構築をする、そのシステム工学の最先端で、このごろ「あいまい工学」が提唱されています。そしてソフトウェアばかりでなく、ハードウェアも、第五世代コンピューターはファジー・コンピューター（あいまいな部分を持つコンピューター）になるだろうと言われています。人間と機械が対話しながら使うことのできるマン・マシン・インタフェースを目指すなかで、左脳（智）の役割にとどまるコンピューターの限界を補い、右脳や旧皮質で情・意を司る人間をつなぐものとしての脳梁（大脳の左右半球を連絡する通信部）の役割が、「あいまい工学」としてクローズアップされてきたわけです。父性原理を象徴するようなコンピューターの原理が徹底的に追求された結果として、母性原理にも似た部分が浮上してきたことに、私はある種の感慨を覚えています。「あいまい工学」の提唱者である寺野寿郎氏は、その著『あいまい工学のすすめ』（講談社、一九八一年）で、次のように述べています。

「人間とは大変複雑なもので、われわれの行動を支配している心の働きにも表と裏の二面がある。裏とは本音のことで、ふつうわれわれは本能的・直観的に、とるべき行動をきめている。これを本音と呼ぶことにしよう。だが、それがただちに実行されるわけではなく、表の部分——これを建前と呼ぼう——がこれをチェックして、自分にも他人にも納得できるような理窟を作りあげないと気がすまない。だが建前論はあくまで後から付けた理由であって、本音できめたことをくつがえすようなことはめったにない。

学問も社会も本音と建前の二本立てで動いている所はよく似ている。社会は人間の集団だから、他人を納得させる手段の一つとして建前論が必要なことは誰にでも理解できる。だが、現代のように複雑な社会では論理の構成自体があやしくなっており、建前論だけで押し通そうとしても誰も納得しなくなっている。ことに日本社会は元来本音をあいまいなルールとして動いているのに、表面的には二者択一的な単純な論理が幅をきかせるので、本音と建前のギャップは拡がる一方である。このギャップを埋めるような新しい手段を考えないと、人びとは本当のジレンマに陥って社会は形がい化してしまうかもしれない。

学問にも本音と建前とがあることは専門家以外の人には案外知られていない。もちろん、完成した学問には立派な論理体系がある。というよりも論理体系を作ること自体が学問なのである。しかし、新しい体系をつくってゆく過程では既存の論理はあまり役に立たない。むしろ大切なのは直観とか経験とか、空想など、あいまいなものに進歩の原動力がある。いわば遊びや夢の中に学問の本音があるので、あまり建前にこだわると、過去の理論に合わないアイデアや現象は一切認めないというヘンなことになって、進歩も止まってしまう。

学問も社会もこれまで本音と建前とをうまく使い分けて発達してきたが、それは誰でも心に二面性があることを常識として承知しており、コミュニケーションの際に表か裏か一方を話せば、相手は両方とも理解できたからである。だが、最近はどちらか一方しか理解しない人がふえてきたように思われる。（中略）建前中心の世界に対してはもっと素朴な人間の本音を理解することを呼びかけ、一方、本音以外のものに価値を認めないような世代に対しては建前の効用も分らせたい。それには人間の心にひそむ「あいまいさ」を研究することがどうしても必要となる。」

〈あごら〉は九〇パーセントが「あいまい」です。それは「多様性」と裏腹な関係でもあるし、また、「論理」が上位とされてきた既存の秩序に、あえてレジスタンスして「本音」にこだわろうとしている意味合いもありますが、「あいまい」だけでいいのか、論理や父性原理を徹底的に分析し、追求しないで、「あいまい」に安住していいのか、「明晰にして判明」と「あいまい」を結ぶものをむしろ考えるべきではないか、このあたりが「第二世代の〈あごら〉」の大きな課題になっていくような気がします。そして、「あごら型フェミニズム」でなく、「ますみ型フェミニズム」「光子型フェミニズム」と、どんどん分化して、丁々発止の火花を放ち合うようになったとき、この問題にも光があたることになると、私は期待しています。

＊

私が、フェミニズムにアクセスした原点は戦争体験です。戦後の女たちの売春と内職に心傷ついたことが、その後の私の方向を決めました。そして六〇年安保で、戦争と権力の関係がはじめて心に焼きつき、やみくもに行動を始めました。それが〈ＢＯＣ〉（バンク・オブ・クリエティビティ＝創造力の銀行）の前身です。

働き続けてきた女である私にとっては、当時は「女が働くこと」がいちばん関心のあるテーマでした。〈ＢＯＣ〉でそれを模索しましたが、どうしても見えてこないのです。もっともっとたくさんの仲間と考えたくて、八年後、「求人雑誌」として『あごら』を出しました。それは思いがけず多くの読者を得、読者の中からグループ〈あごら〉が生まれました。そしてたくさんの仲間から、たくさんの知恵と勇気を授けられました。その中で、私自身も徐々に変わってきました。小さいときからたえず自死を思いつめていたほどの極度の神経質から、やっと脱け出せました。

ますみさんが言うように、身の丈の自分が見え、自分はどうありたいかをすなおに受け容れていけるようになったことは、「何とも心地よい」のです。

私はダメ人間。でもそれでいいじゃないの、と開き直れるようになったとき、ほかの人たちのダメさにも、むしろ親しみが持てるようになりました。こうなるとますます心地よく、ますみさんのことばを、またまねると、「もう後へは戻れません」という心境です。私がこんな言い方をすると奇異に聞こえるかもしれませんが、「〈あごら〉さん、ありがとう」と言いたい気持ちでいっぱいですし、「フェミニズムっていいわよ」と、誰彼かまわず言いたい気持ちになっています。

でも〈あごら〉って、フェミニズムのグループとして「世間」からは認知されているのでしょうか。よく、「〈あごら〉って、ふしぎなグループね。リブかと思えばリブでなく、リブでないかと思うとリブなのね」と、よそのグループの方たちに言われます。私たち自身、モグラかゴジラか…と思うことも多いし、雑誌『あごら』にしたって、フェミニズムの灯を高く揚げて創刊したわけでもありませんが、十五年という歳月が経ち、その実績や模索しつづけた方向性を振り返ってみると、やっぱり〈あごら〉はフェミニズムのグループだなァという感じがします。

〈あごら〉が大切なものとして感じた「多様性」や「あいまいさ」は、出発時点では異端でした。また、それがフェミニズムに通じると思って模索したわけでもありませんが、「女がたまたま女に生まれたために、なぜ働きにくいのか、生きにくいのか」という一つ一つの現実を点検し、「なぜ」にあくまでこだわっていくなかで、「別の働き方もあるのでは」とか、「もっと肩の力をぬこうよ」「女っていいなぁ」「男には男の苦しみがありそうね」など、少しずつ幅が広がってきたような気がします。

コペンハーゲンやナイロビの会議に参加して、こういう〈あごら〉の考え方が、世界のフェミニズムの中で決して異端ではないこと、それどころか、とくに北欧のフェミニズムなどと非常に一致点が多いことを発見しました。私たちは、もちろん海外からの情報もたくさん受け、直接海外のフェミニストたちから、多くの、そして大きな刺激も受けましたが、私たち自身の現実をいつも見つめ、「それはなぜなの」という模索を怠らなかったことが、今日の〈あごら〉をつくる基本になったのではないかという気がします。「日本よりも海外で評価されている〈あごら〉」などという世評も時々耳にすることがありますが、世間でどのように見られようとも、ますみさんのように「心地よい」と感じるメンバーがふえ続けていけば、それでいいのではないかと、私はなるべく楽観的に考えることにしています。

〈あごら〉は、私自身思いもかけなかったことですが、ここまで何とかつぶれずに来ました。女の働く現場としての〈ＢＯＣ〉を持ち、働く現実を負う中で考え、全国それぞれのメンバーがそれぞれ生きていく現場で直面する、血が噴き出るような情報と、客観的な資料を集めてつくる雑誌『あごら』を軸としながら、全国十四の拠点を中心としたAGORAZEINの場があったことが、「育ち育て合う〈あごら〉」のいのちを消さなかったのではないかと思います。もちろん〈BOC〉も『あごら』も「拠点活動」もまだまだ未熟ですが、「開発途上」ということを、「成長の可能性を限りなく持つ」というふうに私は前向きに受けとめたいと思っています。中でも働く現場としての〈BOC〉は、多難な問題をまだ山ほど抱えていますが、「女が働くこと」という現実を、いやというほど負ってきたからこそ、『あごら』をつくるエネルギーが逆に生まれた、とも、私は受けとめています。

『あごら』が負ってきた「情報活動」がどれほど意味があるものか、私は福田さんほど手放しで讃歌は歌えませんが、情報活動もフェミニズムの一端として必要ではないか、と思ってきたのは、私は女の問題は簡単に言うと「人間の南北問題」と考えているためです。経済秩序同様、情報秩序でも、女は明らかに「南」に位置しています。マスメディアのつくり手は大部分が男で、女は五パーセントにも達していません。しかも情報の流通は「弱肉強食」、権力のある側から弱い側に流れます。南側の「女」の情報が、もっともっと流通してもいい、そして女自身がもっともっと情報の発信者になる必要がある、という状況は、まだまだ続くと思います。

その情報活動に「女の雑誌」がどれくらい貢献するものか、まして『あごら』のようなミディコミが果たし得る役割はどの程度か、きわめて微々たるものとは思いますが、それでも雑誌づくりを肯定的に思えた一因は、小学生のころから熟読した『婦女新聞』の影響ではないかと思います。一九〇〇年に生まれた、菊判十六ページ、今の『婦人展望』を少し大型にしたようなこの週刊誌は、亡母の何よりの愛読書でもありました。この本に書かれていた内容もさることながら、母の、『婦女新聞』への入れ込みように、私は感化されたような気がします。『あごら』を作るなかで、「本をつくって何になるのか」という批判もいやというほど耳にしましたが、「何かになるかもしれない」という気持ちが、私の心の底にずっとあったのは、多分、こういう自分史があるためでしょう。私のフェミニズムへの原点は戦争ですが、同じように戦争を体験し、戦後の女の人たちの情況を見た人は山ほどいるのに、数少ない一人として私がフェミニズムに近づいたのは、幼い日からの情報の集積があったように、私には思えるのです。ちなみに、『婦女新聞』は、一九四二年、軍の圧力の下で、二千百二十号、四十三年間の歴史を自ら絶ちましたが、〝自爆〟予告が出た日の母の悲嘆ぶりを、今もありありと覚えています。そしてその終刊号に、「鳥の正に死せんとするやその声よし」と記されていたことも、少女の記憶に鮮やかです。

九年ほど前、山川先生のご縁で、『婦女新聞』創刊者、福島四郎先生のご子息と連絡がとれ、その夫人が、亡母が廃刊の報を聞いて打った電報を伝えてくださいました。「ハハキトクノシラセキクオモイ」。雑誌『あごら』は、過分な評価をいただいてきましたが、廃刊の予告を出す日があるとしたら、こんな電報を受け取ることができるでしょうか。

一冊一冊の『あごら』をつくりながら、いつも感じていたのは、私たちの前を歩いて下さった方々の大きさです。『女学雑誌』も『青鞜』もつくらず、読むこともなかった多くの女たちも、ひとりひとりが生きている場で、自分の空間を生きやすい場にするために、どんなにか努力を重ねたことと思います。そういう、たくさんの宝物をいただいて、〈あごら〉が生まれ、生き続けて来られたことを、私は生涯忘れたくないと思っています。

＊

きのうの講演会はすばらしく、どのお話も心に深く刻まれましたが、私が思わずヒザを叩いたのは、しま・ようこさんの一言でした。

「フェミニズムもまた公害源たりうる」

フェミニズムの心地よさを、私はさんざん申し上げましたが、『あごら』もまた公害源たりうることを、いつも自戒したいと思います。

「第二世代」の〈あごら〉は、これから、もっと若い方を軸にみんなでつくり、育てていくわけですが、どうか「我こそは正義なり」というグループにだけは決してなってほしくない。これだけは、心からお願いしたいと思います。

（145号 1989/10）

〝うない〟たちの反戦「ゆい」を
――都市型戦闘訓練施設建設反対でハンスト

沖縄で安保の正体知る

沖縄の土が踏めるものか…と、長い間思い続けていました。激しい地上戦、日本軍による住民虐殺、約三十年にわたる米軍の占領。その結果、日本のわずか〇・六％の面積しかない沖縄に日本の基地の七五％が押しつけられた…。やまとんちゅが沖縄を訪れることには、どうしてもためらいがあります。

〝'89うないフェスティバル〟の特別ゲストに、というお話があったとき、その私が驚きながらも素直にお受けしたのは、「だからこそ行ってみたい」思いも深かったからです。来い、と言われたら行こうと。

フェスティバルは想像どおりのすばらしい祭りで、これをつくりあげた沖縄うないたちの根性と実力、支えたラジオ沖縄や那覇市に改めて感動しました。〝うないサミット〟で発言した〝うない議員〟たちの、論理と実践を兼ねそなえた迫力にも、うなりました。沖縄の未来に、大きな希望を抱きました。

それだけに、ここに来て初めて知った恩納村の都市型戦闘員養成訓練施設の話には、髪が逆立つほど怒りがこみ上げました。恩納村を訪れずに帰ったら、私はきっと自分で自分を許せなくなるだろう…。闘争小屋に連絡して、もろさわようこさん、高里鈴代さんとハンストに向かいました。

小屋にトイレがあるのか水があるのかもわからなかったので、ウーロン茶の缶をどっさりと、蚊よけの塗り薬を用意しました。お邪魔ではないかと心配で、その時は基地のゲートの前にでも座るつもりでした。

座り込みのデモンストレーションというよりは、食を断って祈るつもりでした。詫びるつもりでした。どうしようもない日本の政治を許し続けた一人として、申しわけない、すまない、この政治を必ず変えるために祈る、それだけの気持ちでした。

他国が養成するゲリラといえば人殺しの専門家です。その国の国民によるゲリラは自然発生するもので、決して〝養成〟などしないし、しているヒマもないはずです。アメリカのニカラグア援助はアメリカの会議でも大問題になっている。だから国内ではつくれない。遠い日本の最南端に持って来たのでしょう。

しかしこれは、プエルトリコにベトナム枯葉作戦の演習場をつくったのと同じ、まぎれもない差別です。プエルトリコと同じように、沖縄を、日本を、決して独立国とは見ていない、属国視している証拠です。日本の政府がなぜ抗議しないのか、〝安保〟の正体をまざまざと見た思いがしました。

七月の参院選。保革逆転へ、私は私なりの必死の努力をしました。逆転！　大成功!!　とたんに「非武装中立論」の〝非現実性〟が問われるようになりました。衆院選でも〝逆転〟を目指して、土井さんの発言も微妙に変わってきました。

「土井さんは筋を貫き通してほしい。首班指名に白票を投じる層とは手を切って反安保を貫けば、市民は、女たちは、かえって土井さんを支える」と、私は公言し続けてきました。恩納村に行って、安保の正体をさらにシカと見届けたい。そしてもっと迫力ある迫り方をしたい。そんな思いもありました。

女が結束すれば強い

闘争小屋はがっしりしたプレハブでした。私は沖縄に来て初めて恩納村のことを知ったけれど、村では一カ月以上前から監視が続いていたのでした。水道も冷蔵庫もあり、次から次へと村民が〝差し入れ〟に来ていました。

おじゃまかと心配していた私たちのために、すぐにむしろが用意されました。〝うないフェスティバル〟で私のアピールを聞いたと、大阪の山中さよ子さんほか十数人が訪ねてくださいました。夜になって小屋に差し入れに来た新里律子さんが二人の〝村うない〟(こんな言い方があるのかどうか知りませんが)にかけた電話で、二十人のうないたちがたちまち集まりました。

私たちが語った思いに続いて、二十人のうないたちも次第に熱っぽく〝七日〟を語りました。排除されても排除されても立ち戻り立ち戻り、ついに機動隊を退かせた話は、どんなドラマを見るよりも感動的でした。

「いざとなれば女は強いですよ」

「あのおとなしい人が…と思う人でも火事場の馬鹿力を出した」

村民の結束は、これでますます高まった、と感じました。

村役場の若い山内和美さんは、「戦争で父方の祖父母も母方の祖父母も失って、近所のお年寄りをおじいさんおばあさんと呼んで大きくなった。それだけに、あの光景を子どもたちが見たことが悲しい。見たことでどんなに傷ついたか」と涙を流しました。

登校途中の子どもたちは機動隊に驚いて先生に注進したそうです。「先生、早く行って！」と。村では昔ながらに、一番えらいのは先生、次がお巡りさんと思われてきた。先生ならお巡りさんを鎮められるだろうと思ったのでしょうと、別の古老は語りました。そのお巡りさんを信じられなくなった……。機動隊との激突で自分たちが体中に受けた傷の痛みよりも、子どもたちの心の傷を心配する心やさしい村人たち。こんなやさしい村に、なぜ基地を、なぜとりわけ恐ろしい施設をつくるのでしょう。

監視塔に登ってみると、〝施設〟の意味がさらにはっきり分かりました。これはアメリカが〝軍事力輸出国〟である何よりの証拠ではありませんか。そんなアメリカと手を結ぶことは、〝安全〟を保障するどころか〝戦争〟を保障するようなものではありませんか。

私はアメリカ人の友人も何人かおり、アメリカは嫌いではありません。私たち本土の人間が恩納村を知らなかったように、アメリカ人も、もちろん〝施設〟を知らないし、ましてそれが沖縄にあるとは知らないのでしょう。

塔の上から眺めた緑の野に点在する茶色のビルは、〝都市型〟の意味を如実に物語っていました。それはレバノンにもニカラグアにも見えました。村にそれを許すことは、村人が殺人加担者になる。そして日本人のすべてが殺人加担者になる。

アメリカへの怒りを思わずつぶやいた私の声に、村の人々は即刻反応しました。「日本政府はもっと悪いんじゃないですか。それを許してるんだから」

一言もないことばでした。その日本政府を許してきた一人として、私は、この恩納村の話を、あらゆる形で伝えようと思います。本土の人びとに、そして世界の友人たちに。〝反戦うない結（ゆい）〟の呼びかけが始まりました。私たちのハンストは、那覇から駆けつけたうないたちが引き継ぎ始めました。だれが動員するのでもなく、どこの所属でもない、一人ひとりの〝私〟が〝私〟の思いで食を断って誓う。本土でもこの運動を実現するつもりです。一分でも早く本土に帰ろうと、飛行機の時間を気にしながら、いま走り書きしています。恩納の皆さん、那覇の皆さん、全沖縄の皆さん、どんな中でも希望の灯を掲げ続けましょう。そして必ず勝利しましょう！

（編者注・1989年10月9日～10日のハンスト後、琉球新報に寄稿）

（153号 1990/06）

書くということ
――実験工房・番外編

今日は。東京の斎藤です。〈ライター実験工房〉を卒《お》えられた皆さんと、記録集の編集を打ち合わせるためにうかがったのですが、「ついでに一言」、というお話になりました。山下さん、高橋さん、奥村さんなど、すばらしい方々のお話やら実習やらを卒えられた皆さんに私などがつけ加えることがあるのか、疑問ですが、「ライターと呼ばれる仕事」をしてきた経験から見えたことを二、三お話ししましょう。

本体をひっ掻いてみよう

いまテーブルの上においしそうなお菓子がのってますね。見たとたん、心に浮かんだことを一人ずつ話してくださいませんか。

「大判焼き」「大判焼き」「大判焼き」「大判焼き」……。

大判焼きと答えた方が一番多かったようですね。今川焼き、太鼓焼き、とおっしゃった方もありましたね。土地によって呼び方が違うのでしょうか。エッ。名古屋では、小さいのを小判焼き、大きいのを大判焼きという……。なるほど、さすが〝金のしゃちの都〟ですね。ところで、

「ふっくらした皮。指で押せばはね返って来そう」

「中のあんこ。しっとりと黒いおいしさ」

などと答えた方も一人二人いらっしゃいましたね。

同じものを見ても、心に浮かぶことは人それぞれ。この、人それぞれ、というところがとても大事だと思います。

そういう意味では、大判焼き、というように名称で答えてしまうのはもったいない。名前が浮かんで、その後は判断中止というのは残念です。「あ、大判焼きか」と思うのは、世間一般の人の感じ方。書くことを職業にしようと思う人は、もうひとつ「掻く」ことが必要ではないかと思います。書くことは「掻く」こと。視る、聴く、さわる、五感を総動員して考える。掻いて掻いて、最終的には「核心」に迫ることではないかと、私は思っています。

それにしてもこの大判焼き、おいしそうですね。ちょっと掻いてみましょう。ほんとうに指にはね返る弾力。そして香ばしい。中は……、あら、クリームでした。クリーム入りの今川焼きって、私、初めて見ました。中も開けてみないとわかりませんね。

事実と真実

取材に歩くとき、私たちは掻いて掻いて掻きまくります。あんこと思ったらクリームだったなんて時は、もう最高の大収穫です。そのためには予断を持たないこと、偏見をできるだけ排除すること。これ

が基本だと思います。「大判焼き」と名称止めにしないで、「大判焼きのように見えるけれど……」この、「けれど……」から、掻いて書くことが始まります。

さっき「大判焼き」と答えた方は、前の方に引きずられて、つい「大判焼き」とおっしゃったのだと思います。ありがちなことですが、他人のことばを一応耳に入れておくことは必要ですが、それに引きずられないことも大切です。

十人のうち九人がＡと言うと、Ａは真実のように感じられます。しかし情報の真実は多数決では決まりません。大新聞とか大放送局が発信していることは、かなりのチェック機構を経ており、真実に近づけようと努力していることは事実ですが、これもすべて真実とは言えません。その記事をまとめた記者、それを校閲した校閲者など、それぞれかかわった人の目、感性のフィルターを通して「つくられた」ものです。テレビの画面は印刷媒体よりは臨場感があり、いっそう真実に近く見えますが、こちらも、カメラマンやディレクター、さらにフィルムの編集者によって「切り取られた」ものです。

『あごら』に「めじゃーなりすとのめ」というコラムがあるのをご存じですか。女《め》ジャーナリストの目、そしてメジャーなメディアのジャーナリストの目、という意味で、毎回女性ジャーナリストに随想を書いていただいているのですが、二年ほど前、ＮＴＶの布施優子さんが、その「切り取られ方」について、すばらしいエッセーを書いてくださいました。事実と真実にふれた、御巣鷹山の日航機事故の報道の話です。ぜひ読んでいただきたいと思います。

真実に近づく道

『あごら』のバックナンバー紹介欄に、いつも、「事実に基づいて真実を考える『あごら』」と一行入っているのにお気づきでしょうか。「Ａさんがこう言った」という、これは一つの事実です。しかしＡさんが言ったことの中身が真実かどうかはわかりません。Aさんの発言の根拠は何なのか、というところから、私たちは仕事を始めます。

社会の現場で厳しい訓練を受けたことのない方の場合、とかく「誰さんがこう言った」ということが「真実」として伝えられがちですが、事実と真実は天と地の差があります。

しかし、真実は事実から導き出されるものです。したがって、できるかぎりたくさんの事実をまず集めることが必要です。

たくさんの、と、いま思わず申し上げてしまいましたが、これも量が多ければいいというものではありません。真実に近そうな事実を、あたりをつけて探すのがポイントです。探すのには一種の嗅覚が必要になります。天性の資質もありますが、多くの失敗を重ね、たくさんの人に学んで、この嗅覚はつくられていくようです。

このように、多くの事実を重ねて真実を求めていく「帰納型」のアプローチに対し、「仮説検証型」――ある仮説を立ててその真偽を検証していく、「演繹型」のアプローチもあります。たとえば「脳死」というのは生物の「ある状況」を示す事実ですが、「脳死は死である」というのは「仮説」です。この仮説を「検証」するためには、誰が考えても「脳死は死だ」と納得できる証拠をそろえなければなりません。

私が見聞している範囲では、女性は後者を選ぶ方が多いようですが、対象によってどちらの方法を選ぶかを、まず考えることが大事だと思います。

私はどちらかというと帰納型のアクセスが好きですが、もちろん仮説検証型でアクセスすることもあります。仮説にかなり信頼がおける場合や、定説と呼ばれているものにチャレンジしたくなった時などです。フェミニズムの立場に立つと、今まで「定説」とされていたもので、本当かいなあ、と思いたくなることがいろいろあります。たとえば、「女性の方が家事に向いている」という説。そういう場合は、「家事については男女の差はない」という仮説をまず立てて、それを証明する例をあれこれ考えてみます。ただし、その場合も、自分の立てた「仮説」には、私はなるべく固執しないことにしています。「仮説」を検証しようと思っているうちに、別の「仮説」がひらめくことが多いのです。すると、その「新仮説」にのめりこむ。のめりこんだ結果、もとの「仮説」に戻ることもありますし、結局「定説」の壁を打ち破れないこともあります。その時は、いさぎよく一時撤退して、その間に調べたことや考えたことを、一時、冷蔵庫か冷凍庫に入れておきます。夜中にふと（なぜか夜中が多いのですが）、ハッと解凍できることもあります。

いずれにしても、原動力は私の場合は「限りない好奇心」。そして「空は青だと決めてかからない心」です。空はほんとうに青色ですか。毎日、空の色を見てください。いろいろとおもしろい発見がありますよ。

「作家」と「ライター」

といっても、私はしょせんライター。山下さんのような「作家」ではありません。

英語では、作家は「ライター」ですが、日本語のライターは、「作家」とは大きな隔たりがあります。「作家」は、何万人かに一人の人の仕事。「ライター」は、斉藤とか、佐藤という姓と同じくらいごろごろしています。「作家」は同時代人だけでなく、何百年、何千年後の人の心まで動かしますが、日本語で言う「ライター」はピンからキリまであり、作家よりは、はるかに簡単に名乗れます。そのせいか、いま日本の若い女性のあこがれの職業の一つは、フリーランス・ライターだそうです。

ただし、名乗ることは簡単ですが、それで暮らしていくとなると、それほど簡単ではありません。そ

好きこそものの上手なれ、と言います。こんなに好きですから、もっと上手になってもよさそうなものですが、残念ながら上手ではありません。でも、好きだから疲れない。好きだからどんな酷評を受けても落ち込まない。指摘を受けると、たいてい「なるほど」と思い、すぐに別の表現に改めます。人から指摘されるのは、ほとんど、自分でも、内心、ウーン、もうひとひねりしたい…と思いながらすっ飛ばしたところです。「やっぱり」と、納得がいくのです。

自分が書いた原稿がお金に替わるのは、お金に替える窓口にいる人がOKを出した時です。窓口の人にしてみれば、指摘しても抵抗して改めようとしない人は「扱いにくい人」に映るでしょう。何度かは書き手の言い分を通しても、「あの人、疲れる」ということになってしまうのではないでしょうか。

お断りしておきますが、私は自分の原稿を通したいばかりに相手の言い分を聞くのでは決してありません。先方から注意された部分は、ほんとうに、ほとんどハッと思いあたる部分だからです。ですから、「イヤだ」「ウルサイ」と思うかわりに、たいてい自然に「ありがたい」という感情がわきます。若いころ、先輩に、「注意しても決して怒らないからいい」と言われたことがありますが、「ほんとうにそうでしたね、どうもありがとうございます」と言うと、相手は、喜んで次の機会にも注意をしてくれます。師匠というのは学校やカルチャーセンターだけでなく、世の中、至るところにいます。まして、一対一で注意してくださるのは、個人教授を受けるのと同じこと。チャンスがふえればふえるほど、「ありがたい」ことです。

このごろ、年をとったので教えを受ける機会よりも、若い人に話す機会のほうが多くなりましたが、職業がら組むことの多いデザイナーでも、「なるほど」と、すぐに受け入れてくれる人は、組みやすいだけでなく、見ていてもどんどん成長していきます。中には、「これはこんな意味で造形したのにわからないのか」と食ってかかる人もいますが、そういう人は、芸術家としては成功しても、デザイナーとしてあまり成功しない人が多いようです。「これは愛を造形したものです」と、いくら言われても、見た目に愛が感じられなかったら心にひびきません。同じように、「女性の心に訴えようと書いたものです」などと能書きをつけるのはナンセンスでしょうね。絵にしても文章にしても、たいへん感覚的なもの。したがって、好き嫌いは当然あり、評価はほとんど必ずと言っていいほど分かれるものです。自分の作品が受け入れられなかったら、相手を罵倒するかわりに、違う表現のものを五点でも十点でも出して反応をみるのもいいでしょう。あるいはもっと目がきくと自分が思う相手にくらがえするのも方法ではないかと思います。

もちろん私も、どんな人のどんなことばも受け入れるわけではありません。たとえば、自分がダイヤと思えないものをダイヤと言えと要求されたような時は、だまって原稿を引っ込めます。そして、そこの仕事は二度と受けません。

「作家」は、「ライター」と違って、点一つマル一つ、ゆずらないことが多く、決してゆずってはならないという意見もあります。作家は芸術家です。ライターの到底届かない天の上で、自分の心に決着がつくまで書き抜く仕事ではないかと思います。ですから私は、作家を心から尊敬しますし、古今東西の作家からどれほど学んだかわかりませんが、作家になろうとは思いません。我が身を切り刻む苦渋に満ちた生活が想像されるからです。そしてわたしは芸術家の才能がないことをよく知っているからです。ライターだからといって決して売文の徒にはなりませんが、心の欲するままに書けて、それがたつきの道ともなれば、こんなありがたいことはないと思っています。

黄金の卵と普通の卵

速いということの意味を次に考えてみましょう。

ライターが書いた文章がお金に替わるのは、印刷物とかテレビやラジオの放送原稿になった時です。したがって、そこに必ずディレクターとか編集者が介在します。そういう発注者にとって一番大切なのは、もちろん作品の内容、そして品質ですが、納期も、劣らず重要です。

雑誌なら何月号は何月何日に、放送ならある番組は何月何日何時何分に世に出ます。世に出る前に何時間なり何日なり何週間なりの先行時間が必ず要ります。特に印刷物の場合は用字用語を規格に合わせて整理し、定められたスペースに納まるように割付け、印字し、校正したものを、製版し、印刷機にかけ…と、かなりの時間が必要です。新聞や週刊誌のように猛スピードで進行するものもありますが、かけ出しの記者が、入稿時間スレスレに記事を持ち込んだりすれば雷が落ちることは間違いありません。次には干されるでしょう。記事の最終的な責任をとるのは、まず、編集長。朝日新聞のサンゴ事件の時などは社長にまで責任が及びました。ニュースソースは何か、どういう形で確認をとったか、など、厳しいチェックがあります。そういう時間が十分とれるように考えて原稿を届けるのは初心者の礼儀だと思います。真っ赤になるほど朱が加えられることもあります。自分の原稿が一発で通ると思うのは傲慢なことですし、遅延は結果的に現場の人びとを苦しめます。それを繰り返す人は、やさしさがないと思われてもやむを得ないでしょう。

私がまがりなりにもライターという仕事を続けられたのは、多分、納期を厳守したからだと思います。言われた納期より、できるだけ一日でも二日でも早く持参しました。不都合な部分は何回でも書き直すということも申し添えました。指示を受けた訂正は、電光石火の速さで直しました。

納期が守れたのは、仕事が早かったからだと思います。段取りの早さ、取材したあとのまとめの早さ、そして書く早さ。

情報化時代の今は、ますますスピードが要求されています。私たちの若いころでさえ、「輪転機の上で書けるようになれば一人前」と言われたものです。机のない所でもすぐ書く、という意味ですが、最近はますますスピードが要求されているように思います。

知人で、いつもたいへんりっぱな仕事をする人がいますが、芸術家肌の彼女に、私は時々言います。「先方が要求しているのは、普通の卵を二十個、二十日の正午に届けることなのよ。黄金の卵を一個、二十一日に届けても、先方には腐った卵としか思われないの」と。もっと厳しい言い方をすれば、正午が一分遅れても、無意味な場合もあります。届けた人にすれば「たかが一分」ですが、列車がホームを出た直後にすべりこみで着いても後のまつりなのと全く同じことです。

川の流れと同じで、その遅れで、下流の部分を担当する人ほど大きなしわよせを受けます。印刷物で言えば、製版とか製本などの現場の人が時には徹夜をするようなはめに追い込まれます。徹夜をしたばかりにミスが出ても、そのミスの責任は、作業をしたところが負うことになります。

書くということはすぐれて個人的な仕事ですが、それによって報酬を得る「ライター」は、組織の一員です。目に見えない糸で結ばれている、会ったこともない人たちにまで目線が届くとき、「ライター」という職業は可能になるのかもしれません。

女も発信者として時代を拓《ひら》こう

納期に縛られる「ライター」——遅筆が評価される「作家」。「事実」に縛られる「ライター」——「虚構」が問われる「作家」。

あなたはどちらにチャレンジなさいますか。

どちらにしても、それをひとたび「職業」にした時は、楽しみも苦しみも深まります。

どんな職業にしても、はた目で見るのと本人の立場は大違いです。そして同じライター同士、作家同士でも、それぞれの仕事の仕方は千人千様、千差万別です。どの仕事をどのようにこなしていくかは、結局は本人の生き方の問題でしょう。長い道のりの間にはさまざまのことも起きると思いますが、それを乗り超えられるか超えられないかは、自分がその仕事にどれだけかけているかで決まると思います。好きだったり思い入れがあれば、その時は苦しくても、味わった苦しみは、必ず自分の栄養になっていくでしょう。

人に読まれなくても、自分自身の心を整理し、精神を浄化するために書く、という書き方もあります。この場合は生計の足しにはなりませんが、百年後、千年後の人の心を打つ作品が生まれることもあります。遠い昔、ただひたすらに己のために書いた作品に心を洗われた経験を、どなたも多分お持ちでしょう。

発信も、いきなりマスメディアをねらうのではなく、ミニコミのようなかたちで自分の意思を発信するのも方法でしょうし、パソコン通信のＢＢＳへの発信なども、トレンディな書き方かもしれませんね。受信専門だった女たちや「大衆」とひとくくりに呼ばれていた人たちが、多様な書き手になっている現代は、やっぱりすばらしい時代だと思います。

実験工房で吹き込まれた熱をエナジーに、どんな形でも書いてくださるとうれしいと思います。そして、「こんなもの」などと思わずに、『あごら』にもどしどし投稿してください。

庶民と巨悪

地球の温暖化を実感させた酷暑のこの夏、私たちＢＯＣ出版部は、〈茨城県立日立高女昭和十八年入学生の会〉の方々と、戦時下の女学生の状況を綴った『十四歳の戦争』の編集に熱い日々を過ごした。四十五年間、忘れることも書くこともできなかった戦禍の記憶のすさまじさに胸を衝かれた。そして痛切に思ったのは、日本が侵したアジア各地の人びとも、その記憶を決して忘れてはいないだろう、ということだった。戦争は一部の人に巨利をもたらす一方、庶民を想像を絶する地獄に投げ込む。

今回のイラク問題でも、イラクに対する経済封鎖で、数十万のクウェート出稼ぎ労働者の送金を待つ本国、アジア各地やエジプトなどの妻や子も飢え始めた。イラクを最大の輸出先とするスリランカの紅茶は、三分の二の価格に急落、深刻な問題になっている。

フセインが武力でクウェートを制圧したことは論外の暴挙だが、だからといって、工業化諸国が外交に訴える前に軍隊や軍艦を派遣し、経済封鎖を断行したことも正義とは思えない。

世界で唯一、武器を生産しない、輸出しない工業化国、日本の国際的使命は、イラクに対しても封鎖側に対しても即時撤兵を要求することだろう。石油の流通阻止で石油増産、またしても巨利を得るサウジを支援したり、工業化国側の、まぎれもない武力制圧に加担することは、アジアやアラブの名もない人びとを抑圧することにほかならない。援助の手をさしのべるとしたら、クウェートを追われた難民たち、そして経済封鎖の直撃を受けている国々を第一着手とすべきであろう。憲法改悪につながる援助は先の大戦に散った無数の人びととの死を無にすること。戦を恥じ、戦に学んだ日本の哲学を実践として示

（154号 1990/08）

すのが、私たちの責務だろう。絶対にしてほしくない。地獄をさ迷う庶民のいる局面では、他極に必ず巨悪が存在することを忘れたくない。それにしても、「人員を派遣しない卑怯大国日本」という罵声が一斉に上がるのは、自国にとっては「自衛隊」でも他国には「軍隊」としか映らない何よりの証左であろう。

(154号 1990/08)

『十四歳の戦争』にかかわって

林陽子さんのお母さま、という方からお電話をいただいたのは、五月連休の少し前だったろうか。敗戦当時十四歳、女学校三年だった方々がまもなく還暦を迎える。戦時下動員の実態を記録したので自費出版したい、というお話だったと思う。

他ならぬ林さんとのご縁でもあり、戦時下の記録と聞けば思わず耳そばだてる。さっそくお目にかかった。

伊藤きみ子さんとおっしゃる電話の主は、林陽子さんに瓜二つの美しい方。連れ立ってみえた水野清香さんも、お名前の通り清香立つ方だった。戦時下の女学生がそのまま大人になられたようなお二人に、私はある種の感激を覚えた。

集まった文章は六十余編、いろいろな出版社を回ったが、自費出版の資として集めた額では話がまとまらない、と聞いたとき、私は即座にお引受けしたいと思った。「女と戦争」は私の生涯のテーマ。なまなましい第一資料である手記を読む機会を得るだけでも願ってもないこと。一緒に話を伺った荒木のりさんの表情も、ぐんぐん魅かれていくのがわかる。四人が打ちとけるのに時間はかからなかった。契約に至るかどうかは、相互に仲間に問わなければならないが、多分まとまる、という予感を持った。

文集を呼びかけた坂口郁さん、栗原陽子さんほかをまじえた最初の打ち合わせで、私たちはますますのめりこんだ。当時の女学生の手記だけではない、三名の女教師の記録も加わるという。当時を総括した座談会、爆撃の実態の資料、そしてできれば年表や地図も……。これは、私がつくるとしたらそうありたいと考えていた構想と一致した。そうでなくても超過密スケジュール、体調も万全ではなかったのに、魅入られるようにお引受けしてしまったのは、後になって考えれば、若いというよりは幼い命を散らした方々が、どこかで導かれたという気さえする。

しかし、作業は予想したよりは難事業だった。五百枚と伺っていた原稿は、七百枚を超えた。本来の文意をそこなわないよう、少しずつ割愛しなければならない。未知の方の文章、そして私自身は体験していない真実を、どこまで歪めずに編集できるか。

できることなら日立を訪れ、現場検証をしたいと願った。幸運なことに日立市内の公民館から講話の依頼があり、日立で記録集の呼びかけ人として活動をされた方々にも、その席でお目にかかることができた。日立製作所の中にある戦災資料館、小平記念館で、大きな写真パネルや、遺品の数々に接する機会も得た。記念館の屋上に立つと、海と山に臨む日立市が一望のもとに見渡せ、艦砲射撃が市中を飛び越えて、むしろ山沿いの住宅街に集中したという説明も立体的に理解できた。

それでも現実の文章を前に七転八倒した。原稿整理と印字を引き受けた後藤多見さんの仕事はまことに行き届いたものだったが、どんな場合でも原文から遊離してはいけない。一字二字を削ろうとしても削れない文章の重みに圧倒された。文章の巧拙ではない。書かずにはいられなかった気持ちの、どこを削り得るだろう。どの作品も、ほとんど十回は読み返したかと思う。

そのうち次第に私は自費出版をお断りしたいと思うようになった。「学校の文集程度」に納めてしまうのにはあまりにもったいない。「できるかぎり多くに人に読まれるものにしたい」ご希望にそうためには、ある程度の編集、――ドラマづくりにも似た章立て、序破急の置き方が必要になる。それにはクールで非情な操作も要る。同級生の編集委員には要求できない作業である。私たちは、ご用意いただいた費用で九百七十冊をお買取りいただくことを条件に、あらゆる責任をお引受けすることにした。人名、地名はじめ校正の労は高校国語教師の免状をお持ちの坂口、栗原さんはじめ、日立の会の多くの方、そしてベテランの黒沢照代さんや倉持望さんが手伝ってくださり、私たちはもののけに憑かれたような二か月を過ごした。

精細な年表や地図も、その間に届いた。たくさんの方が日立の図書館や諸施設にも何度も足を運んでおまとめになったという労作である。烏口ひとつ手にしたことがなかった水野さんが最終的に仕上げられた地図は、五度か六度、書き直していただくことになったが、一回に八時間を要したと、後に水野さんは笑って告白された。戦時下の女学生を彷彿とさせる、すさまじいほどのパワーだった。

＊

広く読んでいただくためにはマスメディアにも紹介していただかなければならない。これは私にとって最も苦手な仕事だったが、〈あごら〉の人脈で、「電通なら何億円分のパブリシティ」と驚かれたほどの記事になった。記事の書き手たちが本の内容に感動された結果だったろうと思う。

『あごら』151号の小さな広告を見て、桜蔭高女の記録集に加わられた中村智子さんから早々とご注文があり、「同じような文集を出している女学生同士で集まりたい」という申し出があった。うれしかった。私がこの文集にのめりこんだ一因は、全国各地でこのような掘り起こし作業が行われることを願ったからでもある。昨年、沖縄の「うないフェスティバル」で出会った高松の婦人問題担当者は、「沖縄だから平和を語れる。来年は高松が当番だが、ほかのテーマを選ぶほかない」と、パーティの席上でささやかれた。私の親友は両親を高松大空襲で失った。その友の嘆きは、今も私の胸の中でうずいている。戦争を語れなくなる地域が日本で広がるとき、日本の平和は守れるのだろうか。

東京都内のあちこちを歩くとき、「ここには雑木林が。そしてトラック一杯の死体が……」と思い出すことのできた風景も、ビル・ジャングルの中に埋没している。いつだったか、富山妙子さんと、「戦中派世代は生きて生きて生き抜いて語り継がなくては」と話しあったことがあるが、地獄を見てしまった者は、他国の地獄にも、その経験のない者よりは敏感になり得るだろうし、その思いや祈りこそ、核にはるかにまさる抑止力になるのではあるまいか。

ことし十回目を迎えたハチ公前の「反戦マラソン演説会」の放送車には「いま世界に平和が……」の文字が見えた。車上に立ったとき、私は思わず「ベルリンの壁は破れたけれど、本当に平和があるのだろうか」と呼びかけた。アメリカの派兵、日本の資金援助、金だけで人は出さないのかの非難……。予想される図式が私の頭いっぱいを占めていた。日本国の首相は、火の中、水の中へでも飛び込んで紛争解決の労をとってほしかったが残念ながら首相の中東歴訪は延期された。こうなっては、私たち庶民があらゆる努力をするほかないのではないか。平和の回復に努力するのが、平和憲法を持つ日本国民の義務ではないか、と過激な言を吐いたが、聞き手の反応は今ひとつだった。人質問題が報道される三日前だった。

二十四時間の警備体制を続けて、都市型ゲリラ養成施設に抗議していた沖縄の恩納村。村民の頭ごしにヘリで空輸されて実弾演習が始まったのはこの春のこと。雪どけの季節になぜまた実弾演習を、というぶかる声が多かったが、アメリカは世界の流れをもっとリアルに把握していたのだろう。

サウジへの、驚くほど素早い派兵。嘉手納からまたアメリカ機が飛び立つ日でも来れば、沖縄はベトナム戦争と同じように、心ならずもまたも戦争に加担することになる。あれほど平和な人びと、あれほど深い傷を受けた人びとにそんな思いをさせてしまう私たち。

人口も土地の広さも日本の一パーセントに満たない小さな沖縄に、在日米軍基地の七五パーセントが集中している。平和への祈りの火となってほしかった日立の戦火は、不気味な埋れ火となって今もくすぶっているのだろうか。

「あの記憶を書きたい、書きたいと、怒りに燃えて書いた」と語って下さった、〈十八年入学生の会〉の方々が、「年表も再点検したい、よその都市の記録も知りたい、そして何より戦争の原動力となったものの正体に迫りたい」と話されるようになった。

書くことから次の運動へ——全国の〝元・女学生〟の反響を待っている。

（155号 1990/09）

中東貢献策ならぬ　中東解決策を

一九九〇年八月の中東問題を契機に、「待ってました」とばかりに、自衛隊派兵が浮上した。さすがに「憲法改正」までは叫ばないが、実質的な憲法改悪につながる動きに、各地の女たちが一斉に反対の声をあげ始めた。しかしマスメディアはほとんどその動きを伝えない。アマコスト駐日米国大使が、各社の首脳を招いて、「米国寄りの報道を」要請したと、確かな筋から聞いた。派兵は正義、の信念があるのなら、情報を公開し、言論の自由を認めるのが王道だろう。国会を解散して国民に信を問うという気概を示してほしい。

緊急特集として、この号には各女性グループのアピール、緊急集会での発言等を掲載した。マスメディアが沈黙する今こそミニコミが、の心意気である。憲法第九条は、アジア二千三百万の血の上に築かれた。九条を死守することは、アジアの人びとへの、日本人一人ひとりの責務と信じる。「中東貢献策」という言葉が定着しかけているが、米国をはじめとする多国籍派兵諸国家は「自らの利権に貢献する」ために派兵したのであり、自決を求める中東諸国にとっては「貢献」どころか「迷惑」であろう。求められているのは中東問題「解決策」である。紛争開始以来、湾岸諸国の一部には巨利が舞い込み、出稼ぎに頼らなければならないアジア諸国はじめ、世界各国の庶民は、経済的痛撃を受けている。紛争が一日でも長びけば長びくほど、利権を得るものと影響に泣くものの格差は拡大するばかりである。粉骨砕身、「解決」に汗を流す日本の姿を示してこそ、国際社会の一員としての責務を果たすこととなる。国会および国連での「解決策」を要求して、〈あごら〉は署名運動を始めた。十月七日、渋谷ハチ公前でのマラソン演説会に参加した女性グループは、十月十九日午後六時、衆議・議員面会所に集合、院全野党と海部首相に署名を添えた請願書を提出する。紛争が解決するまで請願・陳情を繰り返すほか、一人ひとりの議員に、電話で、手紙で訴えていく。座して看過することは、結果的にはアジアはじめ世界の庶民を苦しめ、憲法改悪に加担することにほかならない。

斎藤千代略歴

一九二五年（大正一四年）父親の赴任先である台湾で生まれる
一九四二年（昭和一七年）東京女子高等師範学校（現お茶の水女子大学）入学のため一人帰国
一九四六年（昭和二一年）東京大学入学（初めて女子に門戸を開いた年）
一九五〇年（昭和二五年）東京大学卒業
一九六四年（昭和三九年）株式会社ＢＯＣ（バンク・オブ・クリエティビティ）設立
一九七二年（昭和四七年）『あごら』創刊

著書・訳書

『自分を変える本』リン・ブルームほか著　河野貴代美と共訳
一九七七年（昭和五二年）ＢＯＣ出版部
『見えない戦争――私が訪ねた戦後の湾岸／イラク・パレスチナ・イスラエル……』
一九九一年（平成三年）ＢＯＣ出版部
一九九三年〈地方新聞協会〉ＪＬＮＡブロンズ賞（最優秀賞）受賞

（『あごら』より）

あごら　雑誌でつないだフェミニズム　第一巻
――斎藤千代の呼びかけと主張　Ⅰ

二〇一六年十二月一日初版第一刷発行

編　者　あごら九州
発行者　福　元　満　治
発行所　石　風　社
福岡市中央区渡辺通二―三―二十四
電　話　〇九二（七一四）四八三八
ＦＡＸ　〇九二（七二五）三四四〇

印刷製本　シナノパブリッシングプレス

printed in Japan, 2016
価格はカバーに表示しています
落丁、乱丁本はおとりかえします